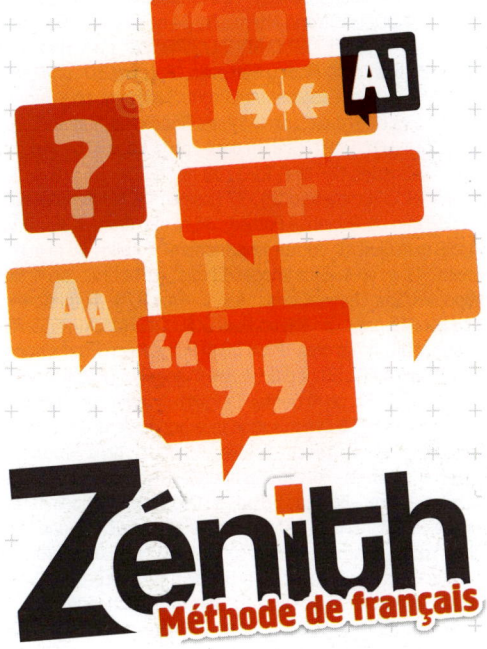

Zénith
Méthode de français

SANDRINE CHEIN - REINE MIMRAN
SYLVIE POISSON-QUINTON - ÉVELYNE SIRÉJOLS

Crédits photographiques

U1 : 13 ht g : ph © Zipo - Fotolia ; 13 ht droit : ph © Mike Kiev - Fotolia ; 13 bas g : © tibo88 - Fotolia ; 13 m droit : © koya79 - Fotolia ; 13 bas m : © Wayawolf - Fotolia ; 13 bas droit : © Nikolai Sorokin - Fotolia ; 14 : ph © Claude Coquilleau - Fotolia ; 15 Ht g : © Andrey_Arkusha - Fotolia.com ; 15 ht droit : ph © Yuri Arcurs - Fotolia.com ; 15 m : ph © contrastwerkstatt - Fotolia ; 15 bas : ph © Doreen Salcher - Fotolia.com ; 16 ht g : ph © Yuri Arcurs - Fotolia ; 16 b g : ph © Dominique VERNIER - Fotolia ; 16 droit : ph © Ariwasabi - Fotolia ; 17 ht g : ph © Gilles ROLLE/REA ; 17 ht m g : ph ©Fototeca/Leemage ; 17 ht droit : © Cyril Comtat - Fotolia ; 17 bas g : ph © TopFoto / Roger-Viollet ; 17 b g : © The Times/ BIS / Ph. Jacques Bottet/ Coll. Archives Larbor ; 17 b m g : ph © JEAN-FRANCOIS MONIER/AFP ; 17 b m : © 1986 CMOL ; 17 b m droit : BIS / Ph. Gnoutche ; 17 b droit : Prod DB Victoires Prod. / DR ; 20 ht : © Stanislav Komogorov - Fotolia ; 20 m droit : © Gina Smith - Fotolia ; 20 m : © asem arab - Fotolia ; 20 m g : © goodluz - Fotolia ; 20 bas g : ph © pressmaster - Fotolia ; 22 : ph © DOELAN Yann / hemis.fr ; 24 ht droit : ph © Featureflash / Shutterstock.com ; 24 m : ph © KEYSTONE France ; 24 g : © Legende / Tfi International / The Kobal Collection ; 25 : ph © JOFFET EMMANUEL/SIPA ; 27 : ph © Alexi TAUZIN - Fotolia ; 28 ht & p29 : iPhone : ph © Anatoliy Babiy/ Fotolia ; 28 ht et p 29 : tête de fille : ph © Yuri Arcurs - Fotolia ; 28 bas : ph © Andriy Petrenko - Fotolia ; 30 : © seb hovaguimian - Fotolia ; 32 ht : BIS/ Ph.Martine Coquilleau ; 32 m g : ph © Dean Moriarty - Fotolia ; 32 m droit : © Louis Laurent Grandadam/Corbis ; 32 bas g : © leonidas - Fotolia ; 32 bas droit : © Avesun - Fotolia ; 33 ht g : ph © Tony Kent/Sygma/Corbis ; 33 ht m g : ph © ADENIS/SIPA ; 33 ht m droit : ph © James Andanson/Sygma/Corbis ; 33 ht droit : BIS / Ph. © Archives Nathan ; 33 m g : ph © Stephane Cardinale/Sygma/Corbis ; 33 mm : ph © FRANCOIS GUILLOT/AFP ; 33 m m droit : ph © Kobal/The Picture Desk/AFP ; 33 m droit : ph © ADENIS/SIPA ; 33 bas droit : ph © yanlev - Fotolia ; 35 : ph © Perysty - Fotolia ; 36 g : ph ©Sebastien ORTOLA/REA ; 36 ht : © FDJ ; 36 bas droit : DR.

U2 : 37 ht : ph © Jason Moore/ZUMA Press/Corbis ; 37 m : ph © Ada Summer/Corbis ; 37 bas : ph © Deklofenak - Fotolia ; 38 ht g : virtua73 © Fotolia ; 38 ht m g et ht m droit et 39 : aihumnoi - Fotolia ; 38 ht m : ph © vectomart - Fotolia ; 38 m g : © Atlantis - Fotolia ; 38 ht mm droit et 39 : © Pawel Nowik - Fotolia ; 38 m m g et 39 : © Andrzej Tokarski - Fotolia ; 38 m m g : © Fotolia ; 38 m m : © iconspro - Fotolia ; 38 m m droit : © darren whittingham - Fotolia ; 38 m m droit : © Morad HEGUI - Fotolia ; 38 m droit & 39 : © Fotolia ; 38 bas : ph © Tim Tadder/Corbis ; 39 : 5 pictogrammes : © Fotolia ; 41 g : ph © Juice Images/Corbis ; 41 ht droit : ph © Ada Summer/Corbis ; 41 bas droit : ph © Image Source/Corbis ; 42 ht : ph © nyul - Fotolia ; 42 bas : ph © Aristide Economopoulos/Star Ledger/Corbis ; 43 : © Frog 974 - Fotolia ; 44 : ph © Rob Howard/Corbis ; 45 : BIS/C. Zagorski ; 46 g : Prod DB © Quad Productions - TF1 Films Production - Gaumont / DR ; 46 droit : ph ©Jean Paul GUILLOTEAU/EXPRESS-REA ; 47 g : Prod DB © Warner Bros / DR ; 47 mg : Prod DB © Celador Films / DR ; 47 m m : Prod DB © Dentsu-Tokuma Shoten / DR ; 47 m droit : Prod DB © Pathé Renn Productions / DR ; 47 droit : Prod DB © Twentieth Century Fox / DR ; 48 : ph ©Pierre GLEIZES/REA ; 49 : ph ©Marc BERTRAND/CHALLENGES-REA ; 50 ht g & 51 : ph © goodluz - Fotolia ; 50 ht mg & 51 : ph © laurent hamels - Fotolia ; 50 ht m & 51 : ph © poco_bw - Fotolia ; 50 ht droit & 51 : ph © djma - Fotolia ; 50 m g & 51 : ph © George Dolgikh - Fotolia ; 50 m m & 51 : ph © Lisa F. Young - Fotolia ; 50 m droit & 51 : © Getty Images/Comstock Images ; 50 bas : ph © Mehmet Dilsiz - Fotolia ; 54 ht : © Organisation Internationale de la Francophonie ; 54 m : ph © Mehmet Dilsiz - Fotolia ; 54 bas g : ph © Sébastien Closs - Fotolia ; 54 bas droit : ph © frenk58 - Fotolia ; 55 ht : ph © iPics - Fotolia ; 55 bas g : ph © Prod. Numérik - Fotolia ; 55 bas droit : ph © Tomas Rodriguez/Corbis ; 58 droit : Arthur : ph © Beboy - Fotolia ; 58 ht droit : Jean : ph © auremar - Fotolia ; 58 ht droit : Rika : ph © WONG SZE FEI - Fotolia ; 58 ht droit : Mélanie : ph © Ronnie Kaufman/ Larry Hirshowitz/Blend Images/Corbis ; 58 ht droit : Pauline : ph © lithian - Fotolia ; 58 bas g : Cédric : ph © Vladimir Wrangel - Fotolia ; 58 bas g : René : ph © diego cervo - Fotolia ; 58 bas droit : Arènes : BIS / Ph. Elena Eliseeva Coll. Archives Sejer ; 58 bas droit : Maison carré : ph © Eric Legrand / LA COLLECTION.

U3 : 59 ht : ph © David De Lossy/Getty Images ; 59 m : ph © Yantra - Fotolia ; 59 bas : ph © Sven Hagolani/Corbis ; 60 : ph © Getty Images/OJO Images ; 64 : ph © Randy Faris/ Corbis ; 65 : © Albert Ziganshin - Fotolia ; 68 ht : ph © bloomua - Fotolia ; 68 bas : ph © Simon Marcus/Corbis ; 71 : ph © bloomua - Fotolia ; 72 ht : ph © dell - Fotolia ; 72 m : ph ©Rainer UNKEL/REA ; 72 bas : ph © Ken Kaminesky/Corbis ; 73 : ph © adimas - Fotolia ; 74 : ph © rochagneux - Fotolia ; 75 g : ph © julianelliott - Fotolia ; 75 droit : ph ©Pierre BESSARD/REA ; 76 ht g : ph © Delphimages - Fotolia ; 76 m g : ph ©Nicolas TUCAT/REA ; 76 m m : ph © Alexi TAUZIN - Fotolia ; 76 ht droit : ph ©Stephane AUDRAS/REA ; 76 bas droit : ph © photosjcc - Fotolia ; 77 ht g : rph © awlex - Fotolia ; 77 m g : ph © FOOD-images - Fotolia ; 77 ht droit : ph © ChantalS - Fotolia ; 77 bas g : ph © europhotos - Fotolia ; 77 m droit : ph © M.studio - Fotolia ; 77 m bas droit : © volff - Fotolia ; 77 bas droit : ph © ChantalS - Fotolia ; 78 : © Peter M. Fisher/Corbis ; 80 ht : © babimu - Fotolia ; 80 bas : ph © Mircea Netea - Fotolia.

U4 : 81 ht : ph © Andrey Armyagov - Fotolia ; 81 m : ph © Yuri Arcurs - Fotolia ; 81 bas : ph © nyul - Fotolia ; 82 : ph © Getty Images/Johner RF ; 83 : ph © Tetra Images/ Corbis ; 86 : ph © Creasource/Corbis ; 87 : ph © Delphimages - Fotolia ; 88 : © Randy Faris/Corbis ; 89 g : ph © Henry Ruggeri/Corbis ; 89 m : ph © stryjek - Fotolia ; 89 droit : ph © Elenathewise - Fotolia ; 90 : DR ; 93 g : a. ph © JF MOLIERE/FFBB/MAXI-BASKET/SIPA ; 93 m g : b. ph © TSCHAEN/SIPA ; 93 m : c. ph © NIVIERE/SIPA ; 93 m droit : d. ph © STARMAX/SIPA ; 93 droit : e. ph © HUSSEIN SAMIR/SIPA ; 95 ht : ph © Véronique Beranger/Corbis ; 95 bas : ph 7thlord - Fotolia ; 96 : ph © Oliver Rossi/Corbis ; 97 : Prod DB © Artistes Associés - De Laurentiis - Fiulms du Carrosse / DR ; 98 ht g : ph ©SINOPIX/REA ; 98 m g : ph © DU BOISBERRANGER Jean / hemis.fr ; 98 bas g : ph ©Xinhua/ZUMA/ REA ; 98 bas m : ph © Christophe Denis - Fotolia ; 98 bas droit : ph © Bob Krist/CORBIS ; 99 g : ph © Glowimages/Corbis ; 99 m : ph © Kevin Dodge/Corbis ; 99 droit : ph © auremar - Fotolia ; 102 : ph © Andrey_Arkusha - Fotolia

U5 : 103 ht : ph © Beboy - Fotolia ; 103 m : ph © pkchai - Fotolia ; 103 bas : ph © Benoit DECOUT/ REA ; 104 ht : © AID/amanaimages/Corbis ; 104 bas : ©Patrick ALLARD/REA ; 105 ht : ph © draghicich - Fotolia ; 105 bas : ph © Shmel - Fotolia ; 106 : ph © auris - Fotolia ; 107 : ph © pressmaster - Fotolia ; 108 ht : ph ©Mario FOURMY/REA ; 108 m g : ph © chaoss - Fotolia ; 108 mm : ph © daboost - Fotolia ; 108 m droit :ph © jorisvo - Fotolia ; 108 m bas droit : © cunico - Fotolia ; 108 bas droit : ph © Jon Hicks/Corbis ; 109 ht : ph © Scanrail - Fotolia ; 109 bas : Pablo Picasso, Guernica, 1937, Museo Nacional Reina Sofia, Madrid. BIS / Ph. Oronoz © Archives Larbor © Succession Picasso 2012. ; 110 : ph © GINIES/SIPA ; 112 ht g : ph © MATHIEU CUGNOT/epa/Corbis ; 112 ht droit : ph © Christian Guy/Hemis/Corbis ; 112 m droit : ph © JL - Fotolia ; 112 bas droit : ph © Giuseppe Porzani - Fotolia ; 114 : ph © Alice - Fotolia ; 116 : ph © EPISOUSA - Fotolia ; 117 g : © L'agence/Erasmus/2e2f.fr ; 117 droit : DR ; 119 g : ph © afxhome - Fotolia ; 119 droit : ph © seb hovaguimian - Fotolia ; 120 ht droit : © CROUS ; 120 ht g : © Perseomedusa - Fotolia ; 120 ht droit m : ©Francois HENRY/REA ; 120 bas g : ©Richard DAMORET/REA ; 120 m droit : ph © Richard Villalon - Fotolia ; 120 bas droit : ©Francois PERRI/REA ; 121 ht g : ©Frederic MAIGROT/REA ; 121 ht droit : ©Frederic MAIGROT/ REA ; 121 m g : ©Baptiste FENOUIL/REA ; 121 m m : © Paul Box/REPORT DIGITAL-REA ; 121 droit : ©Nicolas Tavernier/REA ; 121 b droit : ©Alexandre GELEBART/REA ; 124 : Frog 974 - Fotolia.

U6 : 125 ht : ©Archives Toutain/Leemage ; 125 m : ©Photo Josse/Leemage ; 125 bas : ph © REAU ALEXIS/SIPA ; 126 ht : Prod DB © La Petite Reine - Studio 37 - La Classe Américaine - JD Prod / DR ; 126 bas : ©Rue des Archives/BCA ; 127 : ph © KEYSTONE FRANCE/Gamma-Rapho ; 128 : © libertad - Fotolia ; 129 ht g : ph © Beboy - Fotolia ; 129 ht droit : ph © Karen Huntt/CORBIS ; 129 bas g : ph © W. Wayne Lockwood, M.D./CORBIS ; 129 bas droit : ph © Bettmann/CORBIS ; 130 ht g : A. ©SSPL/Leemage ; 130 ht m g : ph © Lorenzo Buttitta - Fotolia ; 130 ht m droit : B. ©DeAgostini/Leemage ; 130 ht droit : ph ©Patrick ALLARD/REA ; 130 bas g : C. ©Photo Josse/Leemage ; 130 bas m g : © Szeling/Floresco/Corbis ; 130 bas m droit : D. ©SuperStock/Leemage ; 130 bas droit : ph © arquiplay77 - Fotolia ; 131 : Daniel CZAP/TOP/Gamma-Rapho ; 132 : © Michael Prince/Corbis ; 134 ht : ph © AFP ; 134 : ph © POCHARD PASCAL/SIPA ; 134 bas : ph © Bellak Rachid/ABACA ; 135 : © Hill Street Studios/Blend Images/Corbis ; 136 : ©Lee/Leemage ; 138 ht droit : © Libération ; 138 m g : © Dmitrijs Gerciks - Fotolia ; 138 bas g : © gilles lougassi - Fotolia ; 138 m droit : © arnaud - Fotolia ; 138 bas droit : ph © MAYLO/CIT'images ; 140 : ph © JenKedCo - Fotolia ; 141 : ph © Mika/Corbis ; 142 ht droit : © Oliver Eltinger/Corbis ; 142 m : © Le Monde ; 142 bas g : ph © HaywireMedia - Fotolia ; 142 bas g m : © auremar - Fotolia ; 142 bas droit : © © Jose Luis Pelaez Inc/Blend Images/Corbis ; 143 ht : ph © Peter M. Fisher/Corbis ; 143 bas : ph © Zero Creatives/cultura/Corbis ; 144 : ph © fotum - Fotolia ; 145 : ph © Anthony Redpath/CORBIS ; 146 : © Sempé/Editions Denoël.

Directrice de la production éditoriale : Béatrice Rego
Marketing : Thierry Lucas
Édition : Catherine Jardin
Couverture : Miz'enpage/Lucía Jaime
Conception maquette : Miz'enpage
Mise en pages : Isabelle Vacher

Recherche iconographique : Danièle Portaz, Clémence Zagorski
Illustrations : Adriana Canizo
Cartographie : Oscar Fernisa Fernandez et Esteban Ratti (p. 68, 69 et 79) ; Jean-Pierre Crivalleri (p. 159)
Enregistrements : Studio Bund

© CLE International / SEJER, 2012.
ISBN : 9782090386080

AVANT-PROPOS

Bienvenue !

Zénith est une nouvelle méthode qui, sous une forme jeune et vivante, s'adresse à tous **les débutants complets**, en leur proposant une progession simple.

Zénith est prévu pour une centaine d'heures, chaque leçon correspondant à deux séquences d'une heure et demie à deux heures.

Chacune des 24 leçons de *Zénith* se structure autour de deux doubles pages :
- la partie "**Je comprends et je communique**": 2 documents déclencheurs (par exemple : un dialogue, une photo, une page Internet, un sondage). Pour travailler ces documents sont aussi proposés des activités d'écoute, de compréhension orale et écrite, ainsi que des jeux de communication pour réinvestir les acquis. Tout le vocabulaire nouveau est présenté dans un encadré. Des exercices de phonétique ("Je prononce"), enregistrés, complètent l'ensemble.

- la partie "**J'apprends et je m'entraîne**" récapitule plusieurs points de grammaire et offre une série d'exercices variés (écoute, vocabulaire, grammaire, production d'écrits), et des jeux de rôle inscrits dans un contexte contemporain.

Chaque unité se clôt sur deux pages de **civilisation**, des **exercices d'entraînement au DELF A1**, ainsi qu'un **bilan actionnel**. Celui-ci reprend les acquis des quatre leçons de l'unité, mais son objectif est surtout de placer l'élève dans une situation pratique réelle.

Un **précis grammatical** et des tableaux de conjugaison se trouvent en fin d'ouvrage.

Un livret de corrigés et des transcriptions des dialogues et des exercices oraux est joint au livre de l'élève.

Le **DVD-ROM** contient tous les enregistrements des documents audio ainsi que des vidéos complémentaires.

Un **cahier d'activités** *Zénith*, avec son livret de corrigés, accompagnera avec profit l'apprentissage du français.

Nous vous souhaitons de très bons moments avec *Zénith* !

Les auteurs

MODE D'EMPLOI

Structure du livre de l'élève

- Une leçon 0 pour démarrer en douceur
- 6 unités comprenant chacune :
  - 4 leçons de 4 pages chacune,
  - 1 double page Civilisation,
  - 1 entraînement au DELF,
  - 1 bilan actionnel
- Des annexes :
  - un précis grammatical, avec des tableaux de conjugaison
  - une carte de France touristique
- Un DVD-ROM audio et vidéo
- Un livret de transcriptions et de corrigés

La page d'ouverture

1 vidéo par unité

Objectifs de communication

Le déroulement d'une unité

• 4 leçons

• 1 double page Civilisation

• 1 double page d'entraînement au DELF

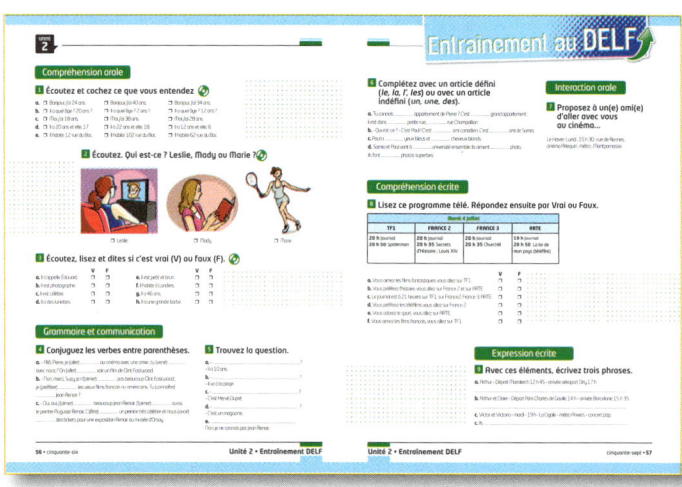

• 1 page Bilan actionnel

Des tâches à réaliser

Un savoir-faire à mettre en œuvre

4 • quatre

Mode d'emploi

■ Chaque leçon comprend :

- 1 double page
  « Je comprends
  et je communique »

Le vocabulaire

Des activités de compréhension : Écouter ; Comprendre

Un dialogue ou un document déclencheur

Un travail sur la phonétique : Je prononce

Un support visuel

Des situations de communication et de réinvestissement : Communiquer ; Écrire

- 1 double page
  « J'apprends
  et je m'entraîne »

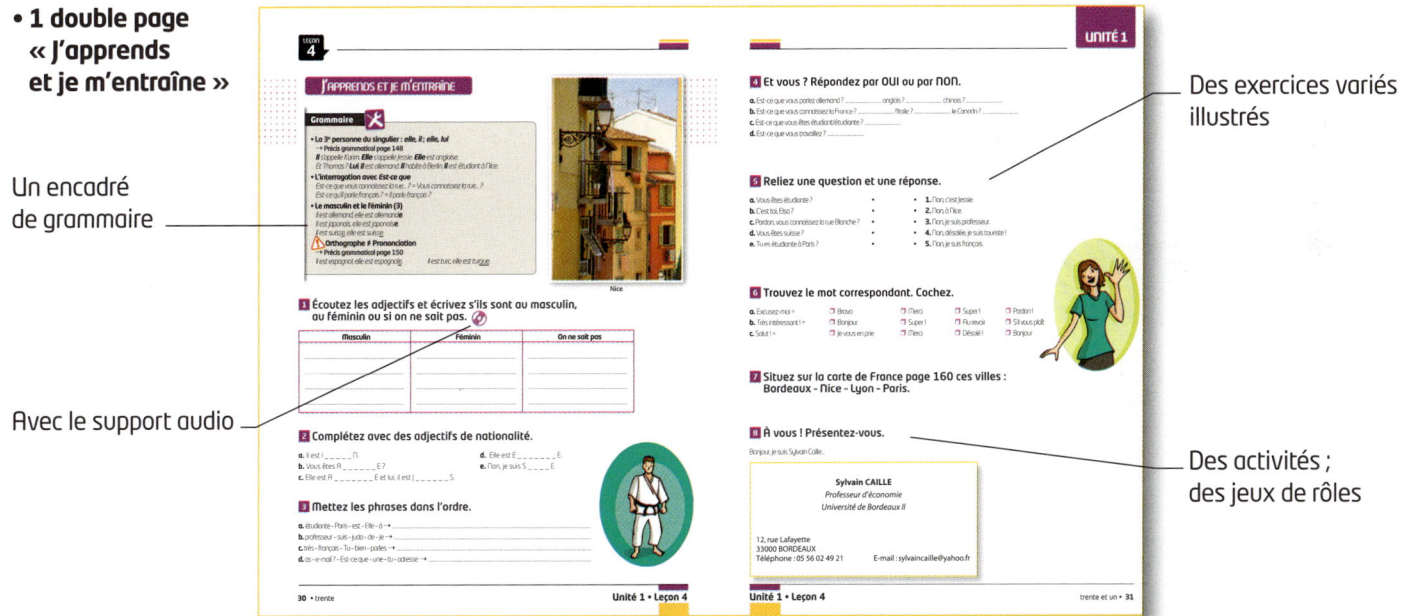

Un encadré de grammaire

Des exercices variés illustrés

Avec le support audio

Des activités ; des jeux de rôles

■ Les symboles

Séquence vidéo	Piste audio	Comprendre	Écrire	Phonétique	Vocabulaire	Grammaire	Interaction à deux	Interaction en groupe

Mode d'emploi

cinq • 5

MODE D'EMPLOI

■ Des outils d'évaluation

• **À la fin de chaque unité, une double page d'entraînement au DELF**

Travail des 4 compétences

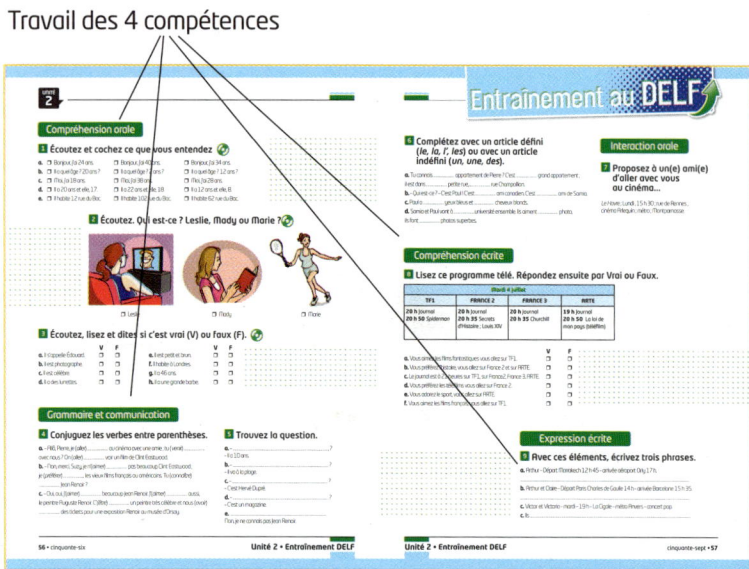

• Et aussi des fiches d'évaluation dans le guide pédagogique...

■ Des outils linguistiques nombreux

• **Un aide-mémoire grammatical à la fin de l'ouvrage**

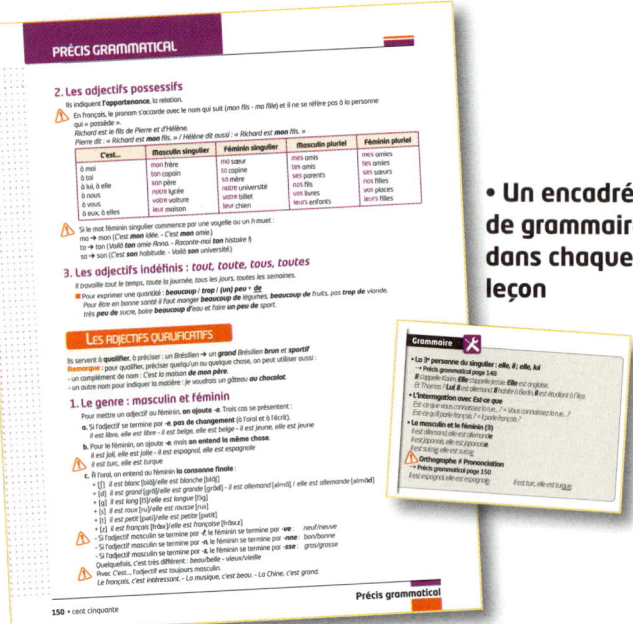

• Un encadré de grammaire dans chaque leçon

■ Un cahier d'activités très complet qui encourage à travailler en autonomie

Les objectifs

Un lexique multilingue

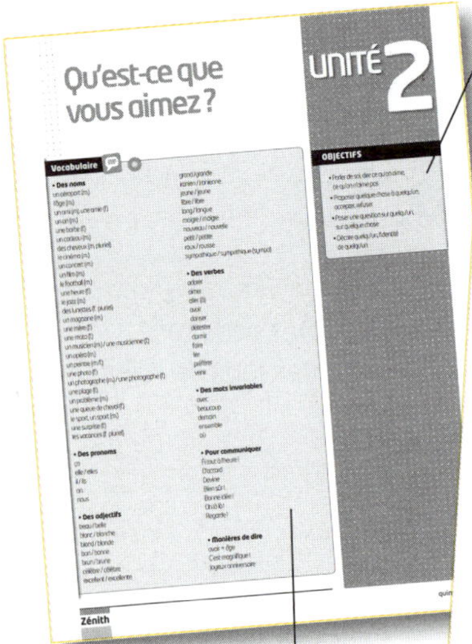

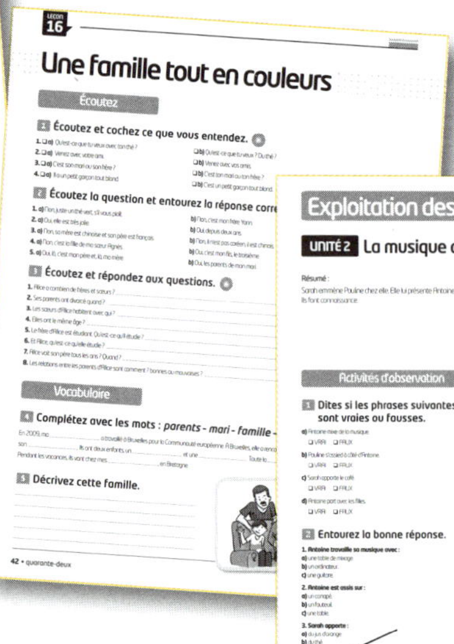

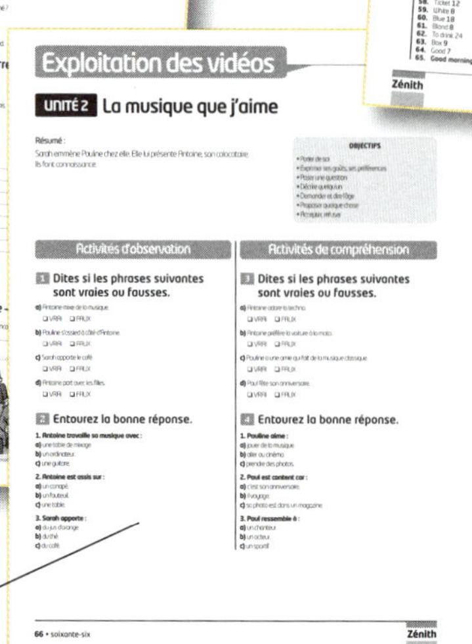

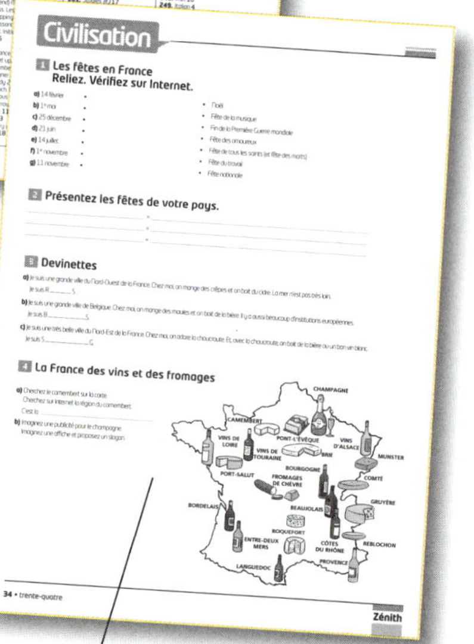

Le vocabulaire de l'unité, enregistré

Des fiches d'exploitation de la vidéo

Des activités autour de la civilisation française

6 • six

Mode d'emploi

■ Le DVD-ROM (inclus dans le livre de l'élève)

• **L'audio**
• Tout l'audio du livre de l'élève et du cahier d'activités
• Plus de 175 pistes pour 145 minutes d'enregistrement

• **La vidéo**

• 1 séquence par unité
• Mini-fiction ou reportage en lien avec les contenus de l'unité
• Des fiches d'exploitation dans le cahier d'activités

■ Les versions numériques : du tableau à la tablette

• **Une version numérique collective pour TBI ou vidéoprojection**
• Compatible avec tous les TBI
• Utilisable en vidéoprojection
• Avec tous les composants de la méthode
• Accès direct aux ressources et médias
• Navigation linéaire ou personnalisée
• Possibilité d'ajouter ses propres ressources
• De nombreux outils et fonctionnalités

Votre clé USB pour plus de liberté et de praticité
• Avec cette clé, vous pouvez accéder immédiatement à votre manuel sur tout ordinateur, à votre domicile ou au sein de votre établissement.
• Tous vos travaux effectués sur le manuel (diaporama, cours, import de documents personnels) sont sauvegardés automatiquement sur la clé et disponibles à tout moment.
• Une aide à la prise en main et un mode d'emploi détaillé sont inclus dans votre manuel numérique.

• **Une version numérique individuelle**
• Le livre de l'élève avec la vidéo, des tests et un bilan actionnel interactifs et tout l'audio
• Le cahier d'activités avec tous les exercices interactifs et l'audio

Pour toutes les plateformes :
• Tablettes (iPad, Androïd)
• PC/Mac offline ou online
• Plateformes e-learning (packs SCORM)

Mode d'emploi

TABLEAUX DES CONTENUS

UNITÉ 1 : BONJOUR, JE M'APPELLE...

Leçon	Savoir-faire	Grammaire	Vocabulaire	Phonétique
LEÇON 0 Bienvenue !	• se repérer dans la langue française		• le temps • les nombres • les objets de la classe	• les sons du français
LEÇON 1 Salutations	• saluer, demander quelque chose, remercier	• moi/vous • c'est moi	• bonjour, au revoir • s'il vous plaît, merci • ça va	• les mots pour prendre contact
LEÇON 2 Moi, je suis français	• se présenter, poser une question sur la nationalité, la profession, s'excuser	• je/vous • le verbe être • le masculin et le féminin (1)	• les nationalités (1) • les professions (1)	• le masculin et le féminin des adjectifs (1)
LEÇON 3 Toi aussi, tu connais Marion Cotillard ?	• poser une question à quelqu'un sur son identité, le lieu où il habite	• vous/tu • les verbes connaître, habiter (à), parler • le masculin et le féminin (2) • c'est + adjectif	• les nationalités (2) • les professions (2)	• les liaisons (1) • travail sur le rythme
LEÇON 4 Est-ce que tu es étudiant ?	• révisions de l'Unité 1 • poser une question à quelqu'un sur un lieu	• révisions de l'Unité 1 • il/elle • le masculin et le féminin (3)	• révisions de l'Unité 1	• le masculin et le féminin des adjectifs (2) • travail sur le rythme et l'intonation

• Civilisation : Pour vous, la France...
• Entraînement au DELF
• Bilan actionnel

UNITÉ 2 : QU'EST-CE QUE VOUS AIMEZ ?

Leçon	Savoir-faire	Grammaire	Vocabulaire	Phonétique
LEÇON 5 Qu'est-ce que tu aimes ?	• parler de soi • exprimer ses goûts, ses préférences	• aimer + nom / + infinitif • le singulier et le pluriel (1) • les articles définis • la phrase négative	• les loisirs (1) • le sport	• les lettres « muettes » • l'accent d'insistance
LEÇON 6 Joyeux anniversaire !	• poser une question • décrire quelqu'un (1) • demander et dire l'âge	• le singulier et le pluriel (2) • le verbe avoir • les articles indéfinis • Qui est-ce ?/Qu'est-ce que c'est ?	• les professions (3) • les activités	• les liaisons (2)
LEÇON 7 C'est un très bon film !	• proposer quelque chose (1) • accepter, refuser	• ils, elles • articles définis ou articles indéfinis ? • l'article contracté (à + le → au) • les verbes aller/venir (1)	• les loisirs (2) • les spectacles	• les sons [e] et [ɛ]
LEÇON 8 Il est comment ?	• révisions Unité 2 • décrire quelqu'un (2)	• révisions Unité 2 • le masculin et le féminin (4)	• révisions de l'Unité 2	• le masculin et le féminin des adjectifs (3)

• Civilisation : On parle français sur les cinq continents
• Entraînement au DELF
• Bilan actionnel

Tableaux des contenus

neuf • 9

TABLEAUX DES CONTENUS

UNITÉ 3 : QU'EST-CE QU'ELLE VOUDRAIT ?

Leçon	Savoir-faire	Grammaire	Vocabulaire	Phonétique
LEÇON 9 Qu'est-ce qu'on achète ?	• faire des achats (1) • poser une question sur un objet, un prix	• le singulier et le pluriel (3) • l'expression de la quantité (1) • *il faut* + nom • le verbe *prendre* au présent	• faire des achats • parler des prix et des quantités	• les sons [ə] et [e] • l'accent exclamatif
LEÇON 10 Je voudrais un gâteau au chocolat !	• faire des achats (2) • organiser un repas	• les articles partitifs • l'expression de la quantité (2) • *je voudrais* • *il faut* + infinitif	• les aliments, les ingrédients, faire un menu	• les sons [œ] et [ø]
LEÇON 11 Les Champs-Élysées, c'est loin ?	• se situer dans l'espace (1) • demander son chemin	• *vouloir* + infinitif • *c'est* + adverbe • l'impératif (1) • *quelqu'un*	• l'orientation (*près, loin, à droite, à gauche*) • les moyens de transport (1)	• les sons [u] et [y]
LEÇON 12 On part en week-end ?	• révisions de l'Unité 3 • se situer dans l'espace (2)	• révisions de l'Unité 3 • l'impératif (2) • les verbes *aller/venir* (2) • *chez*	• révisions de l'Unité 3 • les moyens de transport (2)	• les sons [wa], [wi], [wɛ̃]

- **Civilisation** : Un petit week-end gastronomique
- **Entraînement au DELF**
- **Bilan actionnel**

UNITÉ 4 : QU'EST-CE QUE VOUS AVEZ FAIT HIER ?

Leçon	Savoir-faire	Grammaire	Vocabulaire	Phonétique
LEÇON 13 Quelle heure est-il ?	• l'heure (1) • se situer dans le temps (1)	• le futur proche • verbes pronominaux	• les activités du matin • le temps	• le son [ʀ] en initiale, à l'intérieur d'un mot et en finale
LEÇON 14 On peut se voir la semaine prochaine ?	• l'heure (2) • se situer dans le temps (2) • prendre rendez-vous	• *pouvoir* + infinitif • *tout, toute* • *quel, quelle*	• l'emploi du temps • les horaires	• révision du son [ʀ]
LEÇON 15 Qu'est-ce que tu as fait ce week-end ?	• se situer dans le temps (3) • parler d'actions passées • parler de sa famille (1)	• le passé composé avec *avoir* (1) • les adjectifs possessifs (1)	• les activités du week-end • la famille (1)	• distinguer le présent du passé composé (*je mange/ j'ai mangé*)
LEÇON 16 Une famille tout en couleurs	• révisions de l'Unité 4 • se situer dans le temps (4) • parler de sa famille (2)	• révisions de l'Unité 4 • le passé composé avec *avoir* (2) • les adjectifs possessifs (2) • la place des adjectifs	• révisions de l'Unité 4 • la famille (2)	• travail sur le rythme (exercices d'amplification)

- **Civilisation** : La famille en France
- **Entraînement au DELF**
- **Bilan actionnel**

Unité 5 : Quels sont vos projets ?

Leçon	Savoir-faire	Grammaire	Vocabulaire	Phonétique
Leçon 17 Après les études	• expliquer son parcours • parler de ses projets professionnels	• le passé composé avec *avoir* (3) • le passé composé avec *être* (1)	• les études • le travail • le CV	• les nasales [ã], [ɔ̃], [ɛ̃]
Leçon 18 France, Japon, Canada, États-Unis	• décrire son travail • parler de la biographie de quelqu'un	• le passé composé avec *avoir* (4) • le passé composé avec *être* (2) • prépositions et noms de pays (1) • l'utilisation de *depuis* et *pendant*	• les voyages • les pays • une biographie	• les sons [ʃ] et [ʒ]
Leçon 19 Ah, les vacances...	• parler du temps, des saisons • raconter ses vacances	• les verbes impersonnels • le passé composé avec *être* (3) : les verbes pronominaux	• le temps, la météo • les activités de vacances	• révision des nasales [ã], [ɔ̃], [ɛ̃]
Leçon 20 Quand commencent les cours ?	• révisions de l'Unité 5	• révisions de l'Unité 5 • prépositions et noms de pays (2)	• révisions de l'Unité 5 • les études, l'université	• les sons [s] et [z]

• **Civilisation** : Être étudiant en France
• **Entraînement au DELF**
• **Bilan actionnel**

Unité 6 : Avant, c'était très différent

Leçon	Savoir-faire	Grammaire	Vocabulaire	Phonétique
Leçon 21 C'était un film des années 30	• décrire quelqu'un • raconter quelque chose avec les circonstances (1)	• l'imparfait (1) • la comparaison (1) • les pronoms COD (1) • les verbes *devoir* et *savoir*	• les vêtements • les couleurs	• les sons [ɔ] et [o] • l'expansion de la phrase
Leçon 22 Avant, c'était comment ?	• raconter quelque chose avec les circonstances (2) et les commentaires (1)	• l'imparfait (2) • *il y a* + durée • les pronoms COD (2)	• la vie quotidienne dans les années 1950 • une inondation en 1930	• révision du son [ɛ] • *in-* et *im-* devant une consonne
Leçon 23 Il est devenu célèbre !	• raconter quelque chose avec les circonstances (3) et les commentaires (2)	• les relations imparfait/passé composé • les pronoms COI (1) • la comparaison (2)	• rencontres • itinéraires de vie	• le son [ɥ] : *la nuit* • l'intonation de la surprise
Leçon 24 Faits divers	• comprendre un fait divers (à la radio, dans la presse)	• les pronoms COI (2) • l'expression de la cause	• le vocabulaire du fait divers	• le son [j]

• **Civilisation** : Les médias en France
• **Entraînement au DELF**
• **Bilan actionnel**

Précis grammatical .... p. 147
Tableaux de conjugaison .... p. 155

Tableaux des contenus

Bienvenue !

1 L'alphabet

Les 26 letttres de l'alphabet. Écoutez et répétez.

a b c d e f g h i j k l m n o
p q r s t u v w x y z
A B C D E F G H I J K L M N
O P Q R S T U V W X Y Z

2 Les nombres

Écoutez et répétez.

1	un	14	quatorze	40	quarante
2	deux	15	quinze	50	cinquante
3	trois	16	seize	60	soixante
4	quatre	17	dix-sept	70	soixante-dix
5	cinq	18	dix-huit	71	soixante et onze
6	six	19	dix-neuf	72	soixante-douze
7	sept	20	vingt	73	soixante-treize...
8	huit	21	vingt et un	80	quatre-vingts
9	neuf	22	vingt-deux	81	quatre-vingt-un
10	dix	23	vingt-trois...	90	quatre-vingt-dix
11	onze	30	trente	91	quatre-vingt-onze
12	douze	31	trente et un	92	quatre-vingt-douze...
13	treize	32	trente-deux...	100	cent

3 Les jours de la semaine

Lisez.

| Lundi | Mardi | Mercredi | Jeudi | Vendredi | Samedi | Dimanche |

12 • douze

Leçon 0

LEÇON 0

4 Les mois de l'année

Découvrez.

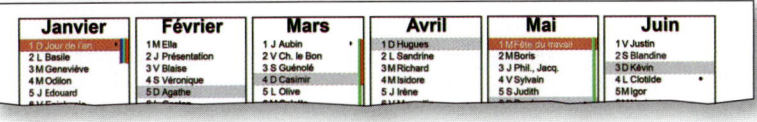

5 Les saisons

Découvrez.

l'été   le printemps

l'automne   l'hiver

6 Dans la classe

Découvrez.

une feuille de papier

un livre

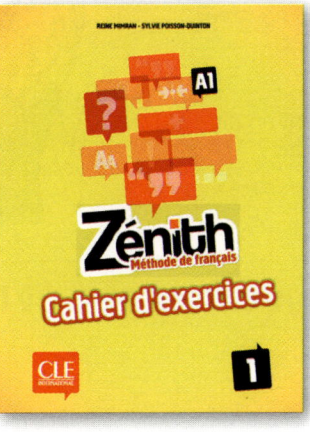

un cahier d'exercices

un tableau

un stylo

un ordinateur

Leçon 0   treize • 13

Leçon 0

Le professeur dit :

 Regardez

 Écrivez

 Barrez

 Lisez

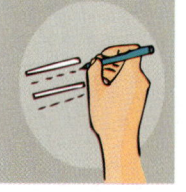 Complétez

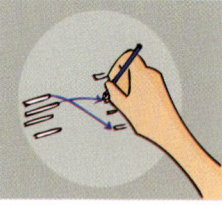 Reliez

 Écoutez

 Parlez

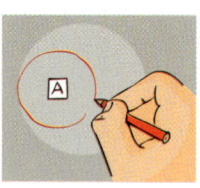 Entourez

 Cochez

L'élève dit :

Je ne comprends pas.

Comment ça s'écrit ?

Vous pouvez épeler ?

Comment on dit en français ?

Vous pouvez parler plus lentement ?

Mini quiz sur la langue française et la culture française

a. Trouvez trois mots en français.
....

b. Citez trois villes en France.
....

c. Citez une personne française connue
....
et une autre : ....

d. Citez un film français.
....

e. On parle français ...... ? Cochez la bonne réponse.

☐ en Suisse   ☐ au Brésil   ☐ au Maroc   ☐ en Belgique
☐ au Japon   ☐ au Danemark   ☐ au Sénégal   ☐ au Canada

14 • quatorze

Bonjour, je m'appelle...

UNITÉ 1

Leçon 1 — Salutations
- Saluer – demander quelque chose – remercier

Leçon 2 — Moi, je suis français
- S'excuser – se présenter – poser une question sur la nationalité, la profession

Leçon 3 — Toi aussi, tu connais Marion Cotillard ?
- Poser une question à quelqu'un sur son identité, le lieu où il habite

Leçon 4 — Est-ce que tu es étudiant ?
- Poser une question à quelqu'un sur son adresse

Salutations

Je comprends et je communique

1 C'est moi, Émilie

– Allô, Nicolas ? Bonjour. C'est moi, Émilie.

– Ah ! Bonjour ! Ça va ?

– Oui, ça va bien. Et vous ?

– Très bien, merci.

2 Comment ça va ?

Laura
Ah ! Thomas ! Bonjour !

Thomas
Tiens ! Bonjour, Laura !

Laura
Comment ça va ?

Thomas
Ça va, ça va…

3 Une baguette, s'il vous plaît

– Bonjour, monsieur.

– Bonjour, madame. Une baguette, s'il vous plaît.

– Voilà.

– Merci. Au revoir, madame.

– Au revoir, monsieur.

 Je prononce

- **Écoutez et répétez :**
Bonjour
Au revoir
Merci
- **Rythme**
Merci – Merci, madame
Au revoir – Au revoir, monsieur
Ça va – Ça va bien – Ça va très bien – Ça va très bien, merci

16 • seize   Unité 1 • Leçon 1

UNITÉ 1

Vocabulaire

- **Pronoms et noms**
  moi
  vous
  madame
  monsieur
  une baguette

- **Mots invariables**
  bien
  comment ?
  oui
  très

- **Pour communiquer**
  Allô
  Bonjour
  C'est moi !
  Au revoir
  Tiens !
  S'il vous plaît
  Merci
  Ça va ?
  Comment ça va ?
  Voilà !

Écouter

a. Écoutez le dialogue 1 et cochez ce que vous entendez.
- ☐ C'est moi, Émilie.
- ☐ Bonjour, Émilie.

b. Écoutez le dialogue 3 et cochez ce que vous entendez.
- ☐ Une baguette.
- ☐ Une baguette, s'il vous plaît.

Comprendre

Lisez le dialogue 2 de la page 16 et complétez.
– Ah ! Thomas ! .... !
– Tiens ! ...., Laura !
– .... ça va ?
– .... va, ça ....

Communiquer

Regardez. C'est français ? Répondez par Oui ou par Non.

a. ....

b. ....

c. ....

d. ....

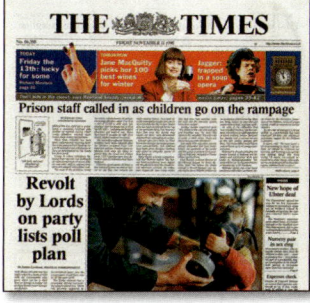
e. ....

f. ....

g. ....

h. ....

i. ....

Leçon 1

J'APPRENDS ET JE M'ENTRAÎNE

Grammaire
• Présentations

– C'est Nicolas. C'est Julie.

– C'est vous, Claire ?
– Non, moi, c'est Émillie.

1 Associez situations et expressions.

a. au téléphone
b. dans la rue
c. dans une boulangerie

1. Bonjour, madame. Un croissant, s'il vous plaît !
2. François ! Bonjour ! Comment ça va ?
3. Merci, madame. Au revoir.
4. Allô, Julie ? Bonjour, c'est Nicolas.
5. Tiens, Julie ! Bonjour ! Ça va ?
6. Allô ! Allô ! Allô !

2 Remettez ces dialogues dans l'ordre.

Dialogue 1 - Ordre : ....
a. Au revoir, monsieur.
b. Merci, madame. Au revoir.
c. Voilà !
d. Bonjour, monsieur.
e. Bonjour, madame. Un gâteau, s'il vous plaît.

Dialogue 2 - Ordre : ....
a. Ah, bonjour, François. Ça va ?
b. Très bien, merci.
c. Allô ! Bonjour, Nicolas. C'est moi, François.
d. Ça va bien, merci. Et toi ?

Dialogue 3 - Ordre : ....
a. Très bien, merci. Et vous ?
b. Bonjour, monsieur Dumont. Ça va ?
c. Ça va, ça va...
d. Au revoir, madame.

Dialogue 4 - Ordre : ....
a. Ah non, moi, c'est Alice.
b. Ah, bonjour, Alice. Ça va ?
c. Allô ! Bonjour, c'est Pierre. C'est Claire ?

UNITÉ 1

3 Faites parler ces personnes.

a. – ....
 – ....

b. – ....
 – ....

4 Dialoguez avec votre voisin sur ce modèle.

1. – Bonjour. C'est moi : Claire.
 – Ah ! Claire ! Bonjour ! Ça va ?
 – Ça va, merci.

2. – Bonjour, Tom.
 – Tiens ! Bonjour ! Comment ça va ?
 – Très bien. Merci. Et vous ?
 – Ça va, ça va…

Continuez avec :

un gâteau

un croissant

3. – Bonjour. Une baguette ?
 – Oui, s'il vous plaît.
 – Voilà !
 – Merci. Au revoir, madame.
 – Au revoir.

Unité 1 • Leçon 1

Leçon 2

Moi, je suis français

Je comprends et je communique

1 Moi, je suis journaliste

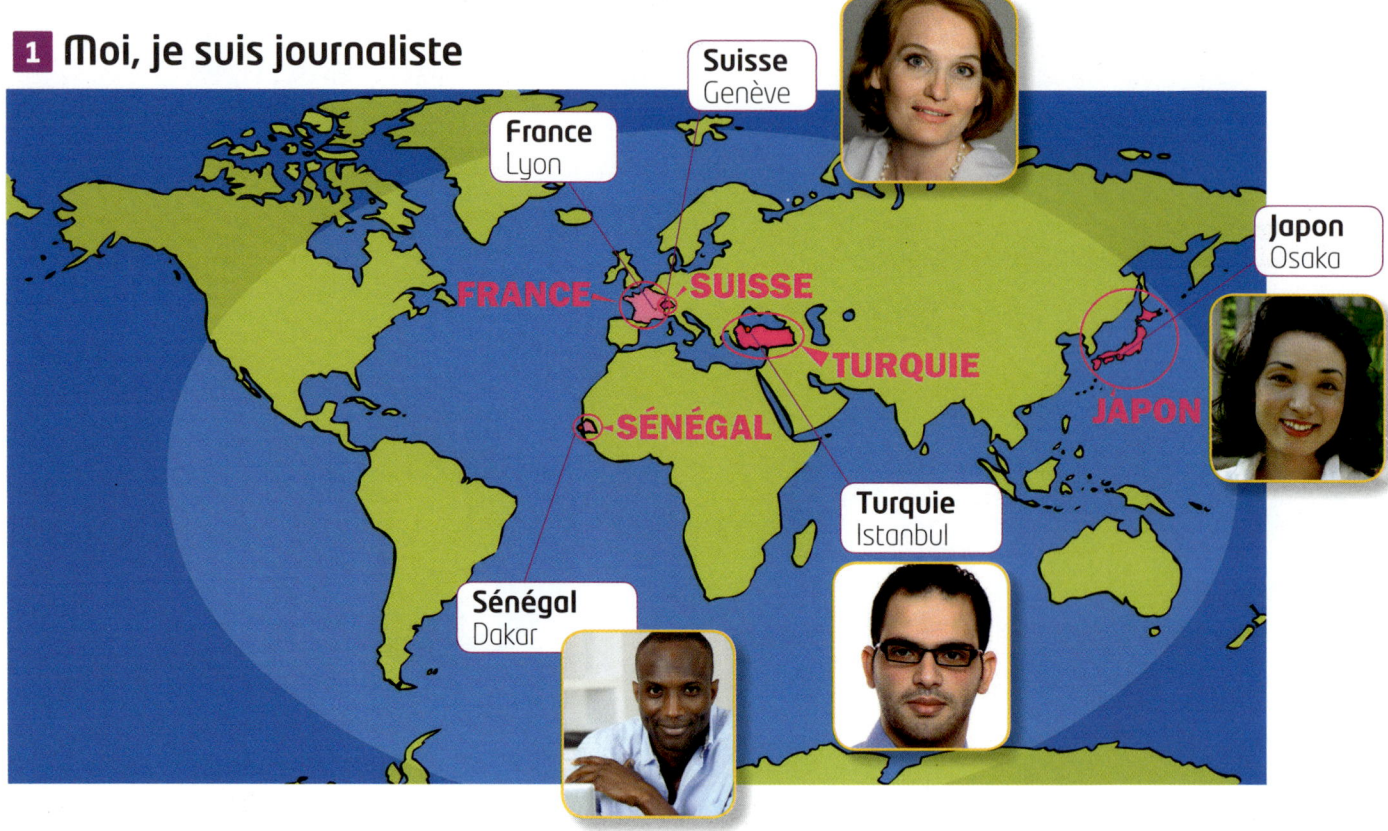

Université de Lyon II – 2-4 mars
Colloque **ÉDUCATION ET NOUVELLES TECHNOLOGIES**
(Professeur Jacques BLANC)

– Mesdames, messieurs, bonjour !
Je suis Jacques Blanc. À vous !

– Bonjour. Anne Mérieux. Je suis suisse.
Je suis professeur d'économie à Genève.

– Moi, je suis turc. Je m'appelle Goran Cegülik.
Je suis journaliste à Istanbul.

– Noriko Takahashi. Je suis japonaise. Je travaille
à Osaka. Moi aussi, je suis journaliste.

– Jean-Noël Diallo. Je suis sénégalais.
Je suis informaticien. Je travaille à Dakar.

– Moi, je suis…

20 • vingt

Unité 1 • Leçon 2

UNITÉ 1

Vocabulaire

- **Verbes**
s'appeler
être
travailler

- **Pronoms et noms**
je
l'économie (f.)
un informaticien,
une informaticienne
un(e) journaliste
un(e) professeur

- **Adjectifs**
français(e)
japonais(e)
sénégalais(e)
suisse/suisse
turc/turque

- **Mots invariables**
aussi
non

- **Pour communiquer**
Pardon !
Excusez-moi !
Je vous en prie

Écouter

Écoutez le dialogue et répondez par Vrai (V) ou Faux (F).

a. Je suis Jacques Gauthier.
　☐ Vrai　　☐ Faux
b. Anne Mérieux. Je suis suisse. Je suis professeur d'économie à Paris.
　☐ Vrai　　☐ Faux
c. Je suis turc. Je suis journaliste à Istanbul.
　☐ Vrai　　☐ Faux
d. Noriko Takahashi. Je suis japonaise. Je travaille à Mitsubishi.
　☐ Vrai　　☐ Faux
e. Je suis sénégalais. Je suis informaticien.
　☐ Vrai　　☐ Faux

! Comprendre

Lisez le dialogue page 20 et regardez l'exemple d'Anne Mérieux. Complétez les cartes de visite.

Noriko Takahashi
Journaliste
à ....

Anne Mérieux
Professeur d'économie
à Genève

Goran Cegülik
....
à Istanbul

....
Professeur
à Lyon

Jean-Noël Diallo
....
à Dakar

Écrire

À vous ! Faites votre carte de visite.

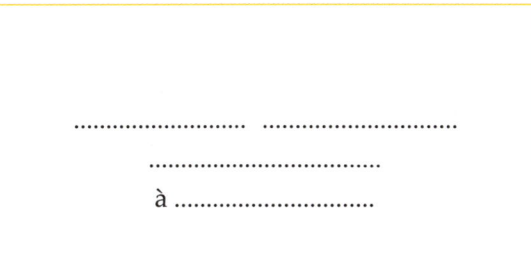

Communiquer

En classe, présentez-vous en français.
Exemple : Bonjour, Anne Mérieux, je suis française, je suis professeur à Genève.

Je prononce

- **Écoutez et répétez :**
français, française
japonais, japonaise
sénégalais, sénégalaise

- **Intonation**
Oh pardon ! – Excusez-moi ! –
Je vous en prie.

- **Rythme**
Moi, je suis français
Moi, je suis turc
Moi, je suis japonaise
Moi, je suis sénégalais

Unité 1 • Leçon 2

Leçon 2

J'APPRENDS ET JE M'ENTRAÎNE

Grammaire

• **Conjugaison**
Verbe *être* + nationalité

– Vous êtes français ?
– Non, je suis suisse.

– Pardon, vous êtes suisse ?
– Non, je suis turc.

Verbe *être* + profession, activité
– Vous êtes informaticien ?
– Non, je suis professeur.

⚠️ *Je suis ~~un~~ informaticien.   *Je suis ~~une~~ japonaise.

1 Reliez.

a. s'appeler •   • 1. Je suis journaliste.
b. être •   • 2. Je travaille à Dakar.
c. travailler •   • 3. Je m'appelle Jean-Noël.

Dakar

2 Qui parle ? Un homme (H) ou une femme (F) ? Cochez.

	H	F
a. Bonjour. Je m'appelle Alida, je suis turque, je travaille à Istanbul.	☐	☐
b. Bonjour, je m'appelle Sumi, je suis japonaise, je suis informaticienne.	☐	☐
c. Bonjour, moi, je suis Dominique Brunot. Je suis français.	☐	☐
d. Moi aussi, je m'appelle Dominique. Dominique Blanc. Et je suis française aussi.	☐	☐
e. Je suis sénégalais. Je suis professeur d'économie à Dakar.	☐	☐

22 • vingt-deux   Unité 1 • Leçon 2

UNITÉ 1

3 Classez ces adjectifs en deux catégories : masculin ou féminin.

japonaise – turc – français – sénégalais – française – suisse – turque – japonais – sénégalaise

Masculin	Féminin
....	....
....	....
....	....

4 Qui travaille où ? Reliez une phrase et un dessin.

a. Je travaille à Paris, je m'appelle Catherine. • • dessin ....
b. Je suis journaliste à Tokyo. Je m'appelle Bob. • • dessin ....
c. Moi, je suis Giovanni Battista. Je travaille à Rome. • • dessin ....
d. Je suis Assia. Je suis journaliste à Istanbul. • • dessin ....
e. Je travaille à New York. Je m'appelle Cheng Hui-de. • • dessin ....
f. Je travaille à Moscou. Je suis Igor Vassilevitch. • • dessin ....

1.   2.   3.

4.   5.   6.

5 Entourez les mots que vous connaissez.

un médecin – un informaticien – un acteur – un professeur – un footballeur – un vendeur – un coiffeur – un boulanger – un artiste – un journaliste – un serveur – un steward

6 Jeu de rôle

Présentez-vous en imaginant une nationalité et une profession.
Hideo Tanaka – Japon – professeur
Marie Delors – France – journaliste
Ibrahim Kunal – Turquie – journaliste
Assma Bouachma – Sénégal – informaticienne

Unité 1 • Leçon 2

vingt-trois • 23

Leçon 3

Toi aussi, tu connais Marion Cotillard ?

Je comprends et je communique

1 Vous êtes Marion Cotillard, n'est-ce pas ?

– Tu connais Marion Cotillard ?

– Marion Cotillard ? Oui, bien sûr ! Elle est française.

– C'est elle ! Pardon, mademoiselle. Vous êtes Marion Cotillard, n'est-ce pas ?

– Oui. C'est moi.

2 C'est joli, Yukiko !

– Salut ! Moi, c'est Paul ! Et toi ?

– Yukiko.

– C'est joli, Yukiko ! Japonaise ?

– Oui. Et toi ?

– Je suis français… Et toi aussi, tu es japonaise ?

– Non, pas du tout ! Moi, je suis américaine. Je m'appelle Jenny.

– Ah bon ! Tu parles très bien français ! Tu habites ici ?

– Oui, oui, j'habite à Paris. Je suis étudiante. Et toi ?

– Moi aussi. Et je travaille aussi dans un restaurant.

– Hum… C'est très intéressant !

24 • vingt-quatre   Unité 1 • Leçon 3

UNITÉ 1

Vocabulaire

- **Verbes**
connaître
habiter (à)
parler
- **Pronoms et noms**
toi, tu, elle
un(e) étudiant(e)
un restaurant
- **Adjectifs**
américain(e)
intéressant(e)
joli(e)
- **Mots invariables**
dans
et
ici

- **Pour communiquer**
Pardon ?
Salut !
Ah bon !
Vous êtes…
N'est-ce pas ?
Pas du tout
- **Manières de dire**
Bien sûr !
Moi, c'est X

Comprendre

Lisez le dialogue 1 et complétez.
– Tu connais Angelina Jolie ?
– Angelina Jolie ? Oui, ………… ………… ! Elle est …………………
– C'est ………… ! Pardon, madame. ………… êtes Angeline Jolie, n'………… ce ………… ?
– Oui. C'est …………

Écouter

Écoutez le dialogue 2. Cochez la bonne réponse.

a. Moi, c'est Jenny. Je suis…
☐ japonaise
☐ américaine
☐ française

b. Moi, c'est Paul. Je suis…
☐ étudiant
☐ professeur
☐ journaliste

Communiquer

Jouez le dialogue 1 et remplacez Marion Cottillard par :
Vanessa Paradis (française), Katy Perry (américaine), Jean Dujardin (français), Lady Gaga (américaine), Roger Federer (suisse), Youssou N'Dour (sénégalais), Masi Oka (japonais).

Je prononce

- **Les liaisons**
Écoutez et répétez :
intéressant   c'est intéressant   c'est très intéressant
- **Rythme**
Écoutez et répétez :
Vous habitez ici ?   Vous habitez ici, à Paris ?

Youssou N'Dour

Écrire

Mots croisés
Trouvez les 6 verbes et les 3 nationalités.

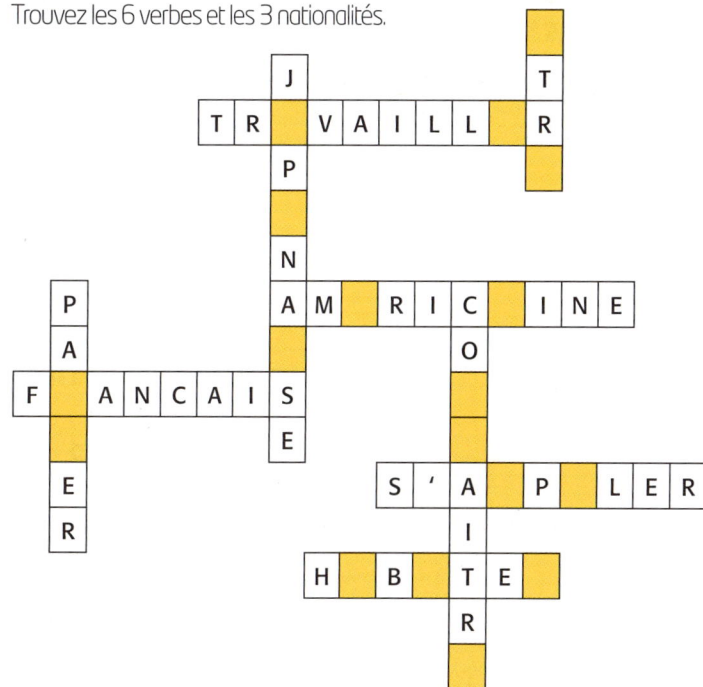

Unité 1 • Leçon 3

vingt-cinq • 25

Leçon 3

J'APPRENDS ET JE M'ENTRAÎNE

Grammaire

- **Conjugaison**
  - le verbe **être** (2) → Je suis... / Tu es... / Vous êtes...
    - Elle est française.
    - Tu es japonaise ? – Non, je suis américaine. Et vous, vous êtes français ?
    - Vous êtes étudiant ? – Non, je suis professeur.
  - le verbe **habiter**   J'habite à Paris. – Tu habites à Paris. – Vous habitez à Paris.
  - le verbe **s'appeler**   Je m'appelle... – Tu t'appelles... – Vous vous appelez...
  - le verbe **parler**   Je parle français. – Tu parles français. – Vous parlez français.
  - le verbe **travailler**   Je travaille – Tu travailles – Vous travaillez
  - le verbe **connaître**   Je connais Paris. – Tu connais Nice. – Vous connaissez Jenny.

- **La différence entre *tu* et *vous***

- **Le masculin et le féminin (2)**
  étudiant/étudiant**e**
  mais attention journaliste/journaliste

- ***C'est* + adjectif masculin**   C'est intéressant – C'est joli

- ***Habiter à* + ville**   Vous habitez à Tokyo ? – J'habite à Paris.

- ***Parler* + langue (masculin singulier)**
  Vous parlez très bien français !

---

1 Écoutez : on parle d'un homme, d'une femme ou on ne sait pas ? Cochez.

	a	b	c	d	e	f	g	h
Homme								
Femme								
On ne sait pas								

26 • vingt-six   Unité 1 • Leçon 3

UNITÉ 1

2 Complétez avec un adjectif de nationalité.

a. Yukiko habite à Tokyo, elle est ....
b. Jenny est étudiante aux États-Unis, elle est ....
c. Paul habite et travaille à Genève ; il est ....
d. Caroline est étudiante à Bordeaux. Elle est ....
e. Louis est journaliste à Dakar. Il est ....

3 Remettez ces phrases dans l'ordre.

a. bien – tu – bon – ! – très – Ah – français – parles à → ....
b. connaissez – Marion – Vous – Cotillard ? → ....
c. vous – est – Pardon – ce – Jenny – êtes – pas – n' ? → .... , ... ?
d. un – à – restaurant – travaille – Je – dans – Paris → ....
e. travaille – Istanbul – suis – et – Je – je – à – turc → ....
f. monsieur – vous – journaliste – êtes – n' – Genève – ? – Pardon – pas – à → ....

4 Reliez.

a. Pierre, vous   •   • 1. est anglais et il parle un peu allemand.
b. Tu   •   • 2. habite à Lyon.
c. Madame Leroux, vous   •   • 3. travailles à Paris ?
d. Je   •   • 4. est française ou suisse ?
e. J'   •   • 5. connaissez Lausanne ?
f. Elle   •   • 6. êtes informaticienne, n'est-ce pas ?
g. Il   •   • 7. suis Valérie Wong.

Lyon

5 Écoutez, puis jouez le dialogue à deux.

Vous êtes...
– Vous êtes française ? – Non.
– Vous êtes américaine ? – Non.
– Euh... Vous êtes journaliste ? – Non.
– Vous êtes informaticienne ? – Oh non !
– Alors, vous êtes étudiante ? – Non, non, non !
– Vous êtes... Vous êtes... vous êtes... vous êtes jolie !
– Mais oui, bien sûr ! Je m'appelle Annabelle Jolly !
Et je suis canadienne !

6 Jeu de rôle

Présentez-vous. Utilisez les verbes *s'appeler, être, habiter, parler*...

Jane – américaine – Chicago – étudiante à Paris – langues : anglais/français
Horu – japonais – étudiant à Kobe – stagiaire à Paris – langues : japonais/anglais/français
Elsa – française – étudiante à Nice – langues : français/anglais
Kate – anglaise – Londres – professeur d'anglais à Nice – langues : français/anglais

Unité 1 • Leçon 3   vingt-sept • 27

Leçon 4

Est-ce que tu es étudiant ?

Je comprends et je communique

1 Est-ce que tu as une adresse e-mail ?

– Bonjour, Ana, tu vas bien ?

– Oui, et toi ?

– Est-ce que tu as un numéro de téléphone ?

– Oui, c'est 06 82 58... ah non, désolée, c'est 06 87 58 12 38.

– OK, merci et est-ce que tu as une adresse e-mail ?

– Ah oui, c'est analopez@gmail.com, A-N-A-L-O-P-E-Z arobase G-M-A-I-L point C-O-M.

– Super, merci !

– De rien !

2 Une fête Erasmus

– Salut, moi, c'est Thomas. Tu es étudiante ici ?

– Oui, et toi ?

– Moi aussi. Je suis étudiant à Nice mais j'habite à Berlin.

– Ah, tu es allemand ? Tu parles très bien français. Bravo !

– Merci !

– Moi, je suis espagnole. Je m'appelle Ana... Lui, il s'appelle Karim. Et elle, c'est Jessie. Elle est anglaise.

– Salut, toi aussi tu es étudiante ?

– Non, je suis professeur de judo.

– Super !

UNITÉ 1

Vocabulaire

- **Pronoms et noms**
  - il, lui
  - le judo
  - une rue
  - un(e) touriste
  - un téléphone
  - une adresse
  - une arobase
  - un point

- **Mots invariables**
  - mais
  - un peu

- **Pour communiquer**
  - Désolé(e) !
  - (je suis désolé(e) !)
  - Bravo !
  - Super !

- **Adjectifs**
  - allemand(e)
  - anglais(e)
  - chinois(e)
  - espagnol(e)
  - italien/italienne

Écouter

1. Écouter
Écoutez le dialogue 1 et répondez par Vrai (V), Faux (F) ou On ne sait pas.

a. Elle s'appelle Ana Jospin.
☐ Vrai ☐ Faux ☐ On ne sait pas

b. Ana est étudiante.
☐ Vrai ☐ Faux ☐ On ne sait pas

c. Ana a un téléphone.
☐ Vrai ☐ Faux ☐ On ne sait pas

d. Elle habite à Barcelone.
☐ Vrai ☐ Faux ☐ On ne sait pas

e. Elle a une adresse email sur hotmail.com.
☐ Vrai ☐ Faux ☐ On ne sait pas

2. Écoutez le dialogue 2 et complétez.

a. Thomas est ...., il est .... à Nice.
b. Ana est ...., elle est aussi .... à Nice.
c. Jessie est ...., elle est .... de judo.

Communiquer

Comme dans le dialogue 1, posez des questions à vos camarades de classe et remplissez une fiche.
Exemple : Stéphane Moulard, 06 87 65 38 90, stephmou@gmail.com.

Comprendre

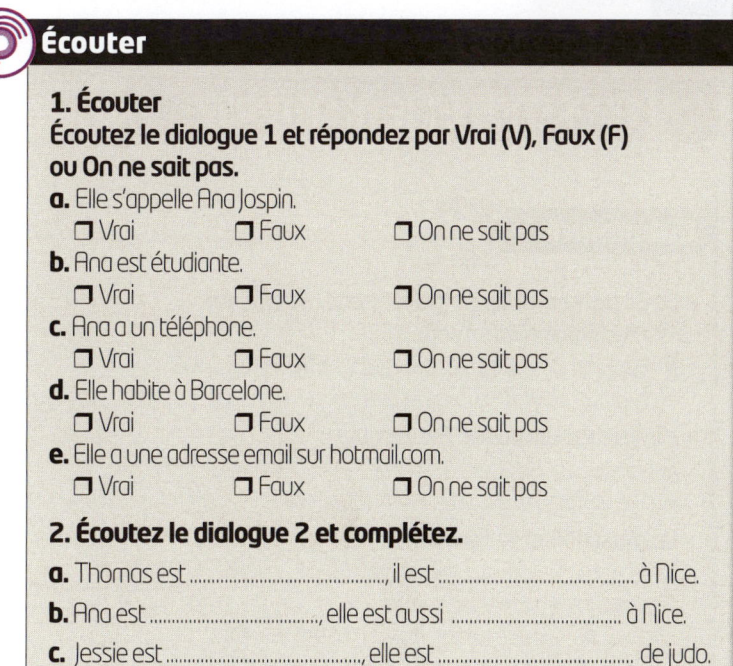

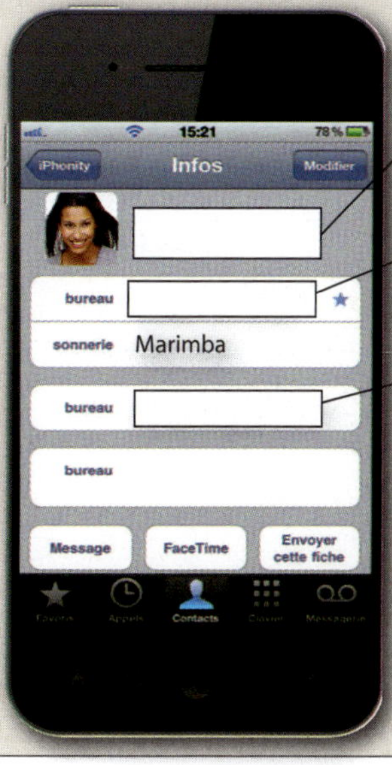

Complétez avec le modèle de la page 28.

Ana ....

Téléphone : ....

E-mail : ....

Écrire

À votre tour, créez votre profil.

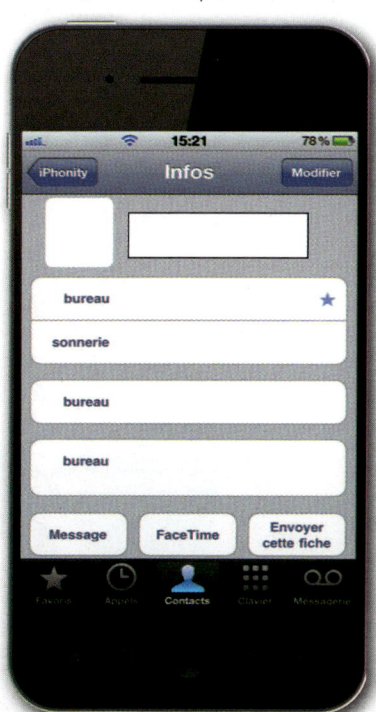

Je prononce

Écoutez et répétez :
Je suis allemand. / Je suis alleman**de**.
Je suis étudiant. / Je suis étudian**te**.

- **Rythme**
Écoutez et répétez :
Je suis professeur. / Moi aussi, je suis professeur.

- **Intonation**
Écoutez et répétez :
Bravo !
Super !

Unité 1 • Leçon 4

vingt-neuf • 29

Leçon 4

J'apprends et je m'entraîne

Grammaire

- **La 3ᵉ personne du singulier : elle, il ; elle, lui**
  → Précis grammatical page 148
  Il s'appelle Karim. **Elle** s'appelle Jessie. **Elle** est anglaise.
  Et Thomas ? **Lui, il** est allemand. **Il** habite à Berlin, **il** est étudiant à Nice.

- **L'interrogation avec Est-ce que**
  Est-ce que vous connaissez la rue... ? = Vous connaissez la rue... ?
  Est-ce qu'il parle français ? = Il parle français ?

- **Le masculin et le féminin (3)**
  Il est allemand, elle est allemand**e**.
  Il est japonais, elle est japonais**e**.
  Il est suisse, elle est suisse

  ⚠ **Orthographe ≠ Prononciation**
  → Précis grammatical page 150
  Il est espagnol, elle est espagno**le**.   Il est turc, elle est tur**que**.

Nice

1 Écoutez les adjectifs et écrivez s'ils sont au masculin, au féminin ou si on ne sait pas.

Masculin	Féminin	On ne sait pas
....	....	....
....	....	....
....	....	....
....	....	....

2 Complétez avec des adjectifs de nationalité.

a. Il est I _ _ _ _ _ N.
b. Vous êtes A _ _ _ _ _ _ E ?
c. Elle est A _ _ _ _ _ _ _ E et lui, il est J _ _ _ _ _ _ S.
d. Elle est E _ _ _ _ _ _ _ E.
e. Non, je suis S _ _ _ _ E.

3 Mettez les phrases dans l'ordre.

a. étudiante – Paris – est – Elle – à → ....
b. professeur – suis – judo – de – Je → ....
c. très – français – Tu – bien – parles → ....
d. as – e-mail ? – Est-ce que – une – tu – adresse → ....

30 • trente   Unité 1 • Leçon 4

UNITÉ 1

4 Et vous ? Répondez par OUI ou par NON.

a. Est-ce que vous parlez allemand ? .... anglais ? .... chinois ? ....
b. Est-ce que vous connaissez la France ? .... l'Italie ? .... le Canada ? ....
c. Est-ce que vous êtes étudiant/étudiante ? ....
d. Est-ce que vous travaillez ? ....

5 Reliez une question et une réponse.

a. Vous êtes étudiante ? •   • **1.** Non, c'est Jessie.
b. C'est toi, Elsa ? •   • **2.** Non, à Nice.
c. Pardon, vous connaissez la rue Blanche ? •   • **3.** Non, je suis professeur.
d. Vous êtes suisse ? •   • **4.** Non, désolée, je suis touriste !
e. Tu es étudiante à Paris ? •   • **5.** Non, je suis français.

6 Trouvez le mot correspondant. Cochez.

a. Excusez-moi = ❑ Bravo ❑ Merci ❑ Super ! ❑ Pardon !
b. Très intéressant ! = ❑ Bonjour ❑ Super ! ❑ Au revoir ❑ S'il vous plaît
c. Salut ! = ❑ Je vous en prie ❑ Merci ❑ Désolé ! ❑ Bonjour

7 Situez sur la carte de France page 160 ces villes : Bordeaux – Nice – Lyon – Paris.

8 À vous ! Présentez-vous.

Bonjour, je suis Sylvain Caille...

Sylvain CAILLE
Professeur d'économie
Université de Bordeaux II

12, rue Lafayette
33000 BORDEAUX
Téléphone : 05 56 02 49 21   E-mail : sylvaincaille@yahoo.fr

Unité 1 • Leçon 4   trente et un • 31

UNITÉ 1

Pour vous, la France, c'est...

❏ la Tour Eiffel

❏ le calme, la tranquillité

❏ les vacances

❏ la cuisine

❏ un parfum

32 • trente-deux

Unité 1 • Civilisation

Civilisation

La France, c'est une femme : Marianne

Catherine Deneuve

Inès de la Fressange

Marianne « classique »

Laetitia Casta

Brigitte Bardot

Ma Marianne préférée, c'est ....

Pour Rose, étudiante ERASMUS : VIVE LA France !

Je m'appelle **Rose**.
Je suis **suédoise**.
Je suis **étudiante**.
J'habite **rue des Pyrénées, à Paris**.
Je parle **suédois, anglais et français**.

Et vous ?
Je m'appelle ....
Je suis ....
Je suis ....
J'habite .... à ....
Je parle ...., ... et ....

Unité 1 • Civilisation

trente-trois • 33

UNITÉ 1

Phonétique et intonation

1 Écoutez et cochez ce que vous entendez.

1. a. ❏ finlandais   b. ❏ finlandaise
2. a. ❏ informaticien   b. ❏ informaticienne
3. a. ❏ étudiant   b. ❏ étudiante
4. a. ❏ canadien   b. ❏ canadienne
5. a. ❏ portugais   b. ❏ portugaise
6. a. ❏ danois   b. ❏ danoise
7. a. ❏ allemand   b. ❏ allemande
8. a. ❏ chinois   b. ❏ chinoise

2 Écoutez et cochez ce que vous entendez.

1. a. ❏ Il est professeur.   b. ❏ Il est professeur ?
2. a. ❏ Elle s'appelle Jenny ?   b. ❏ Elle s'appelle Jenny.
3. a. ❏ Vous connaissez Paris.   b. ❏ Vous connaissez Paris ?
4. a. ❏ Ça va ?   b. ❏ Ça va !
5. a. ❏ C'est intéressant !   b. ❏ C'est intéressant ?
6. a. ❏ Tu travailles ici ?   b. ❏ Tu travailles ici.

Compréhension orale

3 Écoutez et cochez ce que vous entendez.

1. a. ❏ C'est Julie ?   b. ❏ C'est Jenny !
2. a. ❏ Au revoir, monsieur.   b. ❏ Au revoir, madame.
3. a. ❏ Allô, c'est toi ?   b. ❏ Ah non, c'est moi.
4. a. ❏ Ah, bravo !   b. ❏ Ah super ! bravo!
5. a. ❏ Elle habite à Paris.   b. ❏ Il habite à Paris.
6. a. ❏ C'est à vous ?   b. ❏ Pas du tout !

4 Écoutez et complétez.

a. Je .... Marie. Et lui, il .... Marc.

b. – Tu .... japonaise ? Oh, moi............................. ,
   je .... japonaise.

c. – Tu............................. Tokyo ?
   – Non, ... !

d. – Elle .... anglaise .... américaine ?

e. – Bonjour, moi, ... Tom !
   – Tom ? Tom............................. ? Tom Martin ? Tom Kennedy ?
   – Non, Tom Hardy.

5 Écoutez et mettez une croix sous l'image correspondante.

a. ❏

b. ❏

34 • trente-quatre   Unité 1 • Entraînement au DELF

Entraînement au DELF

Expression orale

6 Vous êtes madame Petit ou monsieur Ferrand. Présentez-vous.

Laura Petit
Professeur d'économie
Université Paris-Dauphine
10, rue du Bac
Paris 7e

Le Monde
Marco Ferrand
Journaliste
80, boulevard Auguste Blanqui
Paris 13e

Interaction orale

7 Regardez l'image et jouez la scène.

Compréhension écrite

8 Complétez la fiche de Lola.

Salut, moi, c'est Lola Boumard. Je suis française mais je fais mes études à Montréal au Canada. Je suis étudiant en cinéma. J'habite avec une amie avenue des Grands Lacs au numéro 113. Je parle anglais, français et un peu espagnol. J'ai 21 ans.

Nom : ....
Prénom : ....
Âge : ....
Nationalité : ....
Adresse : ....
Études : ....
Langues parlées : ....

Expression écrite

9 Vous êtes à Genève. Complétez la fiche d'hôtel.

Hôtel Saint-Gervais ★★
32, quai du Mont-Blanc – 1211 Genève

Nom : ....
Prénom : ....
Âge : ....
Nationalité : ....
Adresse : ....
E-mail : ....

Unité 1 • Entraînement au DELF

trente-cinq • 35

Bilan actionnel

1 Euro Millions

Complétez votre grille d'Euro Millions avec 5 numéros et 1 numéro magique. Écoutez les résultats.

2 Mots croisés

Trouvez le nom de quatre pays ou villes, trois noms de professions et deux formes de salutations.

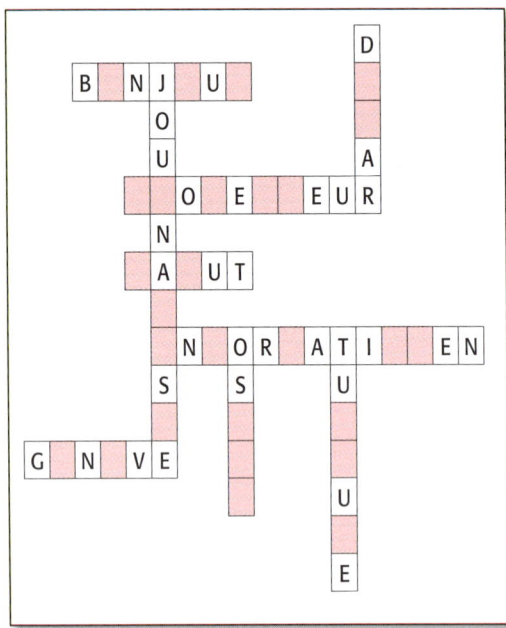

3 Un passeport

Jeu de rôle à deux
Vous marchez dans la rue à Paris et vous trouvez un passeport.
Vous appelez la police et vous donnez les renseignements (prénom, nom, adresse, date de naissance) de la personne.

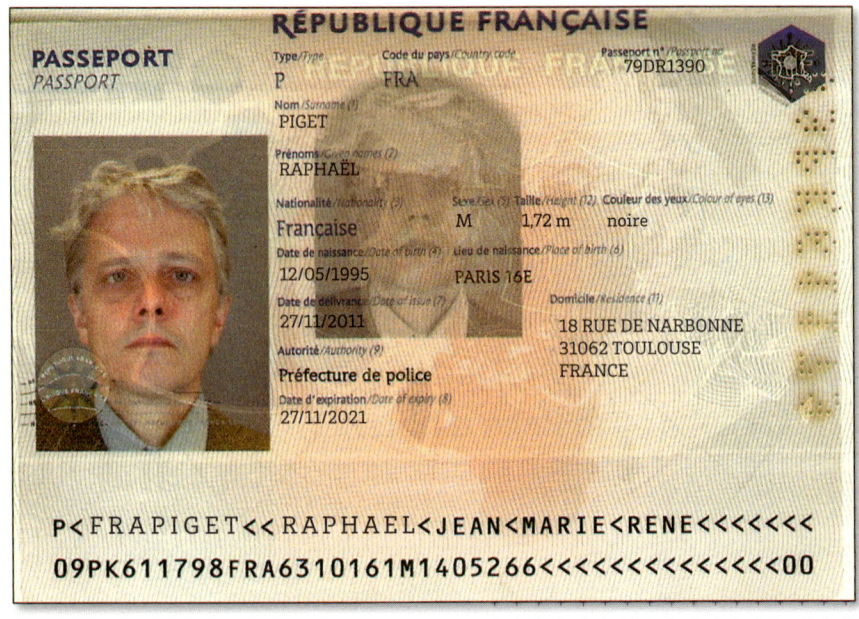

Exemple :
– Il s'appelle comment ?
– Il s'appelle Raphaël Piget.
– Il habite où ?
– Il habite à Toulouse.

Qu'est-ce que vous aimez ?

UNITÉ 2

LEÇON 5 ### Qu'est-ce que tu aimes ?
- Indiquer ses goûts, ses préférences – parler de soi

LEÇON 6 ### Joyeux anniversaire
- Poser une question sur quelqu'un et sur quelque chose (1) – décrire quelqu'un (1) – offrir quelque chose à quelqu'un

LEÇON 7 ### C'est un très bon film !
- Proposer à quelqu'un de faire quelque chose – accepter, refuser

LEÇON 8 ### Il est comment ?
- Révision des présentations – parler de soi, parler de quelqu'un – parler de ses goûts – décrire quelqu'un (2)

Unité 2

trente-sept • 37

Leçon 5

Qu'est-ce que tu aimes ?

Je comprends et je communique

1 Partons en vacances !

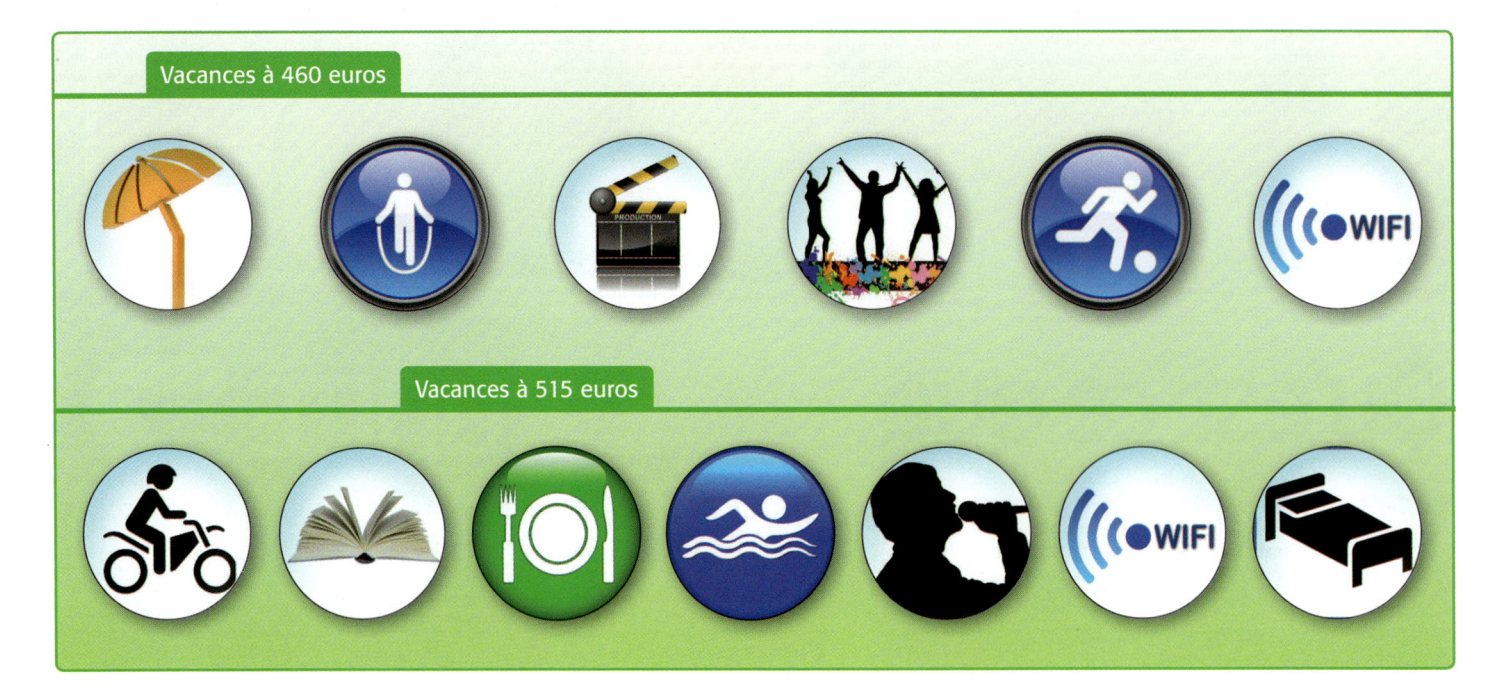

Vacances à 460 euros

Vacances à 515 euros

2 Sur Internet

– Bonjour, Chris. Moi, c'est Julie. Je suis étudiante à Bordeaux. Et toi, qu'est-ce que tu fais ?

– Euh... Je suis étudiant aussi. Qu'est-ce que tu aimes faire ?

– Alors... J'aime le cinéma, l'opéra, j'aime lire... Et toi ?

– Moi, je n'aime pas beaucoup ça ! Je préfère le sport : le foot, la moto...

– Oh là là ! D'accord, d'accord ! Au revoir !

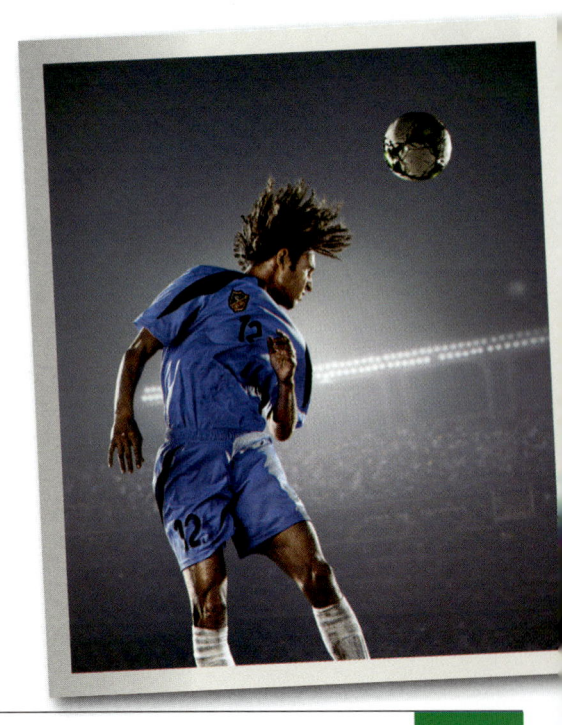

38 • trente-huit

Unité 2 • Leçon 5

UNITÉ 2

Vocabulaire

- **Verbes**
adorer
aimer
danser
détester
dormir
faire
lire
préférer
- **Pronoms et noms**
ça
le cinéma
le foot(ball)
la moto
l'opéra (masculin)
la plage
le sport
les vacances
- **Mots invariables**
beaucoup
- **Pour communiquer**
D'accord
Oh là là !
J'aime bien...

Écouter

Écoutez le dialogue 2 puis répondez aux questions.
a. Est-ce que Julie est professeur ?
b. Où habite Julie ?
c. Qu'est ce que Julie aime faire ?
d. Est-ce que Chris est étudiant ?
e. Qu'est-ce que Chris n'aime pas ?

Comprendre

Dites si vous aimez ou si vous n'aimez pas.

Exemple : *aimer* + verbe → J'aime danser. / Je n'aime pas danser.
aimer + nom → J'aime le sport. / Je n'aime pas le sport.

J'aime ....

J'aime ....

Je n'aime pas ....

Je n'aime pas ....

J'aime ....

Communiquer

Demandez à votre voisin(e) ce qu'il (elle) aime et ce qu'il (elle) aime faire.

a. Qu'est-ce que tu aimes ?
aimer + **un nom** → le cinéma / le sport / le foot / la moto / les vacances...

b. Qu'est-ce que tu aimes faire ?
aimer + **un verbe infinitif** → travailler / dormir / danser / parler français / lire...
Exemple : – J'aime le cinéma.
– Moi, j'aime l'opéra.

Écrire

Regardez le document 1. Vous préférez les vacances à 460 euros ou les vacances à 515 euros ? Pourquoi ?

Écrivez trois choses que vous aimez et trois choses que vous n'aimez pas.

Exemple : J'aime les vacances à 460 euros : j'aime ...., ..., ... /
Je n'aime pas les vacances à 515 euros : je n'aime pas ....

Je prononce

- **Intonation**
Écoutez et répétez :
Oh là là ! – D'accord !

- **Oral → écrit**
Écoutez et barrez les lettres que vous n'entendez pas.
a. vingt ans   b. beaucoup   c. le sport   d. français   e. d'accord

Unité 2 • Leçon 5

Leçon 5

J'APPRENDS ET JE M'ENTRAÎNE

Grammaire

- **Le verbe *aimer***
  aimer + nom   J'aime le sport.
  aimer + verbe infinitif   J'aime lire, j'aime danser.

- **La 3e personne du singulier**

  Il aime le sport.   *Elle aime l'opéra.*

- **Les articles définis : *l', le, la, les***
  J'aime **le** sport, **le** cinéma. – J'aime **la** moto, **la** plage.
  J'adore **l'o**péra. (masculin ou féminin commençant par une voyelle)
  Elle aime bien **les** vacances. (masculin ou féminin pluriel)

- **Le pluriel des noms (1)**
  le sport, les sport**s** – la moto, les moto**s** – l'opéra, les opéra**s**

- **L'interrogation (1)**
  Qu'est-ce que tu fais ? – Qu'est-ce que tu aimes faire ?

  ⚠️ Est-ce que vous parlez français ? = Vous parlez français ? → Réponse : **Oui / Non**
  Qu'est-ce que vous aimez ? → Réponse : **J'aime le cinéma, j'aime le tennis...**

- **La phrase négative**
  Je **ne** suis **pas** français – Je **n'**aime **pas** l'opéra

- **Dire son âge :** avoir + ... + ans → J'ai vingt ans. – Vous avez vingt ans.

  ⚠️
  J'adore ───
  J'aime beaucoup ───
  J'aime ───
  J'aime bien mais je préfère ───
  Je n'aime pas beaucoup ───
  Je n'aime pas ───
  Je déteste ───

1 Écoutez. C'est un homme (H) ou une femme (F) ?

a	b	c	d	e	f	g	h	i	j	k

Unité 2 • Leçon 5

UNITÉ 2

2 Écoutez et prononcez

Écoutez et barrez les lettres que vous n'entendez pas, puis lisez les phrases à voix haute.

a. Il est étudiant à Bordeaux.
b. Tu connais Bruxelles ?
c. Elle habite à Paris et il habite à Cannes.
d. Il n'aime pas beaucoup le sport.
e. Nicolas déteste danser.
f. Il est français ou québécois ?

3 Écoutez. Qui est-ce ? Irina (I), Franck (F) ou Noura (N) ?

a. Il habite à Ostende. → ....
b. Elle est canadienne. → ....
c. Elle est étudiante. → ....
d. Elle adore la musique. → ....
e. Elle habite à Québec. → ....
f. Il parle français et néerlandais. → ....
g. Il est belge. → ....
h. Elle parle wolof, français et anglais. → ....
i. Elle aime le cinéma québécois. → ....
j. Il adore le foot et la moto. → ....
k. Elle adore le ski. → ....
l. Elle est sénégalaise. → ....

4 Complétez par le, la, l' ou les.

a. Elle connaît M. Ledoux, ... professeur d'économie.
b. Je déteste ... gâteaux.
c. Tu aimes ... foot ?
d. Elle aime beaucoup ... moto.
e. Elle déteste ... plage
f. Il aime ... croissants
g. Il adore ... sport.
h. Tu danses ... rock ?
i. J'adore ... vacances.
j. Elle n'aime pas beaucoup ... opéra

5 Jeu de rôles

Écoutez le dialogue 1 et regardez les images de la page 38.
Laura préfère les vacances à 460 euros ou les vacances à 515 euros ? Et Alex ?
Discutez en groupes de 2 ou 3 élèves.

Unité 2 • Leçon 5
quarante et un • 41

Leçon 6

Joyeux anniversaire !

Je comprends et je communique

1 Devine qui c'est sur la photo !

– Eh, regarde ! Devine qui c'est sur la photo !

– Je ne sais pas… Qui est-ce ?

– C'est ma mère.

– Non ? Elle est belle ! Elle a quel âge ?

– Elle a 46 ans le 26 février.

– Est-ce que tu as un cadeau d'anniversaire ?

– Oui.

– Qu'est-ce que c'est ?

– C'est une surprise !

2 Dans une galerie de photos

Sarah Mallet : Monsieur Ivanov, monsieur Ivanov, s'il vous plaît ! Bonjour. Sarah Mallet, journaliste pour le magazine *Art Plus*. Bravo ! C'est très très beau. Mais… Excusez-moi, vous êtes très jeune, non ? Vous avez quel âge ?

Pierre Ivanov : J'ai vingt-quatre ans.

Sarah Mallet : Jeune et célèbre ! C'est magnifique ! Et mademoiselle… ? Elle fait des photos aussi ?

Pierre Ivanov : Oh, pardon, Jamila Hatami. Non, elle n'est pas photographe, elle est peintre. C'est une amie iranienne. Nous travaillons ensemble.

UNITÉ 2

Vocabulaire

- **Verbes**
avoir

- **Pronoms et noms**
une mère
une surprise
un anniversaire
l'âge (m.)
un ami, une amie
un an
un cadeau
mademoiselle
un magazine
un(e) peintre
une photo
un(e) photographe

- **Adjectifs**
beau/belle
célèbre
iranien/iranienne
jeune
petit(e)

- **Pour communiquer**
Devine
Bien sûr !
Je ne sais pas
Regarde !

- **Manières de dire**
C'est magnifique !
avoir + âge (Vous avez quel âge ? J'ai 24 ans)
Joyeux anniversaire !

Écouter

Écoutez le dialogue 1 et complétez.

– Eh, ... ! Devine qui c'est sur la photo ?

– Je ne sais pas... Qui est-ce ?

– C'est ma mère, c'est son anniversaire le 26 ....

– Non ! Elle est .... ! Elle a .... âge ?

– Elle a .... ans.

– Est-ce que tu as un .... ?

– Oui

– Qu'est-ce que c'est ?

– C'est une .... !

Comprendre

Lisez le dialogue 2 et répondez par Vrai (V), Faux (F) ou On ne sait pas.

a. Sarah Mallet a 24 ans. ....
b. Sarah Mallet fait des photos aussi. ....
c. Monsieur Ivanov est beau, jeune et célèbre. ....
d. Jamila Hatami est jeune aussi. ....
e. Jamila Hatami est peintre. ....

Communiquer

Qui est-ce ?
Formez des groupes de 2 ou 3 personnes. Choisissez une personne célèbre et posez 3 questions au groupe adverse. Trouvez 3 personnes célèbres.

Exemples :

Qui est-ce ?
– Est-ce qu'il est peintre ?
– Est-ce qu'il est célèbre ?
– Est-ce qu'il est espagnol ?

Réponse : Picasso

Qui est-ce ?
– Est-ce qu'il est américain ?
– Est-ce qu'il est acteur ?
– Est-ce qu'il est ami de George Clooney ?

Réponse : Brad Pitt

Je prononce

- **Les liaisons (2)**
Écoutez et répétez :

C'est un journaliste

C'est un cadeau

C'est une amie iranienne

Écrire

Décrivez une personne connue de votre pays (un journaliste, un acteur, un peintre, un footballeur).

Unité 2 • Leçon 6

quarante-trois • 43

Leçon 6

J'APPRENDS ET JE M'ENTRAÎNE

Grammaire

- **Conjugaison des verbes *être* et *avoir***
  Je <u>suis</u> jeune, <u>j'ai</u> vingt ans.   Nous <u>sommes</u> jeunes, nous <u>avons</u> vingt ans.
  Tu <u>es</u> jeune, tu <u>as</u> vingt ans.   Vous <u>êtes</u> jeune(s), vous <u>avez</u> vingt ans.
  Il/elle <u>est</u> jeune, il/elle <u>a</u> vingt ans.   Ils/elles ne <u>sont</u> pas jeunes, ils/elles <u>ont</u> quatre-vingts ans.

- **Les articles indéfinis : *un, une, des***
  C'est **une amie** iranienne. – Il fait **des photos.**

- **La forme négative (2) : sujet + *ne (n')* + verbe + *pas***
  Je **ne** sais **pas**. – Elle **n'est pas** photographe.

  Observez : Devant une voyelle, ne ➔ n'

- **Poser une question sur un objet, sur quelque chose : *Qu'est-ce que c'est ?***
  – Qu'est-ce que c'est ?   – C'est une photo, c'est un cadeau.

- **Poser une question sur une personne : *Qui est-ce ?***
  – Qui est-ce ?   – C'est Jamila, c'est une amie iranienne, c'est Pierre Ivanov...

- **Poser une question sur l'âge : *(avoir) quel âge ?***
  – **Vous avez** quel âge ?   – **J'ai** 24 ans.

- **Le pluriel des noms (2) ; le pluriel des adjectifs (1)**
  La photo est belle. – Les photo**s** sont belle**s**.
  Il est photographe. – Ils sont photographe**s**

⚠️ **Différence entre :**
Il est photographe. // C'est un photographe de mode. – C'est un photographe chinois très célèbre.
Elle est journaliste. // C'est une journaliste célèbre. – C'est une journaliste du magazine Art Plus.

→ Précis grammatical page 149

---

1 *Est-ce qu(e)...* ou *Qu'est-ce qu(e)...* ?

a. – .... c'est ?
b. – .... vous habitez à Londres ?
c. – .... elle est photographe ?
d. – .... tu aimes faire ?
e. – .... vous préférez ?

2 *Qu'est-ce que c'est ?* ou *Qui est-ce ?*

a. – .... ? – Un petit cadeau pour toi !
b. – .... ? – Un professeur de français.
c. – .... ? – C'est Jamila, une amie iranienne.
d. – .... ? – C'est moi !
e. – .... ? – C'est une moto japonaise.

3 Complétez avec *avoir* ou *être*.

a. Vous .... quel âge, mademoiselle ?
b. Elle .... photographe.
c. Il .... vingt-quatre ans.
d. Moi, j(e) .... vingt ans.
e. Vous .... très jeune !
f. Il .... jeune et très beau.

4 Mettez à la forme négative.

a. Il est journaliste. → ....
b. Il travaille à Genève. → ....
c. Elle aime danser. → ....
d. Elle connaît Monsieur Latournelle. → ....
e. Il habite à Montréal. → ....
f. Vous êtes français ? → ....

5 Complétez avec *Il est* ou *C'est*.

a. .... un ami de Montréal.
b. .... est canadien.
c. .... est très célèbre.
d. .... un journaliste de télévision.
e. .... jeune, beau et riche.
f. – Qui est-ce ?
 – Mais .... Laurent Fortier, bien sûr !

6 Écoutez et regardez ces deux photos. Qui parle ? Christophe ou Thomas ?

– ....

– ....

7 Qui est-ce ? Imaginez...

....

....

Unité 2 • Leçon 6

Leçon 7

C'est un très bon film !

Je comprends et je communique

1 Tu aimes ou tu n'aimes pas ?

CINÉOUI

Intouchables

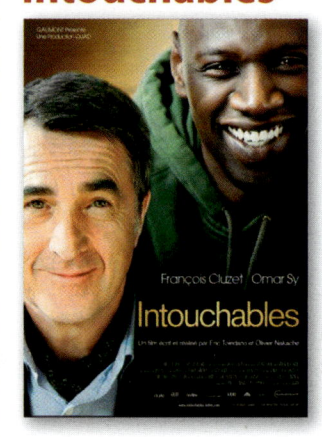

👍 J'aime
3204

👎
160

💬

Commentaires

Lola, le 1/04 à 18:44 ★★★★
Le nouveau film "Les Intouchables". J'AIME !

Mathias, le 1/04 à 19:52 ★★★
Il y a 2 acteurs français : François Cluzet et Omar Sy. Ils sont excellents !

Barbara, le 2/04 à 11:09 ★★
Bonne idée de film ! J'aime Omar

Enzo, le 2/04 à 15:02 ★
Je ne connais pas les acteurs. Ils sont célèbres ? François Cluzet, c'est un musicien de jazz, non ?

Anna, le 2/04 à 18:23 ★
Qu'est-ce que c'est « Les Intouchables »? C'est un film français ?

François et Caroline, le 2/04 à 22:54 ★★★
C'est un très bon film ! On adore !

2 Tu viens avec nous ?

Le téléphone sonne, un samedi après-midi. Maxime va au concert de David Guetta avec une amie. Il ne veut pas que ses amis le voient avec elle.

– Salut, Maxime, ça va ? C'est Audrey !

– Ah, salut, ça va et toi ?

– Bien. Qu'est-ce que tu fais ce soir ?

– Je vais à un concert au Stade de France. David Guetta, tu connais ?

– Oui, bien sûr. Il est excellent ! Je vais aussi au concert avec Magalie, Laura, Chloé, Guillaume et Thomas. Tu viens avec nous ?

– Euh, non, je vais au concert avec une amie...

– Ah oui ? Avec qui ? Comment elle s'appelle ?

– Euh... À tout à l'heure !

– Hé ! On se retrouve où au Stade de France ?

46 • quarante-six   Unité 2 • Leçon 7

UNITÉ 2

Vocabulaire

- **Verbes**
aller
venir
se retrouver

- **Pronoms et noms**
ils
on
un concert
un film
une heure
le jazz
un musicien
une place de concert
ce soir

- **Adjectifs**
bon(ne)
excellent(e)
nouveau/nouvelle

- **Mots invariables**
avec
où

- **Pour communiquer**
À tout à l'heure !
Bonne idée !

Écouter

Écoutez le dialogue 2 et répondez par Vrai (V), Faux (F) ou On ne sait pas.
a. Maxime va au cinéma. ....
b. Audrey va aussi au Stade de France. ....
c. Audrey n'aime pas David Guetta. ....
d. Audrey et Maxime vont au concert ensemble. ....
e. Maxime va avec une amie. ....
f. Audrey connaît l'amie de Maxime. ....

Comprendre

Lisez « Tu aimes ou tu n'aimes pas ? » page 46 et répondez aux questions.
a. Qu'est-ce que c'est *Les Intouchables* ?
b. Comment s'appellent les deux acteurs ?
c. Ils sont américains ?

Communiquer

Parmi ces 5 films, choisissez un film et décrivez-le.
a. Est-ce que c'est un film français, américain... ?
C'est un film ...
b. Est-ce que les acteurs sont français, américains ?
Les acteurs sont ...
c. Est-ce que vous aimez ? Est-ce que vous n'aimez pas ?
C'est un bon film. / Ce n'est pas un bon film.

Je prononce

Opposition des sons [e] et [ɛ]
Écoutez et répétez :
a. Une baguette, s'il vous plaît.
b. – Qui est-ce ? – C'est Hervé Dupré.
c. Qu'est-ce que vous faites ? Vous venez ?

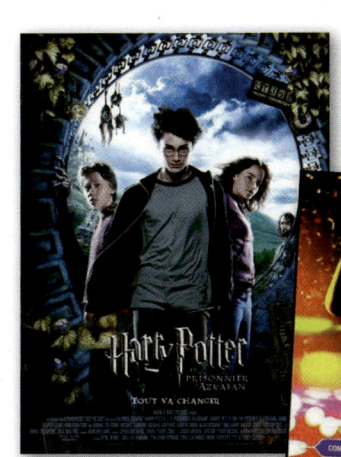

Unité 2 • Leçon 7

Leçon 7

J'APPRENDS ET JE M'ENTRAÎNE

Grammaire

- **Conjugaison des verbes *aller* et *venir***

Aller
Je vais	Nous allons
Tu vas	Vous allez
Il/Elle/On va	Ils/Elles vont

Venir
Je viens	Nous venons
Tu viens	Vous venez
Il/Elle/On vient	Ils/Elles viennent

- **Le pluriel des noms (3) et des adjectifs (2)**
un musicien américain / **des** musicien**s** américain**s**
une étudiante chinoise / **des** étudiante**s** chinoise**s**
En général, au pluriel, les noms et les adjectifs prennent un « s » à la fin.

- **À l'oral, on + singulier = nous + pluriel**
On va au cinéma. = **Nous allons** au cinéma.

- **C'est... + singulier / Ce sont... + pluriel**
– *Qui est-ce ?*
– C'est une amie suisse. C'est la mère de Chris.
– Ce sont des amis québécois. Ce sont les parents de Tom.
Rappel : *Qui est-ce ?* → On parle de quelqu'un.

– *Qu'est-ce que c'est ?*
– C'est le concert de David Guetta.
– Ce sont des photos. Ce sont les photos d'Annie Leibovitz.
Rappel : *Qu'est-ce que c'est ?* → On parle de quelque chose.

- **L'article indéfini (*un, une, des*)** → On parle pour la première fois de quelque chose ou de quelqu'un qui n'est pas précisé.
C'est **un** film. – Ce sont **des** photos.
→ Précis grammatical page 149

- **L'article défini (*l', le, la, les*)** → On précise.
C'est **le** nouveau film de Spielberg. – Ce sont **les** photos d'Annie Leibovitz.

- **Il y a + nom singulier ou pluriel**
Il y a un bon film. – Il y a trois musiciens.

- **Être / habiter / aller + à + ville... / au... / à... / à l'...**
Vous habitez **à** Paris. – Nous allons **à** Paris.
Ils vont **au** cinéma. – Je suis **au** restaurant. (à+le → au)
On va **à la** plage ? – Nous allons **à la** Cigale.
Nous sommes **à l'**université. – Je vais **à l'**Opéra.

---

1 **Lisez, écoutez les questions et répondez.**

Marina habite à Montréal. Elle est étudiante en anglais. Elle travaille aussi dans un cinéma, place Sainte-Foy. Elle adore les films américains.

a. ....
b. ....
c. ....
d. ....
e. ....

2 **Complétez par le verbe *aller*.**

a. Tu .... au théâtre.
b. Alice et Chris .... à la plage.
c. On .... à l'opéra.
d. Je .... au cinéma.
e. Vous .... à Bruxelles ?
f. Nous .... à l'université.

UNITÉ 2

3 Complétez par le verbe *venir*.

a. Tu .... avec moi à l'université ?
b. Oui, je ....
c. Vous .... avec moi ?
d. Non, nous ne .... pas avec toi.
e. Les amis de Paul .... avec moi.

4 Où sont-ils ?

a. *Ils sont* à Paris ....
b. .... université. 
c. .... cinéma. 
d. .... Genève. 
e. .... opéra. 
f. .... plage. 
g. .... Québec. 
h. .... 

5 Jeu de rôles

Sur le modèle du dialogue page 46, vous proposez une sortie à un(e) amie(e) mais il/elle préfère aller avec un(e) autre ami(e) ou préfère ne pas venir à la sortie.

– Bonjour, Antoine, c'est Emma. Ça va ? Qu'est-ce que tu fais ce soir ?
– Je vais à un concert de rock au Stade de France. Tu viens avec moi ?
☐ Bonne idée, d'accord !
☐ Je suis désolé(e), je n'aime pas le rock, je préfère le jazz.

a. Centre Georges Pompidou / Exposition : Paris-Bombay
b. Le Zénith / concert (chanteuse : Zaz)
c. Restaurant Le Comptoir / Déjeuner

Unité 2 • Leçon 7 quarante-neuf • 49

Leçon 8

Il est comment ?

Je comprends et je communique

Laeticia Lefèvre ▶ Amis
Vos amis

a) Malick
b) Christian
c) Gabriel
d) Pierre
e) père
f) Valentin

1 Il est très beau, mais il a une copine

– Tu as beaucoup d'amis sur Facebook ?

– Oui : Pierre, Malick, Valentin, Gabriel…

– Ils sont comment ?

– Ils sont très bien. Regarde Pierre, il est blond, maigre. Il a 23 ans, il est sympa.

– Ouah, Malick, il est beau ! Tu connais Malick ! Il a des cheveux longs !

– Oui, il est très beau, mais il a une copine.

– Ah…

– Oui, elle arrive demain. Malick va à l'aéroport. Regarde Valentin : il est espagnol, il a une barbe et une queue de cheval. Et il est libre !

– Mmhh…

– Il y a un problème ? Tu es très difficile ! Je connais aussi Gabriel. Regarde, il est brun, tu aimes les bruns, non ?

– J'aime les blonds, les bruns, les roux.

– Bon, regarde : Gabriel, c'est lui.

– Oh, il est beau. Il a des lunettes sympas !

– Oui, oui. Et lui ? Il a des lunettes aussi, il est grand et il a une barbe blanche.

– Lui ? ah ! C'est qui ?

– Hum, c'est papa.

50 • cinquante   Unité 2 • Leçon 8

UNITÉ 2

Vocabulaire

Verbes
arriver

Pronoms et noms
un aéroport
une barbe
les cheveux (m.)
des lunettes (f.)
un problème
une queue-de-cheval
un copain/une copine
un père

Adjectifs
blanc/blanche
blond(e)
brun(e)
grand(e)
libre
long/longue
maigre
roux/rousse
sympathique (= sympa)
difficile

Mot invariable
demain

Manières de dire
Ils sont comment ? (personnalité ou caractéristiques physiques)
Tu es très bien !

Écouter

Écoutez le dialogue 1 et répondez aux questions.
a. Combien de personnes parlent ?
....
b. Qu'est-ce qu'elles font ?
....
c. L'amie aime quels amis de Laeticia ?
....

Comprendre

Regardez les photos sur le profil Facebook de Laeticia Lefèvre.
a. Qui est Pierre ? Photo ....
b. Qui est Malick ? Photo ....
c. Qui est Valentin ? Photo ....
d. Qui est Gabriel ? Photo ....
e. Qui est le père de Laeticia ? Photo ....

1   2   3

4   5   6

Communiquer

Décrivez une personne de la classe. Lisez votre description et faites deviner qui c'est.

Écrire

Regardez la photo de Christian page 50. C'est un ami de Laeticia. Donnez une description physique et imaginez sa personnalité, ses goûts.

Je prononce

• le féminin de certains adjectifs

Écoutez et répétez :
a. il est grand, elle est grande
b. il est blond, elle est blonde
c. il est petit, elle est petite
d. il est roux, elle est rousse
e. un cheveu blanc, une barbe blanche

Unité 2 • Leçon 8   cinquante et un • 51

Leçon 8

J'APPRENDS ET JE M'ENTRAÎNE

Grammaire

- **Le féminin des adjectifs (4)**
Il y a plusieurs possibilités :
a. masculin = féminin (à l'oral et à l'écrit)
   il est libre, elle est libre – il est maigre, elle est maigre
b. masculin = féminin à l'oral / masculin ≠ féminin à l'écrit
   il est joli, elle est jolie – il est turc, elle est turque
c. à l'oral, féminin = masculin + consonne(s)
   + /ch/ *un cheveu blanc, une barbe blanche*   + /g/ *il est long, elle est longue*
   + /d/   *il est grand, elle est grande*   + /s/ *il est roux, elle est rousse*
           il est blond, elle est blonde   + /t/ *il est petit, elle est petite*
d. masculin ≠ féminin
   il est beau, elle est belle – il est bon, elle est bonne – il est brun, elle est brune

⚠ il a les cheveux blonds → il est blond   **MAIS**   il a les cheveux blancs ≠ il est blanc
   il a les cheveux noirs → il est brun   il a les cheveux noirs ≠ il est noir
   il a les cheveux bruns → il est brun
   il a les cheveux roux → il est roux

1 Mettez au féminin.

a. Il est grand et brun → Elle est .... et ....
b. Il est petit et roux → Elle est .... et ....
c. Il est turc et journaliste → Elle est .... et ....

3 Regardez ce dessin. Lisez la description et corrigez le texte.

Elisa est très grande et maigre.
Elle a des yeux noirs et des lunettes.
Elle a les cheveux blonds et très longs.

2 Entourez l'adjectif correct.

a. C'est une amie *japonais / japonaise*.
b. Genève est une ville très *joli / jolie*.
c. Ce sont des étudiants *suisses / allemandes*.
d. Ce sont des photos très *intéressants / intéressantes*.
e. Désolé, je suis un touriste *anglais / anglaise*.
f. Tu viens ? C'est un *excellent / excellente* film.

UNITÉ 2

4 Un crime affreux rue de Paradis !
Voilà le signalement du suspect numéro 1.

C'est un homme petit et très maigre. Il est blond et ses cheveux ne sont pas longs.

Il a une barbe et des lunettes. Il a les yeux bruns.

Il a un manteau noir.

Qui est-ce ?

5 Choisissez un des deux projets.

• **Projet 1 :** DÉCOUVRIR UNE VILLE, TOULOUSE

Cherchez sur la carte de France page 159 où est Toulouse. Cherchez sur Internet des informations sur la ville et des photos. Choisissez trois photos et écrivez sous chaque photo une petite phrase d'explication.

• **Projet 2 :** ON SORT CE SOIR !

Regardez le programme. Vous choisissez un spectacle (un film, une pièce de théâtre, un concert...) et vous écrivez un petit e-mail pour proposer à un ami de venir avec vous.

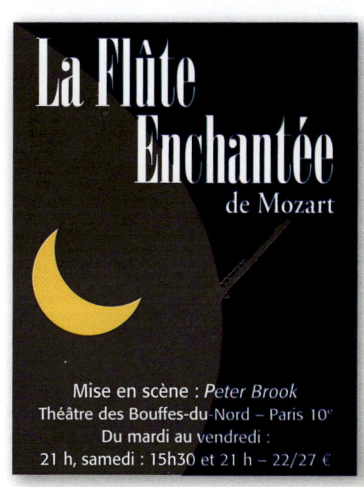

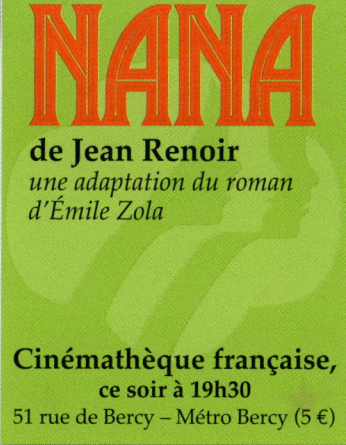

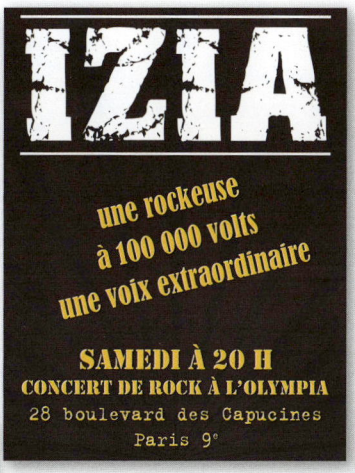

La Flûte Enchantée de Mozart
Mise en scène : Peter Brook
Théâtre des Bouffes-du-Nord – Paris 10e
Du mardi au vendredi :
21 h, samedi : 15h30 et 21 h – 22/27 €

IZIA
une rockeuse à 100 000 volts
une voix extraordinaire
SAMEDI À 20 H
CONCERT DE ROCK À L'OLYMPIA
28 boulevard des Capucines
Paris 9e

NANA
de Jean Renoir
une adaptation du roman d'Émile Zola
Cinémathèque française,
ce soir à 19h30
51 rue de Bercy – Métro Bercy (5 €)

Des rivages de la Normandie aux célèbres Nymphéas...
Grande rétrospective du célèbre peintre impressionniste
CLAUDE MONET
(1840-1926)
Au Grand Palais
de 10 h à 22 h – 12 €

Unité 2 • Leçon 8

UNITÉ 2

On parle français
sur les cinq continents

200 millions de francophones dans le monde… et vous !

Avec le français, je vais en Europe, bien sûr : en France, en Suisse, en Belgique… mais aussi…

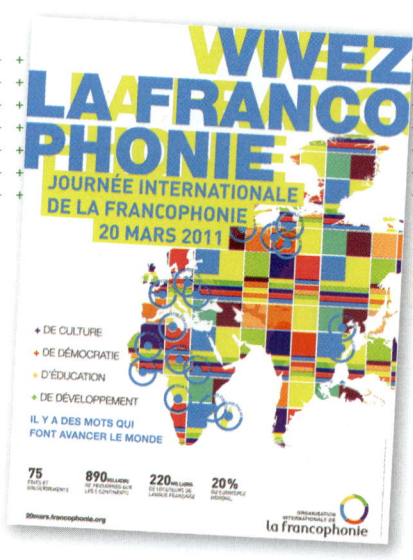

- en Amérique : au Québec, en Guyane…
- aux Antilles
- en Afrique (au Maghreb, en Afrique de l'Ouest, à Madagascar)

Unité 2 • Civilisation

Civilisation

1. Vrai ou faux ? Vérifiez sur Internet.
a. À Montréal, on parle français. ☐ Vrai ☐ Faux
b. La Guyane a une frontière commune avec le Brésil. ☐ Vrai ☐ Faux
c. La République d'Haïti est un pays francophone. ☐ Vrai ☐ Faux
d. Tous les Suisses parlent français. ☐ Vrai ☐ Faux
e. En Nouvelle-Zélande, on parle anglais et français. ☐ Vrai ☐ Faux

2. Vous voulez visiter un pays francophone (par exemple la Suisse, la Tunisie, la Côte-d'Ivoire, Madagascar, le Canada...). Quel pays ?
Cherchez des informations sur Internet et faites une petite présentation dans votre langue maternelle.

Les Français sont partout !

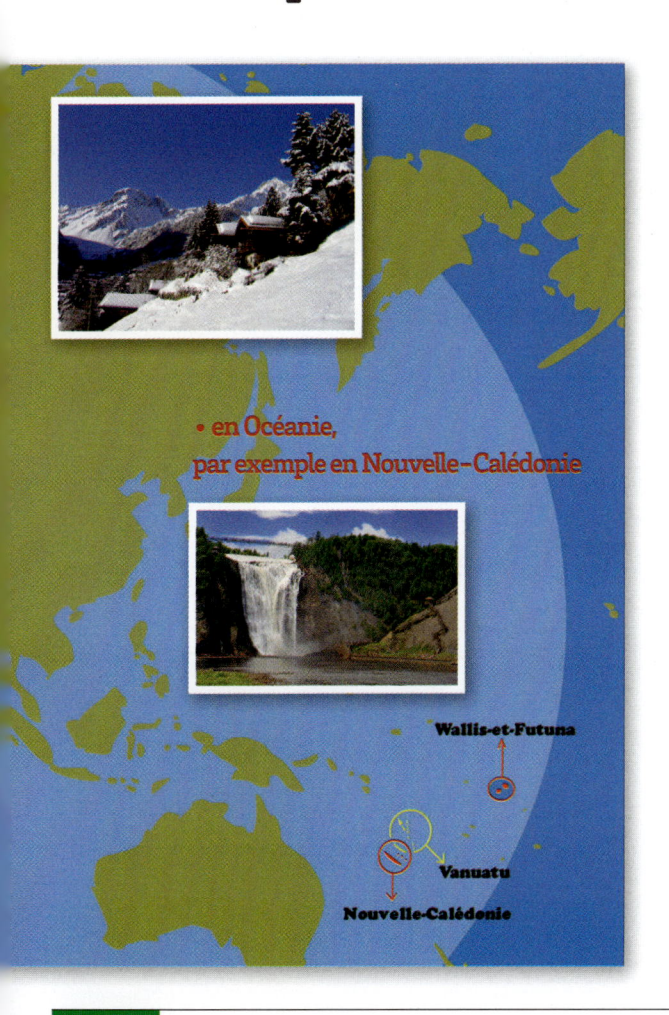

• en Océanie, par exemple en Nouvelle-Calédonie

Wallis-et-Futuna
Vanuatu
Nouvelle-Calédonie

Beaucoup de Français partent vivre à l'étranger, souvent pour travailler.
Par exemple, Léo Beaulieu.

Interview de Léo Beaulieu, un Français en Malaisie
Écoutez deux fois. Corrigez les quatre erreurs du texte.
Écoutez encore une fois pour vérifier.

> Bonjour, je m'appelle Bob Beaulieu, j'ai 28 ans ; je suis suisse et j'habite en Malaisie.
> Aujourd'hui, je suis directeur d'une entreprise informatique.
> J'adore la Malaisie ; tout le monde est sympa ici.
> Et c'est un bon pays pour le football. Je suis très heureux de vivre ici.

Les erreurs du texte : ....

Unité 2 • Civilisation

cinquante-cinq • 55

UNITÉ 2

Compréhension orale

1 Écoutez et cochez ce que vous entendez

a. ☐ Bonjour, j'ai 24 ans. ☐ Bonjour, j'ai 40 ans. ☐ Bonjour, j'ai 34 ans.
b. ☐ Il a quel âge ? 20 ans ? ☐ Il a quel âge ? 2 ans ? ☐ Il a quel âge ? 12 ans ?
c. ☐ Moi, j'ai 18 ans. ☐ Moi, j'ai 38 ans. ☐ Moi, j'ai 28 ans.
d. ☐ Il a 20 ans et elle, 17. ☐ Il a 22 ans et elle, 18. ☐ Il a 12 ans et elle, 8.
e. ☐ Il habite 12 rue du Bac. ☐ Il habite 102 rue du Bac. ☐ Il habite 62 rue du Bac.

2 Écoutez. Qui est-ce ? Leslie, Mady ou Marie ?

☐ Leslie  ☐ Mady  ☐ Marie

3 Écoutez, lisez et dites si c'est vrai (V) ou faux (F).

	V	F		V	F
a. Il s'appelle Édouard.	☐	☐	e. Il est petit et brun.	☐	☐
b. Il est photographe.	☐	☐	f. Il habite à Londres.	☐	☐
c. Il est célèbre.	☐	☐	g. Il a 46 ans.	☐	☐
d. Il a des lunettes.	☐	☐	h. Il a une grande barbe.	☐	☐

Grammaire et communication

4 Conjuguez les verbes entre parenthèses.

a. – Allô, Pierre, je (aller) .... au cinéma avec une amie ; tu (venir) ....
avec nous ? On (aller) .... voir un film de Clint Eastwood.
b. – Non, merci, Suzy, je n'(aimer) .... pas beaucoup Clint Eastwood ;
je (préférer) .... les vieux films français ou américains. Tu (connaître) ....
.... Jean Renoir ?
c. – Oui, oui, j'(aimer) .... beaucoup Jean Renoir. J'(aimer) .... aussi,
le peintre Auguste Renoir. C'(être) .... un peintre très célèbre et nous (avoir) ....
.... des tickets pour une exposition Renoir au musée d'Orsay.

5 Trouvez la question.

a. – ....?
– Il a 10 ans.
b. – ....?
– Il va à la plage.
c. – ....?
– C'est Hervé Dupré.
d. – ....?
– C'est un magazine.
e. ....
Non, je ne connais pas Jean Renoir.

56 • cinquante-six　　　　　　　　　　　　　　　　　　　　　　　Unité 2 • Entraînement DELF

Entraînement au DELF

6 Complétez avec un article défini (*le, la, l', les*) ou avec un article indéfini (*un, une, des*).

a. Tu connais .... appartement de Pierre ? C'est .... grand appartement ; il est dans .... petite rue, ... rue Champollion.
b. – Qui est-ce ? – C'est Paul ! C'est .... ami canadien. C'est .... ami de Samia.
c. Paul a .... yeux bleus et .... cheveux blonds.
d. Samia et Paul vont à ....université ensemble. Ils aiment .... photo, ils font .... photos superbes.

Interaction orale

7 Proposez à un(e) ami(e) d'aller avec vous au cinéma...

Le Havre ; Lundi , 15 h 30 ; rue de Rennes ; cinéma Arlequin ; métro ; Montparnasse.

Compréhension écrite

8 Lisez ce programme télé. Répondez ensuite par Vrai ou Faux.

Mardi 4 juillet			
TF1	FRANCE 2	FRANCE 3	ARTE
20 h Journal **20 h 50** *Spiderman*	**20 h** Journal **20 h 35** Secrets d'Histoire ; Louis XIV	**20 h** Journal **20 h 35** Churchill	**19 h** Journal **20 h 50** La loi de mon pays (téléfilm)

	V	F
a. Vous aimez les films fantastiques vous allez sur TF1.	☐	☐
b. Vous préférez l'histoire, vous allez sur France 2 et sur ARTE.	☐	☐
c. Le journal est à 21 heures sur TF1, sur France2, France 3, ARTE.	☐	☐
d. Vous préférez les téléfilms vous allez sur France 2.	☐	☐
e. Vous adorez le sport, vous allez sur ARTE.	☐	☐
f. Vous aimez les films français, vous allez sur TF1.	☐	☐

Expression écrite

9 Avec ces éléments, écrivez trois phrases.

a. Arthur – Départ Marrakech 12 h 45 – arrivée aéroport Orly 17 h.
....
b. Arthur et Claire – Départ Paris Charles de Gaulle 14 h – arrivée Barcelone 15 h 35.
....
c. Victor et Victoria – mardi – 19 h – La Cigale – métro Anvers – concert pop.
c. Ils ....

Unité 2 • Entraînement DELF

Bilan actionnel

1 Vous travaillez dans un hôtel, vous allez à l'aéroport chercher quatre clients. Vous ne connaissez pas les clients mais vous avez la description physique et des informations sur la nationalité, l'âge, la profession. Vous ramenez les clients à l'hôtel. Associez les descriptions à une personne. À deux, échangez vos réponses.

Elle est américaine	Elle est journaliste	Il a 30 ans	Il a une barbe
Il est français	Il est informaticien	Elle a 37 ans	Il a les cheveux blancs
Elle est japonaise	Elle est étudiante	Il a 51 ans	Elle a les cheveux longs
Il est suisse	Il est footballeur	Elle a 22 ans	Elle a les cheveux noirs

Arthur  • Jean  • Rika  • Mélanie

2 Votre amie Margot est chez vous. Vous regardez des photos. Pauline est votre cousine, Cédric votre frère et René votre grand-père. Présentez à Margot : Pauline, Cédric et René (nom, prénom, âge…) et dites ce qu'ils aiment faire.
Exemple : Pauline est ma cousine, elle habite Biarritz, elle a 21 ans, elle aime aller à la plage…

Pauline

Cédric

René

3 Vous partez avec des amis en week-end à Nîmes. Cherchez des informations sur Internet sur la ville. Voici 2 monuments historiques de la ville. Écrivez sous chaque photo une phrase d'explication.

58 • cinquante-huit

Unité 2 • Bilan actionnel

Qu'est-ce qu'elle voudrait ?

UNITÉ 3

LEÇON 9 — **Qu'est-ce qu'on achète ?**
- Faire des achats – poser une question sur un objet, sur une quantité, sur un prix – donner des indications sur un objet, sur une quantité, sur un prix

LEÇON 10 — **Je voudrais un gâteau au chocolat**
- Faire une liste de courses – faire un menu

LEÇON 11 — **Les Champs-Élysées c'est loin ?**
- Se situer dans l'espace (1) – demander son chemin

LEÇON 12 — **On part en week-end ?**
- Se situer dans l'espace (2) – proposer quelque chose à quelqu'un – organiser une sortie

Unité 3

cinquante-neuf • 59

Leçon 9

Qu'est-ce qu'on achète ?

Je comprends et je communique

1 Les légumes de saison

Légumes de Saison
PRINTEMPS — ÉTÉ — HIVER — AUTOMNE

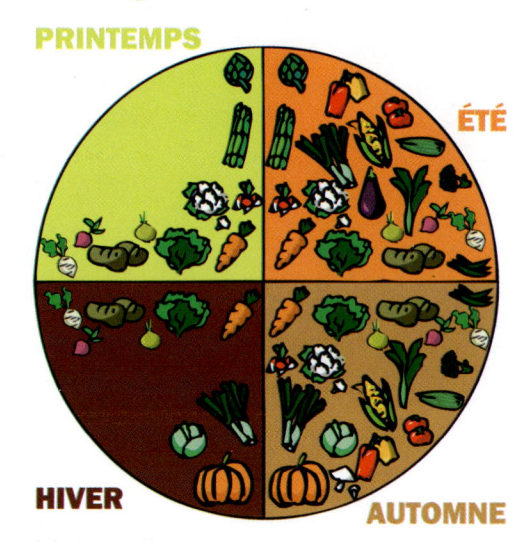

2 Qu'est-ce qu'on prend ?

Florence est chez son amie Zoé pour le week-end. Elles font les courses au supermarché.

— Qu'est-ce qu'on prend ?

— Alors... Il faut des légumes. Des pommes de terre, une salade, une boîte de haricots verts...

— Et des fruits ! On achète des bananes ?

— Bonne idée, les enfants adorent ça. Et des oranges. Elles sont superbes !

— C'est vrai ! Alors, un kilo de bananes, deux kilos d'oranges... et des cerises, hum, elles sont délicieuses... mais elles sont chères.

— C'est combien ?

— Huit euros cinquante le kilo...

— Ah, regarde, un ananas : un euro ! Ce n'est pas cher !

— Ah oui, seulement un euro, ce n'est pas cher. On achète 2 ananas... Ah, il faut aussi un paquet de café, un litre de lait... non, deux litres de lait.

60 • soixante   Unité 3 • Leçon 9

Sandrine Chein
Reine Mimran
Sylvie Poisson-Quinton
Evelyne Siréjols

Zénith

Livre de l'élève
corrigés et transcriptions

CLE INTERNATIONAL

www.cle-inter.com

Édition : Catherine Jardin
Mise en pages : Domino

© CLE INTERNATIONAL, SEJER, 2012
ISBN : 978-2-09-038608-0

Corrigés

LEÇON 0

p. 14 – Mini Quiz sur la langue et la culture françaises

e. En Suisse – au Maroc – en Belgique – au Sénégal – au Canada.

UNITÉ 1

LEÇON 1

p. 17 – Je comprends et je communique

Écouter

a. C'est moi, Émilie. – **b.** Une baguette s'il vous plaît.

Comprendre

– Ah ! Thomas ! Bonjour ! – Tiens ! Bonjour, Laura ! – Comment ça va ? – Ça va, ça va....

Communiquer

a. Oui – b. Non. – c. Oui – d. Oui – e. Non – f. Oui – g. Oui – h. Non – i. Oui.

p. 18-19 – J'apprends et je m'entraîne

1. a. 2 – 3 – 4 – 5 – 6 – **b.** 2 – 3 – 5 – **c.** 1 – 3.

2. Dialogue 1 : d – e – c – b – a. Dialogue 2 : c – a – b – d. Dialogue 3 : b – a – c – d. Dialogue 4 : c – a – b.

3. Par exemple : a. – Bonjour, monsieur. – Bonjour madame, une baguette, s'il vous plaît. – b. Allô, bonjour, c'est Leila ? – Oui, c'est Leila.

LEÇON 2

p. 21 – Je comprends et je communique

Écouter

a. Faux, Jacques Blanc **b.** Faux, à Genève **c.** Vrai **d.** Faux, à Osaka **e.** Vrai.

Comprendre

Noriko Takahashi journaliste à Osaka – Goran Cegülik journaliste à Istanbul – Jean-Noël Diallo informaticien à Dakar – Jacques Blanc professeur à Lyon.

p. 22-23 – J'apprends et je m'entraîne

1. a. 3 – b. 1 – c. 2

2. a. F – b. F – c. H – d. F – e. F.

3. Masculin : turc, français, sénégalais, Suisse, japonais. Féminin : japonaise, française, Suisse, turque, sénégalaise. (Attention, Suisse peut être masculine ou féminine.)

4. a. 2 – b. 5 – c. 3 – d. 4 – e. 1 – f. 6.

LEÇON 3

p. 25 – Je comprends et je communique

Écouter

a. américaine – b. français.

Comprendre

bien sûr – américaine – elle – Vous – n'est-ce pas ? – moi.

Écrire

6 verbes : travailler – s'appeler – habiter – parler – être – connaître.

3 nationalités : français – américaine – japonaise.

p. 26-27 – J'apprends et je m'entraîne

1. Homme : d – f – Femme : a – c – e – g. On ne sait pas : b – h.

2. a. japonaise – b. américaine – c. Suisse – d. française. – e. sénégalais.

3. a. Ah bon, tu parles très bien français. – b. Vous connaissez Marion Cotillard ? – c. Pardon, vous êtes Jenny, n'est-ce pas ? – d. Je travaille dans un restaurant à Paris. – e. Je suis turc et je travaille à Istanbul. – f. Pardon, monsieur, vous n'êtes pas journaliste à Genève ?

4. a. 5 – b. 3 – c. 6 – d. 7 – e. 2 – f. 4 – g. 1.

LEÇON 4

p. 29 – Je comprends et je communique

Écouter

1. a. Faux, Ana Lopez. – b. On ne sait pas. – c. Vrai d. On ne sait pas. – e. Faux, gmail.com.

2. a. allemand – étudiant – b. espagnole – étudiante – c. anglaise – professeur.

Comprendre

LOPEZ, 06 87 58 12 38, analopez@gmail.com

p. 30-31 – J'apprends et je m'entraîne

1. Masculin : allemand, français, sénégalais, anglais, chinois, italien, américain, japonais

Féminin : italienne, japonaise, américaine, française,

chinoise, allemande, sénégalaise. On ne sait pas : suisse, espagnol (e), turc.

2. a. italien – b. allemande – c. anglaise, japonais – d. espagnole – e. suisse.

3. a. Elle est étudiante à Paris. – b. Je suis professeur de judo. – c. Tu parles très bien français. – d. Est ce que tu as une adresse e-mail ?

5. a. 3 – b. 1 – c. 4 – d. 5 – e. 2.

6. a. Pardon – b. Super ! – c. Bonjour.

p. 34-35 – Entraînement au DELF

Phonétique et intonation

1. 1. finlandaise – 2. informaticienne – 3. étudiant – 4. canadien – 5. portugais – 6. danois – 7. allemande – 8. chinois.

2. 1. Il est professeur. – 2. Elle s'appelle Jenny. – 3. Vous connaissez Paris ? – 4. Ça va ? – 5. C'est intéressant ? – 6. Tu travailles ici.

Compréhension orale

3. 1. C'est Julie ? – 2. Au revoir, monsieur. – 3. Ah non, c'est moi. – 4. Ah, bravo ! – 5. Elle habite à Paris. – 6. Pas du tout !

4. a. Je m'appelle Marie. Et lui, il s'appelle Marc. – b) Tu es japonaise ? Oh moi aussi, je suis japonaise. – c) – Tu connais Tokyo ? – Non, pas du tout ! – d) Elle est anglaise ou américaine ? – e) – Bonjour, moi, c'est Tom ! – Tom ? Tom comment ? Tom Martin, Tom Kennedy ? – Non, Tom Hardy.

5. a.

Compréhension écrite

8. Nom : Boumard – Prénom : Lola – Âge : 21 ans – Nationalité : française – Adresse : 113, avenue des Grands Lacs, Montréal, Canada – Études : cinéma – Langues parlées : français, espagnol.

p. 36 – Bilan actionnel

1. 5 – 10 – 8 – 41 – 2 – 14. Étoiles : 30 – 9.

2. Quatre pays ou villes : Turquie, Dakar, Genève, Osaka – Trois noms de profession : journaliste, informaticien, professeur – Deux formes de salutations : bonjour, salut.

UNITÉ 2

LEÇON 5

p. 39 – Je comprends et je communique

Écouter

a. Non, elle est étudiante. – b. À Bordeaux. –
c. Elle aime le cinéma, l'opéra, lire. – d. Il est aussi étudiant. – e. Il n'aime pas lire.

Comprendre

J'aime dormir/je n'aime pas dormir – J'aime lire/je n'aime pas lire – J'aime le cinéma/je n'aime pas le cinéma – J'aime le sport /Je n'aime pas le sport – J'aime danser/je n'aime pas danser.

p. 40-41 – J'apprends et je m'entraîne

2. (les lettres qu'on n'entend pas sont soulignées.)
a. Il est étudiant à Bordeaux. – b. Tu connais Bruxelles ? – c. Elle habite à Paris et il habite à Cannes. – d. Il n'aime pas beaucoup le sport. – e. Nicolas déteste danser. – f. Il est français ou québécois ?

1. Homme : b, d, f, h, j – Femme : a, c, e, i, j, k.

3. Irina : b, e, i, k – Franck : a, f, g, j – Noura : c, d, h, l.

4. a. le – b. les – c. le – d. la – f. les – g. le – h. le – i. les – j. l'.

LEÇON 6

p. 43 – Je comprends et je communique

Écouter

Regarde – février – belle – quel – 46 – cadeau – surprise.

Comprendre

a. On ne sait pas – b. On ne sait pas – c. Faux : il est jeune et célèbre. Beau, on sait pas – d. On ne sait pas. – e. Vrai.

p. 44-45 – J'apprends et je m'entraîne

1. Est-ce que... : b, c – Qu'est-ce que : a, d, e.

2. Qu'est-ce que c'est ? : a, e – Qui est-ce ? b, c, d.

3. a. avez – b. est – c. a – d. ai – e. êtes – f. est.

4. a. Il n'est pas journaliste. – b. Il ne travaille pas à Genève. – c. Elle n'aime pas danser. – d. Elle ne connaît pas Monsieur Latournelle. – e. Il n'habite pas à Montréal. – f. Vous n'êtes pas français ?

5. a. C'est – b. Il est – c. Il est – d. C'est – e. Il est – f. C'est.

6. Rue Bonaparte.

LEÇON 7

p. 47 – Je comprends et je communique

Écouter

a. Faux, il va au concert de David Guetta. – b. Vrai. – c. Faux, elle le trouve excellent. – d. Faux, elle va au concert avec Magalie, Laura, Chloé, Guillaume et Thomas ; Maxime va au concert avec une amie. – e. Vrai – f. On ne sait pas.

Comprendre

a. C'est un film français – b. François Cluzet et Omar Sy. – c. Non, ils sont français.

p. 48-49 – J'apprends et je m'entraîne

1. a. Elles s'appelle Marina. – b. Elle habite à Montréal. – c. Elle est étudiante en anglais. d. Elle travaille dans un cinéma. – e. Elle adore les films américains.

2. a. vas – b. vont – c. va – d. vais – e. allez – f. allons.

3. a. viens – b. viens – c. venez – d. venons – e. viennent.

4. b. Ils sont à l'université. – c. Ils sont au cinéma. – d. Elle est à Genève. – e. Ils sont à l'opéra. – f. Elle est à la plage. – g. Ils sont au Québec. – h. Ils sont au restaurant.

LEÇON 8

p. 51 – Je comprends et je communique

Écouter

a. Deux amies discutent. – **b.** Elles regardent le profil Facebook de Laeticia. – **c.** Elle aime Malick et Gabriel.

Comprendre

a. 4 – b. 1 – c. 6 – d. 3 – e. 5.

p. 52-53 – J'apprends et je m'entraîne

1. a. grande, brune – b. petite, rousse – c. turque, journaliste.

2. a. japonaise – b. jolie – c. suisses – d. intéressantes – e. anglais – f. excellent.

3. Elisa est très grande et maigre. Elle a des yeux noirs et n'a pas de lunettes. Elle a des cheveux roux et très longs.

4. L'homme n° 1.

p. 54-55 – Civilisation

1. Vrai : a et b c. À Haïti, on parle créole et français.
2. Erreurs : ~~suisse~~ → français ; ~~informatique~~ → d'import-export ; ~~football~~ → business.

p. 56-57 – Entraînement au DELF

Compréhension orale

1. 1. Bonjour, j'ai 40 ans. – 2. Il a quel âge ? 2 ans ? – 3. Moi, j'ai 18 ans. – 4. Il a 12 ans et elle 8. – 5. Il habite 62 rue du Bac.
2. C'est Marie.

3. a. Faux – b. Vrai – c. Vrai – d. Vrai – e. Faux – f. Faux – g. Vrai – h. Faux.

Grammaire et communication

4. a. vais, viens, va – b. aime, préfère, connais – c. aime, aime, est, avons.

5. a Il a quel âge ? – b. Où il va ? – c. Qui est-ce ? – d. Qu'est-ce que c'est ? – e. Tu connais / Vous connaissez Jean Renoir ?

6. a. l', un , une, la – b. un, l' – c. les, les. – d. l', la , des.

Compréhension écrite

8. a. Vrai – b. Vrai – c. Faux – d. Faux – e. Faux – f. Faux.

Expression écrite

9. a. Arthur va à Paris. Il part de Marrakech à 12h.45. Il arrive à Orly à 17h. – b. Arthur et Claire partent de Paris, Charles de Gaulle à 14 h. Ils arrivent à Barcelone à 15 h 35. – c. Victor et Victoria vont à un concert pop mardi à 19 h à la Cigale, au métro Anvers.

p. 56 – Bilan actionnel

1. Elle est américaine : Mélanie – Il est français : Arthur ou Jean – Elle est japonaise : Rika – Il est suisse Jean ou Arthur – Elle est journaliste : Rika – Il est informaticien : Jean – Elle est étudiante : Mélanie – Il est footballeur : Arthur – Il a 30 ans : Arthur – Elle a 43 ans : Rika – Il a 51 ans : Jean – Elle a 22 ans : Mélanie – Il a une barbe : Jean – Il a les cheveux blancs : Jean – Elle a les cheveux longs : Rika – Elle a les cheveux noirs : Rika ou Mélanie.

3. Les arènes de Nîmes – La maison carrée de Nîmes.

UNITÉ 3

LEÇON 9

p. 61 – Je comprends et je communique

Écouter

une salade – un ananas – une banane – des haricots verts – une pomme de terre – une orange.

Comprendre

1. Positif – **2.** Positif – **3.** Négatif – **4.** Négatif.

p. 62-63 – J'apprends et je m'entraîne

2. a. prennent – **b.** sont des gâteaux – **c.** achètent – **d.** mangent – **e.** demandent – **f.** sont végétariens – **g.** sont des enfants.

3. un kilo d'oranges, un litre de lait, un ananas, un paquet de café, des haricots (ou une boîte de haricots).

5. des cerises, un ananas, une orange, une banane.

Zénith

LEÇON 10

p. 65 - Je comprends et je communique

Écouter

1. un gâteau – Mots à ajouter sur la recette : chocolat, lait, beurre.

2. B.

Comprendre

Tout sauf des tomates, du café, des croissants.

p. 66-67 - J'apprends et je m'entraîne

1. a. avez – b. vais, viens – c. fais – d. allez – e. est, a – f. suis, faites ?

2. a. de la salade – b. de la viande – c. le chocolat – d. le poisson.

3. poisons – café – lait – haricots verts.

4. âne – nid – verre – cerf → anniversaire.

LEÇON 11

p. 69 - Je comprends et je communique

Écouter

Tout droit et à droite.

Comprendre

Je voudrais aller... rue Chateaubriand – C'est loin ? ... Ça dépend – Vous prenez... la première rue à droite – Passez... la rue Lord Byron – Allez... tout droit.

p. 70-71 - J'apprends et je m'entraîne

1. 1. a – 2. a – 3. d – 4. b – 5. c.

2. 1. a. aller, plaît – b. facile, tout droit, rue, droite – c. loin – d. près, minutes – 2. a. Aller, perdu – b. À pied, loin, direct.

3. a. Dormez ! – b. Dors ! – c. Mange ! – d. Allons à Versailles ensemble ! – e. Prends le métro !

4. a. manger – b. faire – c. acheter – d. avoir – e. habiter.

LEÇON 12

p. 73 - Je comprends et je communique

Écouter

a. Julien – **b.** Parce qu'elle a beaucoup de travail – **c.** L'avion – **d.** Parce que c'est une folie, les billets d'avion sont chers – **e.** Ils vont voir les châteaux de la Loire vendredi et samedi – **f.** Ils partent en voiture.

Comprendre

a. La voiture – **b.** Le train et l'avion – **c.** Le train – **d.** Prendre le train, c'est comme être en vacances.

p. 74-75 - J'apprends et je m'entraîne

1. vas – vais – allons – viens – vais.

2. a. En voiture, nous allons en week-end. – **b.** Dans le train, nous prenons un café dans la voiture-bar – **c.** À pied, ils vont au parc : ils aiment marcher – **d.** En métro, je pars au travail. – **e.** En bus, elle regarde les rues de Paris.

3. a. décembre – b. ananas – c. château – d. chocolat.

4. viens – appelons – prenons – achète.

p. 76-77 - Civilisation

1. pas de saucisson, pas de choucroute.

2. Deauville, plateau de fruits de mer.

3. Bordeaux, un magret de canard aux cèpes.

4. Marseille, une bouillabaisse

5. a. un Bordeaux rouge – b. une bière d'Alsace – c. un vin blanc sec.

p. 78-79 - Entraînement au DELF

1 - 1b – 2a – 3b – 4a – 5a –

2 - un ananas, 3 euros + des cerises, 6 euros + une salade, 1 euro + des bananes , 5 euros – → en tout 15 euros.

3 - Par exemple : Bonjour, je voudrais des oranges, un kilo s'il vous plaît. Je prends aussi une salade et des haricots verts...

4- Par exemple : a. J'habite à Rouen, 20, rue du Champ des Oiseaux, au 1er étage. b. Dans ma rue, il y a une boulangerie, et elle est près de la gare. c. J'aime ma rue parce qu'elle est calme ; le train, le bus sont près.

5. une bouteille, un paquet, deux litres, un gâteau, une boîte.

6 - a. 5. – b. 2 – c. 1 – d. 3 – e. 4.

7 – a. Pardon, mademoiselle, je cherche le musée d'Orsay, s'il vous plaît – b. Prenez la deuxième rue à gauche.

8 – a.. C'est du poulet b. C'est une salade – c. C'est un poisson – d. un sucre.

9 – a. Vrai b. On ne sait pas. c. Vrai. d. Faux e. Faux f. Vrai.

10 - Tu prends le cours de la Marne, tu arrives place de la Victoire et là, tu prends le cours Pasteur.

p. 80 - Bilan actionnel

1. 1ère à gauche, après la banque à droite, allez tout droit, à côté Supermarché, prendre la petite rue à droite.

UNITÉ 4

LEÇON 13

p.82 - Je comprends et je communique

Écouter

a. 7 – b. douchent, va – c. petit déjeuner, réveille – d. habillent, va.

Comprendre

a. Faux, ils dorment 8 h par jour. – b. On ne sait pas. – c. On ne sait pas – d. On ne sait pas. – e. Vrai. – f. On ne sait pas.

p. 84-85 - J'apprends et je m'entraîne

1. a. me – b. nous – c. vous – d. vous – e. s'– f. m'– g. te – h. se.

2. a. 2 – b. 5 – c. 1 – d. 3 – e. 6 – f. 4.

3. se réveillent – prennent le petit déjeuner – se douchent – partent à l'école – sont à la maison – dorment.

4. a. une publicité – b. en Suisse – c. grande, jolie – d. un lac, la montagne, des théâtres – e. voir des musées, danser, faire du sport, se relaxer – f. en train, en avion, en voiture – g. une nuit d'hôtel, le dîner, le petit déjeuner (la demi-pension = le petit déjeuner et le dîner), les bus dans Genève.

LEÇON 14

p. 87 - Je comprends et je communique

Écouter

rendez-vous – libre – onze heures – déjeuner.

Comprendre

a. Faux – b. Faux – c. Vrai – d. Faux – e. Vrai – f. Faux, il les rencontre en visioconférence sur son ordinateur.

p. 88- 89 - J'apprends et je m'entraîne

1. a. pouvons, peux – b. peux – c. peut – d. peut – e. peuvent.

2. a. 4 – b. 1 – c. 3 – d. 5 – e. 6 – f. 2.

3. a. tous, toutes – b. toute, tout – c. tout, tous.

4. b – f – c – a – d – e.

LEÇON 15

p. 91 - Je comprends et je communique

Écouter

a. a vu – restaurant – des courses – restée.

b. le ménage – a regardé – a dormi.

Comprendre

a. ensuite – b. un docteur – c. un Espagnol – d. septembre – e. un magazine.

p. 92-93 - J'apprends et je m'entraîne

1. Présent : b, c, e, h, i, k m – Passé composé : a, d, f, g, j, l.

2. fait – le matin – ménage – courses – le déjeuner – regardé – travaillé – dîné.

3. a. leurs, leur, ses – **b.** ses, ses, ses, sa, son, leurs.

4. a. J'ai dormi une heure – b. Nous avons dîné au restaurant. – c. Tu as préparé le petit déjeuner ? – d. Vous avez aimé le dernier film de Tavernier ? – e. Les enfants ont mangé des fruits. – f. Ta sœur a fait un gâteau ?

5. a. Tony Parker a découvert le basketball avec son père. – b. Zinedine Zidane a joué dans l'équipe de France. – c. David Guetta a vécu aux États-Unis. – d. Jean Dujardin a gagné l'Oscar du meilleur acteur. – e. Eva Green a travaillé avec Tim Burton et Johnny Depp.

LEÇON 16

p. 95 - Je comprends et je communique

Écouter

sénégalais – suisse – femme – jolie – rousse – mari – fils – fille.

p. 96-97 - J'apprends et je m'entraîne

1. a. des enfants très sympas et très intelligents – b. ses étudiants japonais – c. des filles rousses, elles sont irlandaises – d. des gâteaux au chocolat absolument délicieux.

2. a. Alyssa est une jolie fille blonde. – b. Ils habitent dans une petite maison blanche. – c. Je voudrais un grand café noir. – d. Ce sont deux jeunes touristes irlandais. – e. Sa grand-mère prend un grand thé vert.

4. a. de la pureté – b. en blanc – c. de la tristesse – d. rouges – e. le bleu (c'est la couleur préférée dans tous les pays occidentaux.) – f. de l'espérance.

p. 98-99 - Civilisation

1. B.

2. 1. E – 2. C – 3. D.

3. a. D – b. C – c. E – d. A – e. B.

p. 12 des corrigés.

p. 100-101 - Entraînement au DELF

1 - 1a - 2b - 3b - 4a - 5b.

Zénith — sept • 7

2 - à compléter –

3 - 1a - 2c.

4 - Par exemple : M. Dupin (champagnes Grollier, Reims) ne peut pas venir au RV jeudi 10h- Il faut le rappeler au 06 24 56 12 12.

5 - Par exemple : Dimanche, elle a vu *Cosi Fan Tutte* au théâtre des Champs Elysées et le soir, elle a dîné chez ses parents. Lundi, elle a fait des courses, elle a acheté un maillot de bain ; le soir, elle a regardé la télévision, elle a vu *The Artist*. Mardi matin, elle a pris le train pour Cannes. Elle a téléphoné au docteur Floch pour changer son rendez-vous du 18.

6 – a. Je veux dormir un peu - → Ah non ! Il est huit heures. Debout ! - b. Je prends un hamburger. Et toi ? - → Hum... Une salade pour moi - c. Ah non ! Mardi, impossible ! - → Jeudi, alors ? Ça va, jeudi ? – d. Tu es venu à pied ? - → Oui, j'adore marcher. – e. Il est quelle heure à Toronto ? - → Attends. Il est six heures du matin. – f. On va rater le train, il est déjà midi - → Oui, dépêchons-nous ! Allez, vite !

7 – 1. C'est le fils de madame Renaud - 2. Il dort - 3. Quelqu'un va passer entre 3 et 4 heures pour chercher un paquet – 4. Il doit appeler le prof de yoga pour changer l'heure de son cours – 5. Elle a un rendez-vous à 4h.

p. 102 - Bilan actionnel

1. Anthony se réveille – Il se douche – Il s'habille – Il prépare son petit déjeuner – Il travaille – Il fait du sport – Il dîne – Il dort.

3. vu – mangé – acheté – rencontré – nuit – a vu – sa mère – pris.

UNITÉ 5

LEÇON 17

p. 105 - Je comprends et je communique

Écouter

a. économique, social – **b.** allemand, anglais, français – **c.** a fait – **d.** commencé – **e.** ordinateurs, les animaux – **f.** Berlin – **g.** entreprise – **h.** sport, théâtre.

p. 106-107 - J'apprends et je m'entraîne

1. b, c, e, f, h, i.

2. a. Ma sœur est partie au Canada en avril. Elle a eu un poste de journaliste au *Québécois*. – b. Louise et son mari sont allés en Espagne en juillet. Ils ont adoré l'Andalousie. – c. Adèle a rencontré beaucoup d'amis à l'université. Ils ont fait leur master ensemble. – d. Ta mère est venue chez toi pour Noël ? Vous avez fait une soirée avec la famille ?

3. Par exemple : Vous vous appelez comment ? – Vous habitez où ? – Qu'est-ce que vous avez étudié et dans quelle université ? – Vous avez quel diplôme ?/ Qu'est-ce que vous avez comme diplôme ? – Vous avez une expérience professionnelle ?/Où avez-vous travaillé ?

4. Par exemple : Thomas veut un ordinateur. Il veut acheter un ordinateur. Il veut une moto. Il veut avoir une moto. Il veut une pizza. Il veut manger / faire une pizza. Il veut être pilote/ voir les avions / voyager en avion/ aller en vacances...

LEÇON 18

p. 109 - Je comprends et je communique

Écouter

a. steward – b. sculpteur, décorateur – c. Los Angeles – d. continuer à voyager.

Comprendre

a. suis → rester – **b.** ai → étudier – **c.** travaillé → travailler – **d.** ai acheté →acheter.

p. 110-111 - J'apprends et je m'entraîne

1. a. J'ai vécu à Amsterdam. – b. Je pars au Canada avec elle. – c. Je suis allé au Japon et en Chine. – d. Elle est née à Paris en 1978. – e. Ils sont morts depuis longtemps.

2. a. depuis – b. pendant – c. pendant – d. depuis – e. pendant.

3. a. au Canada – b. en économie – c. identique (« poste similaire ») – d. maintenant (« disponible immédiatement »)

4. a été – a rencontré – ont chanté – ont eu – a chanté – est entrée – est mort.

LEÇON 19

p. 112-113 - Je comprends et je communique

Écouter

vacances – est – soleil – jours – est – déteste – a – jours – a – ont – ont – écharpes – chaussures – a – météo – fait – neige.

Comprendre

a. Marseille – **b.** Marseille, Brest – **c.** Brest – **d.** Brest – **e.** Nancy – **f.** Marseille – **g.** Nancy.

Communiquer

1. Il pleut. Prends un parapluie et mets tes bottes. Il va peut-être pleuvoir toute la journée. – **2.** Il fait froid. Mets une écharpe et des chaussettes. Il va peut-être neiger. – **3.** Il fait beau. Mets tes lunettes de soleil et tes sandales. Il faut boire beaucoup d'eau.

p. 114-115 – J'apprends et je m'entraîne

1. a. Mes amis sont partis à Nice. – b. Nous avons passé les vacances chez nos parents. – c. Vous vous êtes reposé(e)s sur la plage ? – d. Nous nous sommes baigné(e)s tous les matins. – e. Il a neigé ; elle a mis un gros pull et une écharpe. – f. Elles sont allées à Hongkong pendant l'été.

2. a. On est/Nous sommes/ C'est le 21 mars. – b. C'est l'hiver. – c. Il fait 12 degrés, il y a des nuages. – d. Il va pleuvoir toute la journée, avec des températures entre 9 et 11 degrés. – e. Il y a beaucoup de vent, il fait froid. – f. Il y a du beau soleil, il va faire entre 15 et 18 degrés. – g. Le matin de la pluie, l'après-midi beaucoup de nuages. – h. Il va peut-être neiger dans la soirée.

3. beau – pleut – froid – chaud – soleil – neige.

4. a. Ils habitent à Québec, au Canada. – b. Oui. – c. Elle fait du sport et elle apprend des mots de joual. – d. En automne (« il fait déjà un peu froid »). – e. Elle leur raconte son installation au Canada et elle les invite à venir faire du ski.

LEÇON 20

p. 117 – Je comprends et je communique

Écouter

L'étudiante : à Londres, un an – L'étudiant : à Lisbonne, un semestre.

Comprendre

a. programme – b. Parce que c'est une école de danse. – c. Le samedi de 10 H à 11 h 30. – d. À tous les cours.

p. 118-119 – J'apprends et je m'entraîne

1. a. restaurant sympathique – b. exposition, photographies – c. baccalauréat, philosophie, psychologie – d. sciences politiques, économie – e. mathématiques, géographie, gymnastique.

2. a. 5 – b. 6 – c. 3 – d. 8 – e. 1 – f. 7 – g. 4 – h. 2.

3. accepter : c, f – refuser : g, l – expliquer un itinéraire : d, m – raconter quelque chose : l, k – demander une information : a, o – proposer quelque chose : b, n – annoncer une nouvelle : h, j – demander un prix, une quantité : e, p.

p. 120-121 – Civilisation

Par exemple : J'étudie à la Sorbonne. Je travaille en bibliothèque, mais quand il fait beau, je vais au Luxembourg. Je mange au fast-food et, le soir, je vais au cinéma. Maintenant, je cherche un job de serveur.

p. 122-123 – Entraînement au DELF

1. 1a - 2a - 3b - 4a - 5a - 6b.

2. Sont cités : le Japon, le Vietnam, le Brésil, la Corée, la Pologne, l'Argentine.

3. Températures : -20° à Strasbourg, -15° à Lille, -12° à Paris, -4° à Marseille, Toulouse et Bordeaux, 0° en Bretagne ; il neige à Nice, il pleut en Bretagne.

4. j'ai déjeuné...- j'ai retrouvé... - nous avons fait... - nous avons vu... - il est venu - j'ai ouvert ... - nous sommes allés danser.

5. « il » est impersonnel dans les phrases (c) et (d).

6. Par exemple : a) Vous vous appelez comment ? Quel est votre nom ? - b) Qu'est-ce que vous faites comme études ? Vous êtes en quelle année ? - c) Vous avez fait toutes vos études ici ? - d) Vous savez quand vous passez l'examen ? - e) Ça va ? Pas trop nerveux (stressé) ? -

7. VRAI : 1 - 4 - 7 - 8 – FAUX : 2 -3 -5- 6.

8. Par exemple : Un petit bonjour de Dubrovnik où nous sommes depuis hier. C'est magnifique! Il fait très beau, l'eau est délicieuse et on mange très bien. Et on a trouvé un hôtel très sympa. Nous faisons de longues promenades dans Dubrovnik. On rentre le 8. Bisous.

p. 124 – Bilan actionnel

2. Il est allé au sport, il a pris le train (pour aller à Nice), il est allé au musée, il a déjeuné dans un restaurant, il a acheté des cadeaux, il a rencontré deux personnes pour le travail (cartes de visite), il a fait des courses, il dort à l'hôtel.

UNITÉ 6

LEÇON 21

p. 127 – Je comprends et je communique

Écouter

a. Vrai – b. On ne sait pas – c. Faux, les films étaient muets jusqu'en 1927 – d. Faux, elles s'habillaient de façon plus classique que maintenant – e. Vrai – f. Faux.

p. 128-129 – J'apprends et je m'entraîne

1. a. D'accord, mais fais attention, c'est précieux. – b. Comme chaussures, tu mets les noires ? – c. C'était le père de ton grand-père. – d. Il y a une fête au lycée.

2. a. 1. – b. 3 – c. 2.

3. a. mettaient – b. allions – c. était – d. cherchions.

4. En ~~1986~~ → 1990, Martin avait vingt ans. Il était étudiant à Montpellier dans le ~~nord~~ → sud de la France. Il voulait devenir ~~médecin~~ → vétérinaire. Il adorait les animaux, surtout les animaux ~~domestiques~~ → sauvages. Il voulait travailler comme vétérinaire dans un ~~jardin~~ → zoo. Mais les études étaient difficiles et il ~~travaillait~~ → ne travaillait pas beaucoup. Il n'allait pas très souvent aux cours, il préférait aller ~~au zoo~~ → à la plage, chez ses copains… Il a arrêté ses études ~~quand il a vu un lion dans un zoo~~ → en troisième année. Et maintenant, qu'est-ce qu'il fait ? Il travaille dans un ~~cirque~~ → zoo ~~et il a deux lions~~ → mais comme gardien.

LEÇON 22

p. 130-131 – Je comprends et je communique

Écouter

a. Faux, il a vu un reportage à la télé – b. Parce qu'il y avait des inondations. Les gens ne pouvaient pas circuler dans les rues et devaient prendre des bateaux – c. Oui ; non ; non. – d. Ils allaient souvent au cinéma, ils sortaient avec leurs amis, ils s'invitaient à la maison entre copains. Et ils écoutaient la radio, ils lisaient les journaux, ils écrivaient des lettres.

Comprendre

B. Avant les gens chassaient. Aujourd'hui les gens achètent à manger. – C. Avant les gens écrivaient des lettres. Aujourd'hui, les gens écrivent des e-mails – D. Avant on voyageait en bateau. Aujourd'hui on prend l'avion.

p. 132-133 – J'apprends et je m'entraîne

1. a. reportage – b. janvier – c. bottes – d. mais.

2. a. il y a – b. il y a – c. depuis, il y a – d. depuis – e. depuis – f. il y a.

3. a. pendant – b. il y a – c. il y a – d. Depuis – e. pendant. Ordre : c, e, a, d, b.

4. a. leur – b. les, leur – c. lui – d. lui, l'.

5. Par exemple : Avant, les maisons étaient petites, il n'y avait pas de bus, il n'y avait pas de voiture. Aujourd'hui, les villes sont plus grandes, les maisons sont grandes, il y a du bruit, de la pollution…

LEÇON 23

p. 135 – Je comprends et je communique

Écouter

a. Parce que son père était footballeur, son fils est basketballeur et Yannick est tennisman. – b. Il jouait déjà au tennis. – c. Chanteur et acteur. – d. Oui, quand il a rencontré sa femme pour la première fois.

Comprendre

a. Je jouais déjà au tennis à 3, 4 ans au Cameroun et un jour, j'ai rencontré Arthur Ashe, un joueur de tennis. – b. Avant vous jouiez au tennis puis vous êtes devenu chanteur.

p. 136-137 – J'apprends et je m'entraîne

1. s'appelait – mettait – vivait – était – habitait – avait – aimait – mangeait.

2. a. vivait, a acheté – b. travaillait, est partie, a changé – c. regardait, a décidé – d. étudiait, a préféré.

3. a. le, lui – b. lui, lui, lui, l', lui.

4. Abdel est plus jeune que Léonid, plus grand que Léonid, aussi gros que Léonid. – Léonid est plus vieux qu'Abdel, aussi gros qu'Abdel, plus célèbre qu'Abdel (il est ex-champion de Russie).

LEÇON 24

p. 138-139 – Je comprends et je communique

Écouter

1. C – 2. B – 3. D – 4. A.

2. 15 000 euros.

3. a. Vrai – b. Vrai – c. Faux – d. Faux – e. Vrai.

4. d.

Comprendre

b.

p. 140-141 – J'apprends et je m'entraîne

1. a. Faux – b. Vrai – c. Vrai – d. Faux – e. Faux.

2. a. Il adore la regarder – b. Elle leur écrit tous les jours. – c. Thomas lui pose des questions. – d. Où est-ce que Chloé les achète ?

3. Réponses individuelles.

4. Par exemple : J'ai déjeuné avec Thomas et les enfants. L'après-midi, je suis allée à l'université, j'ai rencontré Henri F., nous avons bavardé. C'était très sympa. Le soir, je suis allée à un concert...

p. 142-143 – Civilisation

1. On peut s'informer avec la radio, le téléphone, la télé, Internet (Google, Twitter, FAcebook...)

2. Une explication possible : les hommes sont plus accros à Internet parce qu'ils ont joué plus souvent aux jeux vidéos.

p. 144-145 – Entraînement au DELF

1. 1a - 2b - 3a - 4a - 5b - 6b.

2. a. tu veux - je vais mettre... - b. je peux regarder... - faites attention – c. quand nous étions..., nous mangions – d. tu habitais - je faisais – e. elle a rencontré - il était - ils ont parlé - elle est tombée amoureuse.

3. Par exemple : D'accord pour samedi. On vient tous les deux. C'est à quelle heure exactement ? On veut faire un beau cadeau à Thomas. Tu as une idée ? Bisous.

4. a. les gens ne le savaient pas – b. nous étions jeunes, nous sortions, nous allions..., nous aimions les cafés... - c. les gens devaient...- Ils allaient... , ils achetaient... - C'était compliqué, ça coûtait cher –
d. Avant, nous prenions la voiture.

5. a. Elle l'a regardé, il lui a parlé, elle lui a répondu – b. Il leur a proposé...- Ils lui ont demandé... - Il leur a apporté ... - c. Je la connais, je les vois. Comment tu la connais ?.

6. Premier fait divers = 1. le 21 janvier – 2. en Bourgogne – 3. sur l'autoroute – 4. en Bourgogne – Second fait divers = 1. le 2 août à dix heures du soir – 2. trois morts (l'homme, sa femme et sa fille) – 3. sa femme voulait divorcer – 4. dans l'Ouest de la France.

7. Par exemple : HOLD UP HIER A CHERBOURG Hier, deux hommes avec des cagoules et des mitraillettes sont entrés dans la Banque de l'Ouest, à Cherbourg. Il était treize heures et il n'y avait pas de clients. Ils sont partis avec 230 000 euros. Il n'y a pas eu de blessés.

p. 146 – Bilan actionnel

1. Par exemple : Avant nous allions tous les étés à la mer, il faisait beau et chaud...

3. a. Parce que son mari a eu dans un accident de voiture. – b. Elle rencontre deux autres femmes, elles aussi très tristes. – c. Elles découvrent qu'elles étaient toutes les trois mariées au même homme.

Transcriptions

UNITÉ 1

LEÇON 3

p. 26 - Exercice 1

Écoutez : on parle d'un homme, d'une femme ou on ne sait pas ? Cochez.

a. Elle est étudiante. – b. Vous habitez à Genève ? – c. Elle est américaine. D. Il est professeur. – e. Elle s'appelle Anne, elle est suisse. F. Il travaille à Paris. – g. Vous êtes anglaise ? – h. Vous parlez bien français.

LEÇON 4

p. 30 - Exercice 1

Écoutez les adjectifs et écrivez s'ils sont au masculine, au feminine ou si on n ne sait pas.

allemand – français – italienne – japonaise – sénégalais – suisse – américaine – anglais – chinois – espagnol – italien – française – américain – chinoise – japonais – allemande – turc – suisse – sénégalaise – espagnole.

p. 34-35 - Entraînement au DELF

Phonétique et intonation

1. Écoutez et cochez ce que vous entendez.

1. finlandaise – 2. informaticienne – 3. étudiant – 4. canadien – 5. portugais – 6. danois – 7. allemande – 8. chinois.

2. Écoutez et cochez ce que vous entendez.

1. Il est professeur. – **2.** Elle s'appelle Jenny. – **3.** Vous connaissez Paris ? – **4.** Ça va ? – **5.** C'est intéressant ? – **6.** Tu travailles ici.

Compréhension orale

3. Écoutez et cochez ce que vous entendez.

1. C'est Julie ? – **2.** Au revoir, monsieur. – **3.** Ah non, c'est moi. – **4.** Ah, bravo ! – **5.** Elle habite à Paris. – **6.** Pas du tout !

4. Écoutez et complétez.

a) Je m'appelle Marie. Et lui, il s'appelle Marc. – b) Tu es japonaise ? Oh moi aussi, je suis japonaise. – c) Tu connais Tokyo ? – Non, pas du tout ! – d) Elle est anglaise ou américaine ? – e) – Bonjour, moi, c'est Tom ! – Tom ? Tom comment ? Tom Martin, Tom Kennedy ? – Non Tom Hardy.

5. Écoutez et mettez une croix sous l'image correspondante

– Bonjour, monsieur.
– Bonjour, madame ; un croissant, s'il vous plaît.

p. 36 - Bilan actionnel

1. Voici les résultats du dernier tirage de l'Euro Millions :

5 – 10 – 8 – 41 – 2 – 14. Étoiles : 30 – 9.

UNITÉ 2

LEÇON 5

p. 38 - Dialogue 1

Elle aime..., il aime...

Laura : elle aime les vacances. Elle aime bien danser. Elle adore le sport. Elle n'aime pas beaucoup la plage. – Alex : il aime dormir. Il n'aime pas le sport. Il déteste danser. Il aime la plage.

p. 40 - Exercice 1

Écoutez. C'est un homme ou une femme ?

a. Elle déteste la plage. – b. Il est américain. – c. Elle adore danser. – d. Il déteste le foot. – e. Elle adore la moto. – f. Il est japonais. – g. Elle est étudiante. – h. Il aime beaucoup lire. – i. Elle habite à Bruxelles. – j. Il connaît bien Paris. – k. Elle travaille à Tokyo.

p. 41 - Exercice 3

Écoutez. Qui est-ce ? Irina, Franck ou Noura ?

a. Bonjour, je m'appelle Irina. J'habite à Québec. Je suis canadienne. Je parle français et anglais. J'adore le ski et j'aime le cinéma québécois. – b. Salut, moi, c'est Franck, j'habite à Ostendu, je suis belge. Je parle français et néerlandais. J'aime le sport, j'adore le foot et la moto. – c. Bonjour, je m'appelle Noura, je suis sénégalaise, j'habite à Dakar. Je suis étudiante et je parle wolof, français et anglais. J'adore la musique et j'aime lire.

p. 45 - Exercice 6

Écoutez. L'exposition de Christophe est rue Bonaparte ou rue de Sévigné ? Entourez la bonne réponse.

J'ai quarante-cinq et je suis belge. Je suis peintre. Actuellement, j'expose des tableaux dans une galerie rue Bonaparte, à Paris.

LEÇON 7

p. 48 - Exercice 1

Lisez, écoutez les questions et répondez.

Comment elle s'appelle ? – b. Elle habite où ? – c. Elle est étudiante en quoi ? – d. Elle travaille où ? – Qu'est-ce qu'elle aime ?

p. 55 - Civilisation

Interview de Léo Beaulieu, un Français en Malaisie

Écoutez deux fois. Corrigez les quatre erreurs du texte.

Écoutez encore une fois pour vérifier.

Bonjour, je m'appelle Léo Beaulieu, j'ai 28 ans ; je suis français et j'habite en Malaisie. Aujourd'hui, je suis directeur d'une entreprise d'import-export. J'adore la Malaisie ; tout le monde est sympa ici. Et c'est un bon pays pour le business. Je suis très heureux de vivre ici.

p. 56-57 - Entraînement au DELF

Compréhension orale

1. Écoutez et cochez ce que vous entendez.

1 - Bonjour, j'ai 40 ans. – 2 - Il a quel âge ? 2 ans ? – 3 - Moi, j'ai 18 ans. – 4 - Il a 12 ans et elle 8. – 5 - Il habite 62 rue du Bac.

2. Écoutez. Qui est-ce ? Leslie ? Mady ou Marie ?

Elle ? C'est la nouvelle amie de Patrice. Elle est très sympa. Elle est grande, blonde avec des cheveux longs et des yeux bleus, elle adore le sport : le football, le handball, le tennis..

3. Écoutez, lisez et dites si c'est VRAI ou FAUX.

Edgar est allemand mais il habite en France, à Strasbourg. C'est un photographe célèbre. Il est très très sympa. Il a 46 ans. Il aime la peinture, la musique, le cinéma…. Il est grand et blond, il a une petite barbe et des lunettes.

UNITÉ 3

LEÇON 9

p. 61 - Comprendre

Dialogue 1 : – Il est délicieux ce gâteau ! – C'est pour ton anniversaire ! – Dialogue 2 : – Oh, un ananas ! – C'est combien, madame ? – 1 euro l'ananas, mademoiselle. – Ce n'est pas cher ! – Dialogue 3 : – C'est horrible, qu'est-ce que c'est ? – Un gâteau à la carotte ! – Dialogue 4 : – On achète des cerises ? – 8 euros cinquante le kilo, c'est cher !

LEÇON 11

p. 70 - Exercice 1

Écoutez et indiquez par une lettre le schéma qui correspond.

a. Allez tout droit. – b. Prenez la deuxième rue à droite. – c. Tournez à gauche. – d. C'est tout près. C'est là ! – e. C'est la première rue après la banque.

p. 70 - Exercice 2

Écoutez et complétez.

1. a. Pour aller à l'Odéon, s'il vous plaît ? – b. C'est facile, allez tout droit, puis prenez la deuxième rue à droite. – c. C'est loin ? – d. Non, c'est tout près, 10 minutes à pied. – 2. a. S'il vous plaît, je voudrais aller à Saint-Germain, je suis perdu. – b. À pied, c'est un peu loin. Prenez le bus 92, c'est direct.

p. 78-79 - Entraînement au DELF

Compréhension orale

1. Cochez ce que vous entendez.

1. C'est ton anniversaire, Julie ? – 2. Ça fait huit euros cinquante. – 3. Alors, qu'est-ce qu'on fait demain ? – 4. C'est tout près de chez toi.

2. Écoutez deux fois et répondez.

Bon, alors… vous avez … un ananas : 3 euros, les cerises, c'est 6 euros, une salade à 1 euro… Ah et les bananes aussi : deux kilos : 5 euros. Eh bien, en tout, ça fait…

p. 80 - Bilan actionnel

Exercice 1

– Excusez-moi, je voudrais aller à l'hôtel « Les Acacias ». C'est loin ?

– L'hôtel « Les Acacias » ? Ah oui, je vois, c'est tout près. C'est facile.

– Ah oui ?

– Alors, vous prenez la première rue à gauche. Après la banque, prenez à droite.

– Je prends la première rue à gauche, puis je prends à gauche après la banque.

– Non, *à droite* après la banque. Puis, allez tout droit, à côté du supermarché « Shopy-Shopy », il y a une petite rue à droite. Vous arrivez à l'hôtel « Les Acacias ».

– Ah, merci ! Bonne journée !

Zénith

UNITÉ 4

LEÇON 15

p. 92 - Exercice 1

Écoutez. Vous entendez un présent ou un passé composé ? Cochez.

a. J'ai dîné avec des amis. – b. Je regarde un film. – c. Je bavarde avec des amis. – d. J'ai fait des courses. – e. Je prépare le petit déjeuner. – f. J'ai dansé le rock. – g. J'ai travaillé à la maison. – h. J'habite à Montréal. i. J'appelle ma famille. j. J'ai fait un gâteau. – k. Je mange avec Christine. – l. J'ai passé le week-end) Strasbourg. – m. Je fais le ménage.

p. 92 - Exercice 2

Écoutez et complétez.

Alors, qu'est-ce que j'ai fait dimanche ? Euh... Le matin, j'ai fait un peu de ménage. Je n'aime pas beaucoup ça mais... Après, j'ai fait quelques courses au marché. J'ai préparé le déjeuner. L'après-midi, j'ai regardé un peu la télévision, j'ai travaillé deux ou trois heures. Et le soir, Hector et moi, on a dîné au restaurant. Voilà ma journée !

LEÇON 16

p. 95 - Comprendre

– Tu vois la grande fille blonde ? – Oui. – C'est ma sœur. Elle est musicienne. Elle a donné un concert ce week-end au café « Chez nous ». – Ah oui ! – Son mari, il est debout à gauche de ma mère. – Le brun ? il est beau avec sa barbe ! – Oui et il est très sympa. Il est photographe pour « Ici Paris ». – Tout près de ma mère, il y a ma grand-mère, elle boit du thé. Elle boit toute la journée du thé vert. – Mais où est ton père ? Je ne le vois pas. – Mon père, il est grand maigre, il a des lunettes. Il est avec mon grand-père, devant les desserts. Ah non ! Il danse avec les enfants de ma sœur. – Ils ont quel âge, ses enfants ? – Son fils a 7 ans, il s'appelle Lucas. Sa fille a 4 ans, elle s'appelle Chloé. – Ta famille est sympa. Votre maison est grande, ici c'est beau ! – Ah, regarde ! Voilà la photographe. Je voudrais une photo de nous deux. Excusez-moi madame, est-ce que...

p. 100-101 - Entraînement au DELF

Compréhension orale

1. Écoutez et cochez ce que vous entendez.

1. Attention, attention, le TGV 403 pour Bordeaux départ à 10 h 12, voie 4 – 2. Bon, on se retrouve à quelle heure ? À six heures et demie, ça va ? – 3. Le cours de grammaire, c'est jeudi à 10 h 30, salle C10. – 4. Le rendez-vous, c'est quand ? Demain à midi ? – 5. Allez, dépêche-toi! Le film commence à 20 h 35.

2. Écoutez et cochez l'image correspondante.

1. Bonjour, monsieur. Je voudrais, s'il vous plaît, un grand café et deux croissants. Et toi, qu'est-ce que tu prends ? – 2. Hier à midi, j'ai attendu mon amie Madeleine à la gare du Nord avec un beau bouquet de fleurs.

3. Écoutez la question. Cochez la réponse qui correspond.

Question 1 : On peut se voir quand ? Mardi, ça te va ? C'est possible ? – Question 2 : Dis-moi, qui c'est, là, sur la photo ? C'est ton frère ?

Compréhension orale et interaction écrite

4. Vous êtes le/la secrétaire de Monsieur Dufour. Vous écoutez ce message sur le répondeur. Vous laissez un mot à Monsieur Dufour.

Bonjour. Bernard Dupin, des champagnes Grolier, à Reims. C'est un message pour Jacques Dufour. Voilà. J'ai un problème pour jeudi, je ne peux pas être à notre rendez-vous de 10 h et je n'ai pas son adresse e-mail.
Et-ce qu'il peut me rappeler au 06 24 56 12 12 pour fixer un autre rendez-vous ? Je vous répète mon numéro : 06 24 56 12 12. Je vous remercie.

p. 102 - Bilan actionnel

Quel week-end ! Vendredi, j'ai vu Omar et Lucas, mes copains d'école. Nous avons mangé chez Lucas, il a fait un gigot avec des pommes de terre. On a beaucoup mangé. Samedi matin, j'ai acheté un cadeau pour l'anniversaire de Matthieu. Samedi soir, j'ai rencontré José à l'anniversaire de Matthieu, on a dansé toute la nuit. Ce matin, j'ai vu le nouveau film « Un dîner en famille » au cinéma avec ma mère, ensuite on a pris un café. Ce soir, je vais lire un livre et je vais dormir à 21 h.

UNITÉ 5

LEÇON 17

p. 106 - Exercice 1

Écoutez et cochez quand vous entendez le passé composé.

a. Elle est fatiguée. – b. Il est venu avec moi. – c. Tu as vingt-deux ans ? – Tu as eu trente ans quand ? – e. Nous avons fait des courses. –

f. Vous avez des fruits ? – g. Tu es très jolie. – h. Vous êtes allées à Paris en train ? – i. On a fait nos études à Lyon. – j. On a un examen aujourd'hui.

LEÇON 18

p. 110 - Exercice 1

Écoutez et cochez ce que vous entendez.

a. J'ai vécu à Amsterdam. – b. Je pars au Canada avec elle. – c. Je suis allé au Japon et en Chine. – d. Elle est née à Paris en 1978. – e. Ils sont morts depuis longtemps.

LEÇON 19

p. 115 - Exercice 2

Écoutez la météo en France et répondez aux questions.

Eh bien, aujourd'hui 21 mars, c'est vraiment le printemps dans le Sud de la France mais dans le Nord, c'est encore l'hiver... Alors ! À Paris, il fait un petit 12° et il y a des nuages. À Rennes, il va pleuvoir toute la journée, avec des temperatures entre 9° et 11°. Dans l'Est, à Strasbourg, beaucoup de vent tout l'après-midi. Il fait froid. Dans le Sud, à Nice, un beau soleil et il va faire entre 15° et 18°. À Toulouse, le matin de la pluie et l'après-midi beaucoup de nuages. Températures douces, environ 15°. Et enfin à Lyon, c'est encore l'hiver et il va peut-être neiger dans la soirée.

p. 123-124 - Entraînement au DELF

Compréhension orale

1. Écoutez et cochez ce que vous entendez.

1. J'adore voyager mais c'est fatigant. – 2. J'ai fait toutes mes études au Maroc. – 3. Nous, on adore les vacances en Bretagne. – 4. Attention, il va neiger. Mets ton écharpe. – 5. Les cours commencent le lundi 9 à 9 heures. – 6. Alors, tu as réussi tous tes examens ?

2. Écoutez deux fois et entourez le nom des pays entendus.

Je travaille pour une société d'import-export. On travaille avec beaucoup de pays. D'abord, en Europe : la Pologne, la Bulgarie, la Hongrie... Et puis avec des pays d'Asie : la Corée, le Japon, le Vietnam... Et quelques pays d'Amérique du Sud : l'Argentine, le Brésil...

3. Écoutez le bulletin météo et complétez la carte.

Bonjour ! Nous sommes le mardi 19 janvier et il est sept heures. Voici le journal. L'actualité, c'est bien sûr d'abord la météo. Eh oui, il fait très froid et le froid va continuer. La nuit dernière, il a fait moins 20 à Strasbourg, moins 15 à Lille, moins 12 à Paris.... Et les Niçois se sont réveillés avec 30 centimètres de neige. Oui, de la neige ! Du jamais vu ! Température à Marseille : moins 4, comme à Toulouse et à Bordeaux. A Rennes , il a fait moins froid (0 degré) mais il pleut.

UNITÉ 6

LEÇON 21

p. 128 - Exercice 1

Écoutez et cochez ce que vous entendez.

a. D'accord, mais fais attention, c'est précieux. – b. Comme chaussures, tu mets les noires ? – c. C'était le père de ton grand-père. – d. Il y a une fête au lycée.

p. 129 - Exercice 4

Écoutez. Il y a dix erreurs dans le texte. Corrigez-les.

En 1990, Martin avait vingt ans. Il était étudiant à Montpellier dans le sud de la France. Il voulait devenir vétérinaire. Il adorait les animaux, surtout les animaux sauvages. Il voulait travailler comme vétérinaire dans un zoo. Mais les etudes étaient difficiles et il ne travaillait pas beaucoup. Il n'allait pas très souvent aux cours, il préférait aller à la plage, chez ses copains... Il a arête ses études en troisième année. Et maintenant, qu'est-ce qu'il fait ? Il travaille dans un zoo mais comme gardien.

LEÇON 23

p. 136 - Exercice 1

Écoutez.

Le Petit Chaperon rouge

Il était une fois une jolie petite fille. Elle s'appelait le petit Chaperon rouge parce qu'elle mettait toujours des vêtements rouges. Elle vivait avec ses parents près de la forêt. Sa grand-mère était très vieille et souvent malade. Elle habitait dans une toute petite maison, de l'autre côté de la forêt. Et dans la forêt, il y avait un énorme loup. Il aimait beaucoup les petites filles et il les mangeait avec appétit. Un jour, la mère du Petit Chaperon rouge...

LEÇON 24

p. 140 - Exercice 1

Écoutez et répondez par Vrai ou Faux.

On apprend la mort à Lausanne, en Suisse, d'un

jeune acteur de cinéma très célèbre dans son pays, Brice Wallon. Il est mort hier vers 22 heures, après une dispute avec son voisin, un homme de 75 ans, qui a déclaré à la police : « Comme d'habitude, monsieur Wallon était ivre. Il buvait et, avec l'alcool, il devenait très violent. Hier, il s'est disputé avec nous pour rien du tout. Il disait que je faisais beaucoup de bruit le matin quand je prenais ma douche et que lui, il aimait dormir tard, faire la grasse matinée. Nous nous sommes disputés, ma femme est arrivée, elle a essayé de discuter avec lui mais il l'a frappée. Alors, j'ai voulu la défendre. J'ai bousculé monsieur Wallon et il est tombé. Il est mort comme ça. C'est un accident. Je suis vraiment désolé. »

p. 143 - Civilisation

Interview d'une déconnectée

Je m'appelle Sophie, j'ai 22 ans et j'étudie la danse. Pour moi, j'ai fait mon choix depuis longtemps et c'est clair ; pas de télé, pas d'Internet et pas de téléphone portable !

D'abord, quand j'étais enfant, la télé à la maison, c'était interdit. « Trop de violence. Et ça vous empêche de travailler », disaient mes parents. Donc, pas de télé ! Internet, non merci. On perd trop de temps pour rien. Le téléphone portable ? Ah non, ça jamais ! Je déteste qu'on me dérange pour un oui ou pour un non. C'est comme être esclave ! Et quand je vois tous ces gens accrochés à leur portable, quelle horreur ! Personne ne regarde personne, chacun est dans son petit monde. Et dans les magasins : « Allô, chérie ? Qu'est-ce que je prends Des spaghettis ou des macaronis ? » Ah non, pitié ! Mes copains pensent que je suis folle mais ça m'est égal.

p. 144-145 - Entraînement au DELF

Compréhension orale

1. Écoutez et cochez ce que vous entendez.

1. Florence ? Mais oui, c'est ma copine ! – 2. Tu ne l'aimes pas, ma robe ? – 3. J'aime bien le chapeau noir. – 4. Moi, je vais à la fête. Pas toi ? – 5. Il est tombé amoureux ? – 6. Il va devenir très célèbre.

2. Écoutez et complétez.

a) - Qu'est-ce tu mets pour l'anniversaire de Zoé ? – Je vais mettre une mini-jupe et un top noir. – b) - Je peux regarder les vieux livres ? – Oui mais faites très attention, ils sont précieux ! – c) Quand nous étions enfants, nous mangions du pain et du chocolat à quatre heures. – d) - Avant, où est-ce que tu habitais ? – À la montagne. Je faisais du ski pendant tout l'hiver. – e) Elle a rencontré son mari à un concert. Il était à côté d'elle. Ils ont parlé, parlé, parlé... Et elle est tombée amoureuse.

Compréhension orale et interaction écrite

3. Écoutez ce message téléphonique et répondez par un e-mail.

Allô ? Salut, c'est moi, Marta. Dis-moi, il y a une fête chez nous samedi soir. C'est juste une petite fête pour l'anniversaire de Thomas. Tu dois absolument venir ! Viens avec Christopher, si tu veux. Tu peux m'envoyer un petit mail pour me dire si tu peux ? Bisous, bisous.

p. 146 - Bilan actionnel

Exercice 3

Près de Toulon, dans le Sud de la France

Un homme meurt dans un accident de voiture. Sa femme part à l'hôpital. Elle est très triste. Elle rencontre deux autres femmes, elles aussi très tristes. Elles parlent de leurs vies, où elles vivent, leurs vacances en famille et de leur mari. Elles découvrent qu'elles étaient toutes les trois mariées au même homme.

FABRICE BARTHÉLÉMY
SANDRINE CHEIN
ALICE ETIENBLED
REINE MIMRAN
SYLVIE POISSON-QUINTON

Zénith
Méthode de français

**Livre de l'élève
corrigés et transcriptions**

CLE INTERNATIONAL

www.cle-inter.com

Édition : Anne France Poissonnier
Mise en pages : Domino

© CLE INTERNATIONAL, SEJER, 2013
ISBN : 978-2-09-038611-0

Corrigés

UNITÉ 1

LEÇON 1

p. 15 – Je comprends et je communique

Écouter

a. Faux, à Bruxelles. – **b.** Vrai. – **c.** Faux, dans un château. – **d.** On ne sait pas. – **e.** Vrai. – **f.** Vrai

Comprendre

a. Goran prend le train un week-end sur deux à Londres pour voir sa femme. – **b.** Megan habite dans un château. – **c.** Huan Jue a une bonne oreille et elle a appris à comprendre l'accent canadien.

pp. 16-17 – J'apprends et je m'entraîne

1. Léa, 18 ans, étudiante en anglais à l'université. **Mathias**, frère de Léa, 12 ans

Famille du père de Léa : **Pierre** (le père de Léa), informaticien. Il a un frère Charlie et une sœur Véronique. **Véronique** (la tante de Léa), 36 ans, serveuse. La mère de Léa ne l'aime pas. **Charlie** (l'oncle de Léa), 42 ans, professeur de basket. **Jean-Pierre et Yvonne** (les grands-parents paternels de Léa) sont décédés.

Famille de la mère de Léa : **Fabienne** (la mère de Léa) professeur. Elle est fille unique, elle n'a pas de frères et sœurs. **Émile et Simone** (les grands-parents maternels de Léa).

2. a. ma tante – **b.** ma grand-mère – **c.** mon oncle – **d.** mon oncle – **e.** ma tante – **f.** mon grand-père – **g.** mon oncle.

3. oui : d, e – non : a, b, f – si : c

4. à Paris, avec le train, chaque week-end, vendredi, dimanche soir.

5. Pour arriver à l'heure au restaurant, elle doit prendre le train qui part de Paris à 18h25.

LEÇON 2

p. 19 – Je comprends et je communique

Écouter

radio – Canada – série télévisée – partenaires – star – romantique – printemps

Comprendre

A. les gens célèbres – **b.** Valérie Bonneton – **c.** de théâtre et de télévision – **d.** se reposer – **e.** dans une pièce de théâtre

pp. 20-21 – J'apprends et je m'entraîne

1. Paul : va habiter, va étudier, va chercher/rencontrer. **Hiko :** va aller à l'université, va parler français, va regarder, va écouter. **Jessica :** va se dépêcher tous les matins, prendre son petit-déjeuner, va prendre un café noir avec un croissant, va lire « Le Monde ».

2. a. Je viens juste de la voir. – **b.** Elle vient de les passer. – **c.** Je viens de le voir. – **d.** Elle vient de déménager. – **e.** Ils viennent de se marier.

3. a. Il vient de passer – **i.** va demander. / **b.** Je viens de finir – **j.** je vais rencontrer / **c.** Nous venons de faire – **k.** allons faire / **d.** Je viens de voir – **l.** je vais écrire / **e.** Elle vient de manger – **h.** va manger / **f.** Ils viennent d'avoir – **g.** ils vont étudier.

4. b, e, f, c, d, a

5. a. arrivée – **b.** bu, commencé – **c.** reposée – **d.** dit.

LEÇON 3

p. 23 – Je comprends et je communique

Écouter

Vrai : b. Faux : a, c, d.

Comprendre

1. a. de littérature fantastique – **b.** sorcier – **c.** extraordinaire parce qu'il n'est pas un garçon comme les autres – **d.** dans une ville en Écosse.

pp. 24-25 – J'apprends et je m'entraîne

1. Antoine : Depuis son anniversaire, il a un chien (photo c). **Camille :** Il y a deux ans, elle est allée à Paris. Depuis, elle va tous les ans en France (photo b). **Isabelle :** Depuis qu'elle habite seule, elle fait la cuisine et le ménage (photo d). **Romain :** Il a rencontré Matthieu à une fête. Depuis, il fait du foot avec lui tous les jeudis (photo e). **Jeanne :** Elle est à la retraite depuis 2002 avec son mari. Maintenant, ils se reposent, ils voyagent, ils s'occupent de leurs petits-enfants (photo a).

2. a. chien – **b.** quidditch – **c.** école – **d.** succès – **e.** jouer de la guitare.

3. a. il y a, pendant – **b.** depuis – **c.** Il y a – **d.** depuis, depuis – **e.** Il y a – **f.** depuis.

4. nous avons visité ; Nous avons pris ; nous sommes arrivés ; il faisait ; le ciel était tout bleu et il y avait beaucoup de touristes ; Ils prenaient des photos ; Nous nous sommes assis et nous avons déjeuné ; nous sommes allés ; C'était très intéressant ; Nous sommes montés tout en haut ; La vue était incroyable ; nous avons payé ; ce n'était pas trop cher.

5. a. je vais le voir demain – **b.** nous l'avons fait hier – **c.** je lui ai écrit hier – **d.** je ne veux pas le faire – **e.** je l'ai rencontré il y a deux ans.

LEÇON 4

p. 27 – Je comprends et je communique

Écouter

a. Oui, elle habite Lausanne en Suisse. Lausanne est une ville francophone – **b.** Lausanne se trouve au nord du lac Léman – **c.** Elle écrit à Jacques Vaugier, il est responsable d'un journal. Il recherche des correspondants francophones pour son journal. – **d.** Elle est étudiante en deuxième année de journalisme. – **e.** Oui, elle écrit de courts textes dans le journal de l'université.

Comprendre

a. nord – **b.** l'ouest – **c.** l'est, côté – **d.** sud-est – **e.** sud, bord – **f.** l'est/droite/côté

pp. 28-29 – J'apprends et je m'entraîne

1. a. Ils habitent dans l'Ouest canadien – **b.** C'est au bord du lac Léman – **c.** C'est du côté du lac – **d.** Vous êtes à Genève ou à Lausanne ? – **e.** Et eux, ils sont francophones ?

2. a. nord – **b.** ouest – **c.** l'Allemagne, l'Italie, la France, l'Autriche – **d.** sud, nord – **e.** est

4. a. 5 – **b.** 3 – **c.** 2 – **d.** 1 – **e.** 4

UNITÉ 2

LEÇON 5

p. 37 – Je comprends et je communique

Écouter

a. Faux – **b.** Vrai – **c.** Vrai – **d.** Vrai – **e.** Vrai – **f.** Faux – **g.** On ne sait pas – **h.** Vrai.

Comprendre

a. Offre *Cadeaux*. Offre *Famille* seulement possible si les sœurs ont gardé leur (même) nom de jeune fille (passeport requis) – **b.** Offre *Cadeaux* – **c.** Offre *Temps* et Offre *Famille* – **d.** Offre *Cadeaux* – **e.** Offre *Temps*.

pp. 38-39 – J'apprends et je m'entraîne

1. Morgane n'aime pas aller dans les musées. Elle pense que ce n'est pas intéressant et elle préfère aller faire les magasins. Claude aime aller au musée et trouve que l'Art c'est un art de vivre. Matthieu aime l'art mais préfère la musique.

2. a. Dans le jardin du musée, il y a des statues extraordinaires – **b.** Pendant le tournage du film, j'étais devant le musée pour voir les acteurs – **c.** Nous pensons que la plus belle ville en France est Perpignan.

5. a. j'y vais – **b.** nous y sommes allés – **c.** je vais y aller – **d.** elle y habite – **e.** vas-y ! – **f.** allez-y.

6. d, b, e, a, c.

LEÇON 6

p. 41 – Je comprends et je communique

Écouter

a. chocolat – **b.** dormir – **c.** tomber – **d.** PSG

Comprendre

a. Hugo veut maigrir et changer son régime alimentaire. Il veut être footballeur et jouer dans l'équipe de France – **b.** Elle n'est pas d'accord, elle trouve le sport dangereux. Elle a couru pour aller à la pharmacie et depuis elle a mal quand elle marche. – **c.** Selon Hugo, il faut arrêter de manger du pain, de boire de l'alcool et du soda. – **d.** Non.

pp. 42-43 – J'apprends et je m'entraîne

1. a. Sandra : publicité b, Ophélie : publicité d, Marco : publicité a – **b.** Esthétique, beauté : B, E ; sérieux : A (en vente dans toutes les pharmacies) ; nombre de kilos perdus : A, C ; rapidité : C – **c.** D – **d.** pour insister sur la volonté, sur l'urgenc**e.**

2. a. gros – **b.** petit – **c.** jeune – **d.** facile – **e.** mauvais – **f.** permis

3. a. dans – **b.** pendant – **c.** pendant – **d.** dans – **e.** pendant

4. a. Les hommes français sont romantiques et les femmes sont minces.

LEÇON 7

p. 45 – Je comprends et je communique

Écouter

a. Vrai – **b.** Vrai – **c.** Faux – **d.** Vrai – **e.** Faux

Comprendre

Aurélie est seulement allergique à trois choses : les surgelés, le fromage et les kiwis. Elle ne peut donc pas manger la pizza surgelée, les kiwis et le poisson pané.

pp. 46-47 – J'apprends et je m'entraîne

1. a. vrai – **b.** vrai – **c.** faux – **d.** on ne sait pas – **e.** on ne sait pas – **f.** faux. Recette de la mousse au chocolat : 3 œufs, 100 g de chocolat, 20 g de beurre.

4. a. Non, elles n'en ont pas achetés. – b. Oui, je voudrais en commander trois ou quatre. – c. Oui, elle en a invités beaucoup.

5. a. Tu veux du chocolat ? – b. Tu prends un café ? – c. Vous voulez du foie gras ? – d. Tu connais Éric ? – e. Est-ce que tu m'aimes encore ?

6. Buvez de l'alcool à chaque repas. Mangez des surgelés. Prenez vos repas devant la télévision, avec votre téléphone à côté de vous.

LEÇON 8

p. 48 – Je comprends et je communique

Écouter

a. On ne sait pas – b. Faux – c. Vrai – d. Faux – e. Faux

Comprendre

a. Une publicité de prévention routière – b. triangle de signalisation, gilet de signalisation, voiture, route – c. La couleur de mon gilet de sécurité est jaune, ce n'est pas beau, et je ne sais pas quoi porter avec.

pp. 50-51 – J'apprends et je m'entraîne

1. a. 453 000 – b. 1 350 000 000 – c. 283 272 – d. 5 000 – e. 23 000 000

2. a. b – b. c – c. a

3. a. Ne doublez pas – b. Ne tournez pas à gauche – c. Ne roulez pas en deux roues (vélos, motos) – d. Tournez à droite – e. Mettez vos chaînes – f. Laissez la priorité aux piétons

4. **ordre** : h – **obligation** : a, c, d, e – **interdiction** : b, f, g

5. a. venez, dépêchez-vous – b. Partez, visitez – c. Faites, achetez – d. mangez.

UNITÉ 3

LEÇON 9

p. 59 – Je comprends et je communique

Écouter

1. Quartier animé, 5e étage. 41 m². Le prix n'est pas mentionné. – 2. Charmant deux pièces, salle d'eau. Le prix n'est pas mentionné. – 3. Deux pièces 84 m², 1 200 €, dans un beau quartier – 4. Studio au 3e étage, salle d'eau. On ne sait pas s'il y a un balcon ou non.

pp. 60-61 – J'apprends et je m'entraîne

1. b. C'est l'appartement C (grande cuisine / quartier de la Basilique...)

3. *Horizontalement, de haut en bas* : étage, pièce, appartement, salle de bains, cuisine. *Verticalement, de gauche à droite* : ascenseur, rez-de-chaussée, balcon, jardin, studio.

4. a. Elle a l'air – b. Tu as l'air – c. Ça a l'air – d. Il a eu l'air.

LEÇON 10

p. 63 – Je comprends et je communique

Écouter

a. Non, Samira n'a pas vraiment besoin d'acheter de nouveaux vêtements mais elle dit qu'elle a besoin de mille choses – b. Parce qu'il y aura beaucoup de monde – c. Au drapeau français – d. 170 euros – e. 290 euros – f. Probablement non.

pp. 64 – 65 – J'apprends et je m'entraîne

1. Bienvenue, accueillir, trois étages, bijoux, –25 %, premier, –30 %, tailles, matériel électronique, –15 %, –25 %, dernier étage, –40 %, –40 %, baskets, pointure, bijoux.

2. a. qui – b. que – c. qui – d. qu'il avait – e. que – f. qui, que.

3. g, f, l, h, k, b, e, i, m, j, c, d, a.

LEÇON 11

p. 67 – Je comprends et je communique

Écouter

a. Faux – b. On ne sait pas – c. Faux – d. Vrai – e. Vrai

Comprendre

a. Karine peut participer aux cours de gymnastique à 11 h, au tournoi de ping-pong à 14 h et faire du tir à l'arc à 16 h b. Non, ce n'est pas possible. c. Il faut faire une pré-inscription car le nombre de place est limité. d. Oui, c'est possible.

pp. 68-69 – J'apprends et je m'entraîne

1. retournerons – chaud – monde – pêcher – irons – ferons – croisière – places.

4. parce que – Parce qu'il – puisqu'il – Parce que.

5. *Par exemple* : a. Vous avez faim ? – b. Tu as envie d'aller au cinéma ? – c. Ce livre, ça lui plairait, tu crois ? – d. Tu as soif ? – e. Qu'est-ce que ça veut dire « minuscule » ? – f. Tu as besoin d'argent ?

LEÇON 12

p. 71 - Je comprends et je communique

Écouter

a. un père et son fils – **b.** un petit appartement – **c.** être en couple avec quelqu'un – **d.** mettre un annonce – **e.** Annonce D.

Comprendre

Culture, annonce c – **Loisirs**, annonce c (pour les collectionneurs) – **Rencontre**, annonce d – **Emploi**, annonce e – **Logement**, annonces a, b, e.

pp. 72-73 - J'apprends et je m'entraîne

1. Annonce A : camille-bertrand@gmail.com, 06 86 72 91 17, robe rouge, taille 40; Annonce C : lesbonnes_affaires@sept.com, Tél. : 0800 661 82 93 (0,32 centimes d'euros la minute), tapez 1 pour vendre, tapez 2 pour acheter. Objet : un vélo, une étagère, etc.

2. a, 5 – b, 6 – c, 1 – d, 3 – e, 4 – f, 2

3. Par exemple : **a.** attends-moi ! – **b.** on ira à la plage – **c.** je suis libre – **d.** appelez-moi demain matin – **e.** ce sera trop tard ! – **f.** achète-les !

4. a. Non je ne connais personne – **b.** je n'habite pas ici – **c.** nous ne partons pas – **d.** je ne veux rien – **e.** Je n'y vais jamais – **f.** il ne pleut jamais.

5. sérieux, sérieuse – fou, folle - triste/gai(e) – timide / original(e) – indépendant(e), dépendant(e) – stressé(e), tranquille – grand(e), minuscule – en couple, divorcé(e) – possible, obligatoire – clair(e), sombre – animé(e), calme.

UNITÉ 4

LEÇON 13

p. 81 - Je comprends et je communique

Écouter

a. *Jessica* a quitté Yann parce qu'il allait trop vite dans la relation. *Zoé* a quitté Yann parce qu'il était trop gentil. *Laurie* a quitté Yann parce qu'elle pense qu'il est un « fils à maman ». *Jade* a quitté Yann parce que ce n'était pas le bon moment. – **b.** L'expression « fils à maman » désigne un homme très proche de sa mère. - **c.** Yann a confiance en Morgan car « elle sera fidèle, pas comme les autres ». – **d.** Il va vivre dans le village où vit Morgan, et quitter son travail actuel. – **e.** Cette expression signifie que l'on a trouvé une personne qui n'est pas comme les autres, qui est unique et exceptionnelle.

Comprendre

a. C'est une publicité pour suivre une formation sur des techniques et astuces de séduction – **b.** Elle s'adresse aux hommes timides, qui ont peur des femmes. La formation coûte 980 euros par personne avec un maximum de 3 personnes par groupe – **c.** Une première journée « théorique » et une deuxième journée « pratique ».

pp. 82-83 - J'apprends et je m'entraîne

1. a. 60 % – **b.** 65 % – **c.** 63 % des Parisiens préfèrent rester en ville – **d.** la Provence et le Limousin – **e.** la campagne.

3. a. Oui, c'est moi qui ai fait ça. – **b.** Si, c'est toi qui as dit ça. – **c.** Oui, c'est lui qui est venu. **d.** Oui, c'est moi qui ai oublié d'envoyer cette lettre. – **e.** Oui, c'est nous qui avons acheté ces deux bouteilles de champagne et ce gâteau.

LEÇON 14

p. 84 - Je comprends et je communique

Écouter

A. Saint Sever est à 150 km de Bordeaux. Sortir de Bordeaux par l'autoroute A63. Prendre la sortie Marsans. Ensuite, traverser la place de la gare, puis prendre la première rue à gauche dans la rue de l'Ambassadeur. – **b.** C'est une maison blanche, avec un toit rouge, des volets verts et un petit jardin et une piscine devant. – **c.** Du foie gras – **d.** La carte routière – **e.** Diego a peur de ne pas y arriver avant minuit. Amandine a peur de se perdre en voiture la nuit – **f.** Elle n'est pas contente parce que Cédric savait comment y aller mais ne leur a rien dit.

Comprendre

Itinéraire 1 : photo week-end en couple – **itinéraire 2 :** photo week-end solo

pp. 86-87 - J'apprends et je m'entraîne

1. Pour Noah, c'est un week-end « pas de stress ». Pour Inès, c'est l'ennui. Pour Raphaël, c'est « du sport » c'est-à-dire un emploi du temps très chargé.

2. a, 4 – b, 6 – c, 5 – d, 1 – e, 2 – f, 3.

4. a. Le Pont des Arts, Paris – **b.** La gare de Calais-Fréthun, Calais – **c.** La Cathédrale Saint-Jean, Lyon – **d.** Le restaurant de la Mère Poulard, le Mont-Saint-Michel – **e.** La promenade des Anglais, Nice.

Zénith

LEÇON 15

p. 89 – Je comprends et je communique

Écouter

Vrai : a, b, e – **Faux :** c (dans la rue), f (en emportant des objets), d (on ne sait pas comment elle s'appelle)

Comprendre

a. Thin Quynh est Volontaire International, développe la formation en ligne des professeurs. Myriam est bénévole et aide les personnes âgées. Chadi est bénévole et vient aider au Secours Populaire à trier et donner les donations.

b. Thin Quynh est au Gabon en Afrique depuis 3 mois. Myriam travaille avec les Petits Frères des Pauvres depuis un an et demi. Chadi vient tous les week-ends depuis 3 ans.

c. Thin Quynh est très contente de cette expérience de travail. Myriam est très contente de voir Marcel chaque semaine, c'est comme un grand-père pour elle. Chadi a toujours aimé aider les gens et faire quelque chose d'utile.

pp. 90-91 – J'apprends et je m'entraîne

1. a. aller – **b.** écouter – **c.** voir – **d.** nager – **e.** discuter

2. a. Ils ont dit qu'ils vivaient à Paris et que leur parents étaient acteurs. – **b.** Elle a dit qu'elle avait 24 ans et qu'elle voulait finir ses études cette année. – **c.** Il a expliqué qu'il ne pouvait pas venir à la réunion parce qu'il avait un autre rendez-vous. – **d.** Attention ! Il explique qu'il connaît très bien Londres, qu'il y va chaque semaine – **e.** Elle a expliqué qu'elle faisait des études d'histoire, qu'elle adorait ça et qu'elle voulait devenir professeur. – **f.** Elle nous a raconté qu'elle faisait de la danse, que son copain était comédien et qu'ils vivaient à Rome.

3. a. Mangez tous les légumes ! – **b.** Allez marcher au parc tous les jours – **c.** Déjeunez avec les autres personnes de l'hôpital. – **d.** Arrêtez de regarder la télévision à une heure du matin !

LEÇON 16

p. 93 – Je comprends et je communique

Écouter

A. Faux – **b.** On ne sait pas – **c.** Faux – **d.** Vrai – **e.** Vrai – **f.** On ne sait pas

Comprendre

a. plusieurs personnes qui vivent dans une même maison – **b.** des appartements souvent plus petits – **c.** soins médicaux

pp. 94-95 – J'apprends et je m'entraîne

1. surprise : b, f – moqueuse : c – furieuse : a, d, e.

2. Le policier interroge le monsieur a. Non, je n'habite pas dans le quartier – **b.** Je n'ai jamais rencontré Madame Foenkinos – **c.** Non je n'ai vu personne près du chien. – **d.** Je n'ai rien fait – **e.** Je ne parlerai plus aux vieilles femmes avec des parapluies.

Le policier interroge Madame Foenkinos
a. Est-ce que vous avez pris une boisson au Café des sports ? – **b.** Est-ce que vous laisseriez votre chien à la SPA ? – **c.** Est-ce que vous avez frappé cet homme avec votre parapluie ? – **d.** Est-ce que vous laisserez votre chien seul dans un endroit public ?

3. a. En allant à l'université, j'ai rencontré Alex. – **b.** En partant, n'oublie pas... – **c.** En allant au supermarché, il a perdu... – **d.** En se réveillant, Hélène a vu... – **e.** Elle a emporté pas mal de choses en partant. – **f.** En voyant ça, Hélène...

UNITÉ 5

LEÇON 17

p. 103 – Je comprends et je communique

Écoutez

a. De plus en plus de gens choisissent de partager un logement. – **b.** Le coloc' parfait n'existe pas. – **c.** J'écoute de la musique un peu fort. – **d.** Ils n'ont pas dû comprendre qu'ils ne sont pas seuls. – **e.** On entend tout et on n'en peut plus.

Comprendre

a. Il leur reproche d'exagérer, de faire du bruit (chien qui aboie, enfants qui crient, pleurent, hurlent), de se moquer des autres et de devoir supporter leurs disputes, mais aussi de ne pas faire d'efforts. – **b.** Paul ne range rien dans la cuisine, mais surtout il fume. – **c.** Émilie mange tard le soir, elle range et écoute de la musique.

pp. 104-105 – J'apprends et je m'entraîne

1. a. Dis-moi ce que tes voisins font. – **b.** Explique-moi ce qu'ils font. – **c.** Je voudrais bien savoir ce que tu leur reproches. – **d.** Tu sais ce qui leur arrive ? – **e.** Dis-moi ce que tu vas faire. – **f.** J'aimerais savoir ce que tu leur as dit.

2. a. b.

3. Nous nous occupons de lui. Il parle beaucoup de lui. C'est très bien pour ma voisine qui a souvent besoin de moi. Nous nous plaignons souvent d'eux. Je me moque de lui.

4. a, 5 – b, 1 – c, 4 – d, 2 – e, 3.

LEÇON 18.

p. 107 – Je comprends et je communique

Écouter

a. vrai – **b.** faux – **c.** faux – **d.** faux.

Comprendre

a. Un pacs, c'est un contrat qui permet, depuis 1999, à deux personnes, qu'ils soient ou non de même sexe, de faire reconnaître leur couple sans se marier. – **b.** C'est plus simple que le mariage officiel. / Ça fait moins peur qu'un mariage officiel. / Cela permet à des couples de payer moins d'impôts. – **c.** C'est un lien plus symbolique, avec l'église, la cérémonie.

pp. 108-109 – J'apprends et je m'entraîne

1. a. Vis-tu chez tes parents. – **b.** Vous viendrez à notre petite fête ? – **c.** Comprendra-t-elle un jour, dis ? – **d.** Tu veux m'épouser oui ou non ? – **e.** Voulez-vous des fleurs rouges ou blanches ?

3. Il y en a de moins en moins. / Il (ça) diminue. – Il y en a de plus en plus. / Il a beaucoup augmenté. – Deux fois plus de gens se pacsent. / Ça a doublé. – C'est de pire en pire. / Ça va de moins en moins bien. – Il y en a autant qu'avant. / Ça n'a pas changé !

4. a. Non, nous n'envisageons pas de divorcer. – **b.** Non, je n'ai rencontré personne dans le métro. – **c.** À Paris, non, je ne connais personne. – **d.** Non merci, je n'en veux plus. – **e.** Non, ils ne se marient pas à Londres. – **f.** Non, nous ne sommes pas pacsés.

5. a. faux – **b.** faux – **c.** vrai – **d.** faux – **e.** vrai.

LEÇON 19

p. 111 – Je comprends et je communique

Écoutez

a. Il fait sa crise d'adolescence. C'est l'horreur. – **b.** Il a un comportement vraiment insolent. – **c.** Je n'en peux plus. – **d.** On est tous passés par là. – **e.** J'étais quand même plus facile avec mes parents.

Comprendre

a. Il a un comportement insolent, passe trop d'heures sur Internet, écoute la musique trop fort et trop tard, il critique tout ce que son père dit. – **b.** ne pas exploser, garder son calme et ne pas trop s'inquiéter. – **c.** que ses notes baissent à l'école.

pp. 112-113 – J'apprends et je m'entraîne

1. a. C'est la même chose avec Étienne ! – **b.** C'est toujours sa mauvaise humeur ! – **c.** Elle critique tout ce que je fais ! – **d.** Ils sont tous comme ça, tu sais ! – **e.** Je me rappelle, c'était pareil !

2. obligation : a, d, e. – supposition : b, c

3. a. Il ne veut qu'une seule chose : se faire tatouer. – **b.** Ils n'ont que des problèmes pour se parler. – **c.** Tu n'as fait que le devoir de français ? – **d.** On ne cherche qu'à éviter les conflits.

LEÇON 20

p. 115 – Je comprends et je communique

Écoutez

a. vrai – **b.** faux – **c.** faux – **d.** faux – **e.** faux.

Comprendre

a. positif – **b.** positif – **c.** négatif – **d.** négatif – **e.** positif

pp. 116-117 – J'apprends et je m'entraîne

1. temps : c, d – moyen : a, b, e

3. On (ma famille et moi) est arrivés au Val-Fourré, en 62. On (nous) venait d'Algérie. On (les promoteurs) rase les tours. Si on (quelqu'un, la mairie, etc.) me proposait un appartement. On (mes parents et moi) était immigrés. On (les habitants des quartiers) se sent bien, on (les gens) y trouve de tout... Mais en discutant, on (les habitants des tours) se comprend

UNITÉ 6

LEÇON 21

p. 125 – Je comprends et je communique

Écoutez

a. J'aimerais qu'il soit drôle. – **b.** J'aime les hommes drôles. – **c.** Je suis amoureuse comme aux premiers jours. – **d.** Je ne veux pas vous raconter d'histoire.

Comprendre

Il faut qu'il soit drôle, qu'il fasse rire, qu'il soit milliardaire, qu'il soit musclé et intelligent.

pp. 126-127 – J'apprends et je m'entraîne

1. a. d'épouser – **b.** leurs enfants soient heureux. – **c.** vous soyez à l'heure – **d.** Il voudrait avoir. un appartement – **e.** ses colocataires soient gentils – **f.** Il faut que nous ayons

Zénith   neuf • 9

3. Obligation : b, e – le souhait, le désir : a, c – un rêve, une utopie : d.

4. la politique / la solidarité / les guerres / l'école

6. a. Il faut qu'ils soient romantiques. – **b.** Il faut qu'elle ait de la conversation. – **c.** Il faut qu'il soit drôle et agréable à vivre. – **d.** Il faut que nous ayons une maison au bord de ma mer. – **e.** Il faut que vous soyez à l'université à la rentrée. – **f.** Il faut que j'ai une bonne situation professionnelle.

LEÇON 22

p. 129 – Je comprends et je communique

Écoutez

a. Paul doit terminer ses études. – **b.** Léonie se moque de Paul. – **c.** Léonie va aller à la piscine. – **d.** Léonie n'apprécie pas la remarque de Paul.

Comprendre

a. Si toi aussi (tu commences à me faire des reproches)... – **b.** Il faudrait que tu te adoptes leur point de vue...

pp. 130-131 J'apprends et je m'entraîne

1. a. Je veux arrêter la fac. – **b.** Il veut que nous prenions de bonnes résolutions. – **c.** Il voudrait qu'elle aille à la piscine. – **d.** Il faut bien que tu passes ton bac d'abord.

2. a. ∅ – **b.** de / de / par – **c.** de / ∅ – **d.** par

LEÇON 23

p. 133 – Je comprends et je communique

Écoutez

a. Ça ne te fais pas peur la fin du monde ? – **b.** Il y a plein d'autres raisons d'avoir peur. – **c.** Je suis mort de peur. – **d.** La vie est déjà assez compliquée.

pp. 134-135 – J'apprends et je m'entraîne

1. Maylis : les araignées, les insectes, les tremblements de terre – Yoan : les ascenceurs, l'avion.

2. S / I / S / S-I / S-I / S-I / S / S

3. a. Si il y avait la guerre, nous ferions des réserves de nourriture. – **b.** Si le soleil ne brillait plus, nous irions sur une autre planète. – **c.** Si le niveau des mers montait, j'irais habiter à la montagne. – **d.** Si c'était la fin des ordinateurs, je lirais plus de livres. – **e.** Si la télévision ne marchait plus, nous inviterions plus souvent nos amis.

LEÇON 24

p. 137 – Je comprends et je communique

Écoutez

a. Je n'ai jamais de chance au jeu. – **b.** Ton travail est apprécié par tes supérieurs. – **c.** Je vais l'inviter dans un bon restaurant. – **d.** Je viens de perdre mon boulot.

Comprendre

a. Vrai – **b.** Vrai – **c.** Faux – **d.** Faux – **e.** Vrai – **f.** Faux

pp. 138-139 – J'apprends et je m'entraîne

2. D : cancer / A : balance / C : poisson / B : bélier

4. a. De la neige est annoncée demain par la météo. – **b.** Le tirage du Loto a été regardé par 5 millions de spectateurs. – **c.** Les journalistes seront reçus par le président. – **d.** Une nouvelle hausse du gaz a été décidée par EDF. – **e.** L'équipe de France sera entraînée par Zidane.

Transcriptions

UNITÉ 1

LEÇON 1

p. 16 - exercice 1

Léa présente sa famille.

Écoutez le dialogue et complétez l'arbre généalogique de Léa.

Homme/Femme : Et ta famille Léa, elle est comment ?

Léa : Elle est sympa. Mes parents s'appellent Pierre et Fabienne. Mon père est informaticien et ma mère est professeur. J'ai un petit frère de 12 ans, Mathias. Moi, j'ai 18 ans.

H/F : Et ton père, il n'a pas de frères et sœurs ?

L : Si, il a une sœur, ma tante Véronique. Elle est extraordinaire, ma mère ne l'aime pas beaucoup parce qu'elle change de travail souvent et elle habite dans un pays différent à chaque fois. Elle a 36 ans et elle a déjà travaillé en Allemagne, en Chine, en Turquie. Maintenant elle est serveuse à Stockholm en Suède.

H/F : Et le frère de ton père, il est comment ?

L : Mon oncle Charlie ? Il a 42 ans, il est célibataire. Il est super sympa, chaque fois qu'il vient à la maison, il m'aide pour mes cours d'anglais à l'université. Il a travaillé 4 ans aux États-Unis, il est professeur de basketball.

H/F : Et ta mère, elle a des frères et sœurs ?

L : Non, elle est fille unique, elle n'a pas de frères et sœurs. Comme ça, c'est facile, c'est elle la préférée... même si je crois que mes grands-parents m'aiment aussi beaucoup.

H/F : Oh, tu as de la chance d'avoir tes grands-parents.

L : Oui, ils s'appellent Émile et Simone. Mamie aime sortir avec moi, faire les courses, aller au parc. Papi lui préfère rester lire tranquillement son journal.

H/F : Et du côté de ton père, tu as encore tes grands-parents ?

L : Non. Ils s'appelaient Jean-Pierre et Yvonne. Quand j'étais petite, on allait les voir dans le sud de la France.

LEÇON 2

p. 20 - exercice 1

Que vont-ils faire ?

Trois étudiants Paul, Hiko, Jessica parlent de leur vie à l'université. Écoutez et complétez. Utilisez *aller* au présent + infinitif.

Paul : J'habite à Rennes près de l'université. J'étudie l'histoire de l'art. Je cherche des amis anglais ou américains pour parler anglais.

Hiko : Je vais à l'université en vélo. Je parle français tous les jours avec des amis. Je regarde la télévision française et j'écoute la radio.

Jessica : Je me dépêche tous les matins pour aller à l'université. Je prends mon petit-déjeuner dans un café. Je prends un café noir avec un croissant et je lis « Le Monde ».

LEÇON 3

p 24 - exercice 1

Qu'est-ce qui a changé ?

Écoutez et écrivez ce qui a changé dans la vie d'Antoine, Camille, Isabelle, Romain et Jeanne. Puis associez une image avec un personnage.

Antoine : Depuis mon anniversaire, je suis très occupé parce que j'ai eu un chien comme cadeau.

Camille : Il y a deux ans, je suis allée à Rome avec mon copain, j'ai adoré. Depuis, je vais tous les ans en vacances en Italie.

Isabelle : Depuis le mois de septembre, je suis étudiante à l'université. J'habite toute seule, je fais la cuisine et le ménage.

Romain : Il y a quelques mois, j'ai fait la connaissance de Matthieu à une fête, depuis, on se voit tous les jeudis soirs pour jouer au football.

Jeanne : Depuis janvier 2002, on ne travaille plus avec mon mari. On se repose, on voyage, on s'occupe de nos petits enfants.

LEÇON 4

p. 28 - exercice 1

Écoutez et cochez ce que vous entendez.

a. Ils habitent dans l'ouest canadien.

b. C'est au bord du lac Léman.

c. C'est à côté du lac.

d. Vous êtes à Genève ou à Lausanne ?

e. Et eux, ils sont francophones ?

UNITÉ 2

LEÇON 5

p. 38 - Exercice 1

Écoutez Morgane, Claude et Matthieu.

Aiment-ils aller dans les musées ? Que pensent-ils de l'art ?

Puis, en petits groupes, répondez à une des trois questions suivantes et discutez ensemble.

Morgane : Je n'aime pas aller dans les musées. On passe beaucoup de temps à marcher, à regarder des peintures très vieilles. Je pense que ce n'est pas intéressant, je préfère aller faire les magasins.

Claude : Je vais au musée depuis que je suis enfant. J'achète aussi des peintures. Les artistes sont des gens incroyables, ils vivent dans un monde différent. Je trouve que l'Art c'est un art de vivre.

Matthieu : Oui j'aime l'art. C'est sympa. Avec mes amis, on préfère la musique, on peut danser, on peut être ensemble et s'amuser. Je ne sais pas si avec l'Art, c'est la même chose.

LEÇON 6

p. 42 - exercice 1

J'ai perdu 14 kg !

Lisez ces publicités et écoutez Sandra, Ophélie et Marco qui parlent de leurs régimes.

Sandra : Pendant 1 mois, 4 semaines et 31 jours. Je n'ai mangé que des fruits, seulement des fruits, matin, midi et soir. C'est un régime qui n'est pas cher. Je n'achetais que des fruits, des bananes, des oranges, des kiwis... Je n'ai pas beaucoup vu mes amis pendant cette période. J'ai mangé comme les stars, les stars aussi n'ont pas beaucoup d'amis...

Ophélie : J'ai perdu 14 kg avec ce régime ! C'est incroyable ! J'ai mangé de tout mais au « bon moment ». Je mangeais en fonction de mon horloge biologique. C'est un régime 100 % naturel. Je n'ai pas acheté de médicaments et je n'ai pas changé mon alimentation.

Marco : Faire un régime ? Oh là là, c'est trop difficile, je ne sais pas ce qu'il faut manger et ce qu'il ne faut pas manger. Pour maigrir, j'ai pris des médicaments. Comme ça, c'est facile, avant chaque repas, je prends mon médicament et je mange moins. En plus, je l'ai acheté en pharmacie.

LEÇON 7

p. 46 - exercice 1

Maman vient dîner.

Guillaume, Lucas et Emma sont frères et sœur et partagent un appartement. Ce soir, leur mère vient dîner chez eux. Écoutez le dialogue et répondez aux questions par *Vrai, Faux* ou *On ne sait pas*.

– Allô Lucas, c'est Guillaume. Tu es à l'appartement ?

– Oui, qu'est-ce que tu veux ?

– Je vais faire une mousse au chocolat ce soir, est-ce que l'on a des œufs ?

– J'en ai acheté dimanche dernier mais je crois qu'il n'y en a presque plus. Prends-en une boîte de six.

– Et de la crème ?

– De la crème ! Mais tu es fou ! Jamais de crème dans un régime. Voyons, tu sais qu'on est tous au régime ici. Non, il y a du beurre, si tu veux et ne mets pas de sucre dans ta mousse.

– Est-ce que l'on a encore du chocolat noir ? Il m'en faut 100 grammes.

– Non, Emma a tout mangé, elle a eu des examens la semaine dernière. Achètes-en !

– D'accord mais fais le ménage. Maman vient nous voir ce soir.

– Pas de problème ! Pour dîner, on peut manger des surgelés ?

LEÇON 8

p. 50 - exercice 1

Mille, millier, million ou milliard ?

Écoutez et complétez avec le nombre qui convient.

a) L'usine ne ferme pas, nous gardons les 453 000 emplois en France.

b) En Chine, il y a 1 350 000 000 habitants.

c) Ma maison, je l'ai achetée exactement 283 272 euros.

d) Au concert de Johnny Hallyday, il y avait plus de 5 000 spectateurs.

e) La banque a fait 23 000 000 d'euros de profits.

p. 50 - exercice 2

En bateau, en voiture ou à moto ?

Écoutez les témoignages et notez à quelle situation correspond chaque photo.

Situation 1 : Excusez-nous. On vous a vu prendre cette rue interdite aux deux-roues. Est-ce que vous avez vu le panneau au début de la rue ? Est-ce que vous pourriez enlever votre casque s'il vous plaît ?

Situation 2 : Je suis allée à Marseille hier, elle faisait beaucoup de bruit sur la route, ce n'est pas normal. En plus, j'ai cherché le gilet de sécurité et le triangle de signalisation, tu n'en avais pas.

Situation 3 : Le premier jour, j'étais malade. Le deuxième jour, j'ai vu des poissons magnifiques, nous nous sommes arrêtés sur une plage, nous étions seuls. C'était incroyable.

Zénith   treize • 13

UNITÉ 3

LEÇON 9

p. 60 - exercice 1

Écoutez. On parle de quel appartement ? A, B ou C ?

– Alors, ça y est ? Tu as trouvé.

– Oui, enfin !

– C'est comment ? C'est bien ?

– Oui, ça va, c'est un trois pièces, ce n'est pas très grand mais la cuisine est super, très grande et claire ; c'est au troisième.

– Oui, une grande cuisine, c'est important. Et c'est dans quel quartier, exactement ?

– Oh, ça va, c'est bien. Pas très loin de la Basilique.

– Oui, c'est un bon quartier. C'est cher ?

– Assez. À peu près 1 700 euros par mois...

LEÇON 10

p. 64 - exercice 1

Bienvenus dans notre magasin !
Écoutez et complétez le texte.

Bienvenue au magasin Galerie Bonpoint. Nous sommes très contents de vous *accueillir* aujourd'hui sur les *trois étages* de notre magasin. Au rez-de-chaussée, les bijoux Pablo offre – 25 % de remise sur les montres, au premier étage, celui de la mode, – *30 %* sur les pulls Froid des Vosges pour terminer l'hiver. Attention, je ne sais pas si à la fin de la journée, il y aura encore des *tailles* disponibles... Au deuxième étage, celui du *matériel électronique*, il y a – *15 %* sur toutes les *télévisions*, – *25 %* sur les radios et au *dernier* étage celui du *sport*, – *40 %*. Oui, vous avez bien entendu, – *40 %* sur toutes les *baskets* Energie, dépêchez-vous et demandez votre *pointure* ! Zoé, ma collègue, me dit que les *bijoux* Pablo se trouvent au dernier étage et non au rez-de-chaussée. Merci Zoé pour cette information.

LEÇON 11

p. 68 - exercice 1

Écoutez et complétez le texte.

Cette année, nous ne retournerons pas à Cannes. La Côte d'Azur, c'est très beau, il fait chaud, il y a du soleil... mais il y a beaucoup trop de monde, surtout l'été.

Philippe préfère partir en Irlande pour pêcher le saumon. Donc, nous irons là-bas deux semaines en juin. Et plus tard, au mois d'août, nous ferons une petite croisière en Finlande. J'ai déjà réservé nos places sur Internet.

LEÇON 12

p. 72 - exercice 1

Écoutez les annonces. Notez les adresses e-mail et les numéros de téléphone des annonces A et C. En quoi l'annonce C est-elle différente des deux autres ?

Annonce A : Je vends une petite robe rouge, très chic, taille 40. Si vous êtes intéressé, appelez au 06 86 72 91 17 ou écrivez-moi un e-mail à l'adresse suivante : camille-bertrand@gmail.com

Annonce B : Je vends ma moto Yamaha BE7 à 800 euros. Appelez au 04 32 49 51 29 extension 35 ou écrivez un e-mail à jeremy.teissier@magazineplus.fr

Annonce C : Vous voulez vendre un vélo... vous voulez acheter une étagère, appelez le 0800 661 82 93 (0,32 centimes d'euros la minute). Bienvenue sur le site des Bonnes Affaires, tapez 1 pour vendre, tapez 2 pour acheter. Vous pouvez aussi nous envoyer un e-mail à lesbonnes_affaires@sept.com

UNITÉ 4

LEÇON 13

p. 82 - exercice 1

Vivre en ville ou à la campagne

60 % des Français vivent dans les villes mais presque 65 % d'entre eux préféreraient habiter à la campagne. Exception faite pour les habitants de Paris, 63 % des Parisiens préfèrent rester en ville. Les hommes sont plus nombreux que les femmes à vouloir quitter la ville. Ceux qui se décident vont en Provence ou dans le Limousin. La campagne reste le symbole de la qualité de vie sans stress et sans pollution.

LEÇON 14

p. 86 - exercice 1

Pour moi, le week-end c'est...
Écoutez les témoignages de Noah, Inès et Raphaël. Résumez en une phrase ce que chacun pense de ses week-ends.

Noah. Le week-end pour moi, c'est « pas de stress ». Du lundi au vendredi, j'ai de longues journées de travail alors les week-ends, je sors, je voyage. Le week-end dernier, j'étais à Barcelone avec des copains, c'était super, on est allés danser tous les soirs, on a rencontré des gens sympas. Le lundi au travail, j'étais fatigué.

Inès. Le dimanche, je m'ennuie. J'ai l'habitude de déjeuner chez mes parents avec mon frère et ses enfants. On mange à chaque fois le même poulet à la moutarde de ma mère, les mêmes gâteaux achetés dans la même boulangerie. Puis après le déjeuner, on regarde l'émission « Vivement dimanche ! » à la télévision dans le salon.

Raphaël. Le week-end, c'est du sport. Nous avons quatre enfants. Les samedis, je me lève à 5 heures pour aller courir puis avec ma femme, on s'occupe des enfants. Entre les cours de karaté, de musique, les fêtes d'anniversaire des copains de l'école, les courses à faire pour la semaine... on a un emploi du temps assez lourd.

LEÇON 15

p. 88

Tu es trop gentille

– Salut, Juliette. Ça va ? Qu'est-ce que tu as fait ce week-end ?

– Il m'est arrivé une drôle d'histoire. Samedi soir, je suis sortie en boîte et en rentrant chez moi, j'ai vu une fille dans la rue. Elle était assise par terre. Elle pleurait. Elle m'a expliqué qu'elle venait de Lyon. Elle m'a dit qu'elle n'avait pas d'argent, pas d'amis, qu'elle ne connaissait personne ici, à Marseille. Elle ne savait pas quoi faire, elle ne savait pas où dormir. Il pleuvait. Alors, moi, bien sûr, je lui ai proposé de venir à la maison...

– C'était gentil. Tu as eu raison. Et alors ?

– On a dîné, on a un peu bavardé, elle m'a raconté que ses parents étaient morts, qu'elle cherchait du travail... Et puis elle a dormi sur le canapé dans le salon.

– Et alors ?

– Tu ne devineras pas... Quand je me suis réveillée, plus personne. En partant, elle a emporté pas mal de choses, des DVD, des vêtements, des bagues...

– Oh non !

– Si... Mais je continue à croire que les gens ne sont pas tous comme ça !

p. 90 - exercice 1

Écoutez.
Donnez pour chaque phrase l'infinitif du verbe au gérondif.

a) En allant déjeuner, nous avons trouvé un billet de 100 euros par terre.
b) Ils lisent le journal en écoutant la radio.
c) J'ai commencé à pleurer en voyant son avion partir.
d) Elle a toujours ses meilleures idées en nageant.
e) C'est en discutant avec Vanessa que vous avez décidé de faire du bénévolat ?

LEÇON 16

p. 94 - exercice 1

Écoutez et cochez la bonne réponse. La personne qui parle est surprise ? se moque ? est furieuse, en colère ?

a. Non, non et non ! Ça jamais !
b. Ah bon ! Il est encore amoureux ? Ça alors !
c. Oh oh ! Et il est à qui, ce gentil petit chien chien ?
d. Ah non, vraiment, stop ! Ça suffit comme ça !
e. Oh ! Mais enfin ! Mais pas du tout !
f. Elle vous a frappé ? Vraiment ?

UNITÉ 5

LEÇON 18

p. 108 - exercice 1

Écoutez et cochez la phrase interrogative entendue.

a. Vis-tu chez tes parents ?
b. Vous viendrez à notre petite fête ?
c. Comprendra-t-elle un jour, dis ?
d. Tu veux m'épouser oui ou non ?
e. Voulez-vous des fleurs rouges ou blanches ?

LEÇON 19

p. 112 - exercice 1

Écoutez et cochez ce que vous entendez.

a. C'est la même chose avec Étienne !
b. C'est toujours sa mauvaise humeur !
c. Elle critique tout ce que je fais !
d. Ils sont tous comme ça, tu sais !
e. Je me rappelle, c'était pareil !

UNITÉ 6

LEÇON 21

Écouter

Écoutez et cochez la phrase qui a le même sens.

a. Moi j'aimerais rencontrer un homme drôle.

b. Il fait toujours l'idiot, mais que voulez-vous c'est mon genre.

c. Après 10 ans de mariage, il me fait toujours autant rêver.

d. Je pourrais bien vous dire que j'ai une super villa avec terrasse et vue sur mer dans une île déserte, mais je ne suis pas milliardaire...

4 Les auditeurs ont la parole.

Aujourd'hui, premier janvier, les auditeurs ont la parole.

Bip bip

Bonjour Bruno, moi j'aimerais bien que nos hommes politiques soient plus efficaces.

Bip bip

Je voudrais que nous soyons tous un peu plus solidaires, c'est facile non ?

Bip bip

Il faut que nous nous mobilisions plus pour des grandes causes humanitaires, c'est ce que je nous souhaite pour cette nouvelle année.

Bip bip

Moi j'aimerais qu'il n'y ait plus de guerre... Merci Bruno pour ton émission.

Bip bip

Et moi je voudrais que mes enfants aient leurs examens, c'est un peu personnel je sais, bise.

Bip bip

LEÇON 22

1 Écoutez.

Cochez les phrases que vous entendez.

a. Je veux arrêter la fac.

b. Il veut que nous prenions de bonnes résolutions.

c. Il voudrait qu'elle aille à la piscine.

d. Il faut bien que tu passes ton bac d'abord.

LEÇON 23

1 Ce qui me fait peur...

Écoutez le dialogue et cochez ce qui fait peur à Maylis et Yoan.

Maylis : Moi ce qui me fait le plus peur, ce sont les animaux comme les araignées, les serpents, les insectes, tu vois ce que je veux dire...

Yoan : Moi, pas du tout, par contre l'idée de me retrouver bloqué dans un ascenseur, ça me rend malade.

Maylis : Oui, tu as raison, moi aussi. Et les tremblements de terre, il y a de quoi être morte de peur non ?

Yoan : Non, ça va, mais moi je n'y peux rien, prendre l'avion par exemple, c'est quelque chose qui me fait particulièrement peur.

Maylis : Tu rigoles, c'est le moyen de transport le plus sûr.

LEÇON 24

Écouter

Cochez la phrase que vous entendez.

a. Je n'ai jamais de chance au jeu.

b. Ton travail est apprécié par tes supérieurs.

c. Je vais l'inviter dans un bon restaurant.

d. Je viens de perdre mon boulot.

2 L'horoscope du jour

Écoutez les horoscopes et notez celui qui convient.

Horoscope A : L'amour ne vient pas comme cela quand on le décide. Il faut savoir attendre. Côté forme, tout va bien ! Profitez-en pour retourner au club de gym, vous allez tous les battre. Côté travail, soyez attentif aux possibilités qui se présentent.

Horoscope B : Gardez votre calme et votre patience habituelle. Des petits problème de santé mais ça va passer. Côté travail, les astres ne vous sont pas favorables cette semaine.

Horoscope C : Attention aux reproches qui vous sont adressés par votre partenaire. Il faut écouter davantage ce que l'on vous dit. Ce n'est pas la grande forme, alors reposez-vous. Vous pouvez tenter votre chance si vous voulez changer de travail : les astres vous sourient.

Horoscope D : Côté cœur, vous êtes sur un nuage. Que du bonheur. Attention aux périodes de fêtes et aux excès, il faut perdre quelques kilos. Vous êtes apprécié par tous vos collègues.

UNITÉ 3

Vocabulaire

- **Verbes**
  acheter
  prendre
- **Noms**
  un fruit : un ananas, une banane, une cerise, une orange
  un légume :
  une pomme de terre,
  des haricots verts (m.),
  une salade
  une boîte
  le café
  un enfant
  un euro
  un kilo
  le lait
  un litre
  un paquet

- **Adjectifs**
  cher/chère
  délicieux/délicieuse
  superbe
- **Mots invariables**
  seulement
- **Manières de dire**
  C'est combien ?
  C'est vrai !

Écouter

- Lisez et soulignez les fruits et les légumes du dialogue 2.
  un épi de maïs – une salade – une tomate – une carotte – un ananas – une banane – un melon – des haricots verts – une pomme de terre – une orange

Communiquer

Sur le modèle du dialogue 2, vous allez chez un(e) ami(e) pour les vacances. Vous faites les courses au supermarché. Jouez la scène à deux.
Exemple : Qu'est-ce qu'on prend ? On achète des bananes, j'adore ça...

Comprendre

Écoutez les dialogues et dites si le sens de la phrase est positif ou négatif. Entourez le mot.

Dialogue 1 :	Positif	Négatif	Dialogue 3 :	Positif	Négatif
Dialogue 2 :	Positif	Négatif	Dialogue 4 :	Positif	Négatif

Écrire

Votre ami Bernard mange seulement des légumes : il est végétarien.
Il vient chez vous. Qu'est-ce que vous achetez ? Qu'est-ce que vous faites à manger ?
Exemple : Bernard mange seulement des légumes. Il faut des haricots verts, des pommes de terre.... Je fais une soupe de légumes.

Je prononce

1. **Distinction des sons [ə] et [e]**
   Quand vous entendez [ə], levez une main ; quand vous entendez [e], levez les deux mains.

2. **L'expression intonative : l'exclamation et l'accent d'insistance**
   Écoutez et répétez :
   C'est cher !
   Ils sont délicieux !
   Les enfants adorent ça !

LEÇON 9

J'APPRENDS ET JE M'ENTRAÎNE

Grammaire

- **Rappel : le pluriel des noms et des adjectifs**
  *une orange, des orange**s***   *une orange délicieuse, des orange**s** délicieuse**s***
  En général, pour le pluriel des noms et des adjectifs, on ajoute **-s**.

  ⚠️ Les noms et les adjectifs terminés par **-s** ou par **-x** sont identiques au singulier et au pluriel.
  un ananas délicieux   des ananas délicieux

- **Le pluriel des verbes (2)**
  *C'est un ananas. – Ce **sont** des ananas.*
  *Les ananas **sont** délicieux, les enfants ador**ent** les bananes.*

- **Il faut + nom singulier ou pluriel**
  Il faut un gâteau, des fruits, des légumes…

- **Rappel :**
  *Les cerises sont **belles** mais **chères**. mais Les cerises, **c**'est **beau** mais **cher**.*

- **L'expression de la quantité (1)**

  | un kilo d'oranges | un litre de lait | un paquet de café | une boîte de haricots |

- **Le verbe prendre au présent**
  Je prends, tu prends, il prend, elle prend, nous prenons, vous prenez, ils prennent, elles prennent

  → Tableaux de conjugaison, page 157

1 Les liaisons
Écoutez et lisez à haute voix.

a. Qu'est-ce que c'est ?
C'est un euro. Ce sont des euros.
C'est une orange. Ce sont des oranges.
C'est un ananas. Ce sont des ananas.

b. Qui est-ce ?
C'est un étudiant. Ce sont des étudiants.
C'est un Italien. Ce sont des Italiens.
C'est un ami. Ce sont des amis.

2 Le pluriel des verbes
Réécrivez les phrases au pluriel.

a. Je prends un litre de lait → Ils .... un litre de lait.
b. C'est un gâteau. → Ce ....
c. J'achète un kilo d'ananas → Ils .... un kilo d'ananas.
d. Je mange une orange. → Elles .... une orange
e. Tu demandes une baguette. → Elles .... une baguette.
f. Il est végétarien. → Ils .... végétariens.
g. C'est un enfant. → Ce ....

62 • soixante-deux   Unité 3 • Leçon 9

UNITÉ 3

3 Voici la liste pour aller au supermarché. Il y a des erreurs. Corrigez-les et complétez la liste.

> Un litre d'oranges
> Un paquet de lait
> Un kilo d'ananas
> Une boîte de café
> Un haricot
> ....
> ....
> ....
> ....

4 Au marché de Bamako

Vous êtes en vacances au Mali. Vous êtes au marché de Bamako, il y a des fruits du pays.
Vous avez seulement 640 francs CFA. À deux, imaginez un dialogue entre un vendeur de fruits et vous.

papaye 400 CFA
noix de coco 480 CFA
kiwi 320 CFA
mangue 420 CFA

5 Pour faire une salade de fruits, qu'est-ce qu'il faut ?

Cochez les bonnes réponses.

☐ des cerises  ☐ un ananas 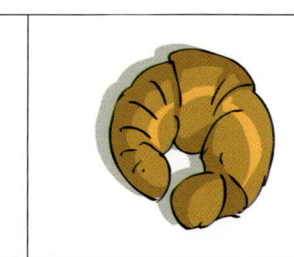 ☐ un croissant  ☐ une orange

☐ des haricots verts  ☐ un gâteau  ☐ une salade  ☐ une banane

Unité 3 • Leçon 9

soixante-trois • 63

Leçon 10

Je voudrais un gâteau au chocolat

Je comprends et je communique

1 Il faut de la farine, du beurre...

– Alice voudrait un gâteau. Je fais les courses. Qu'est-ce qu'il faut acheter ?

– Il faut des œufs, du lait, de la farine, du beurre, un peu de sucre...

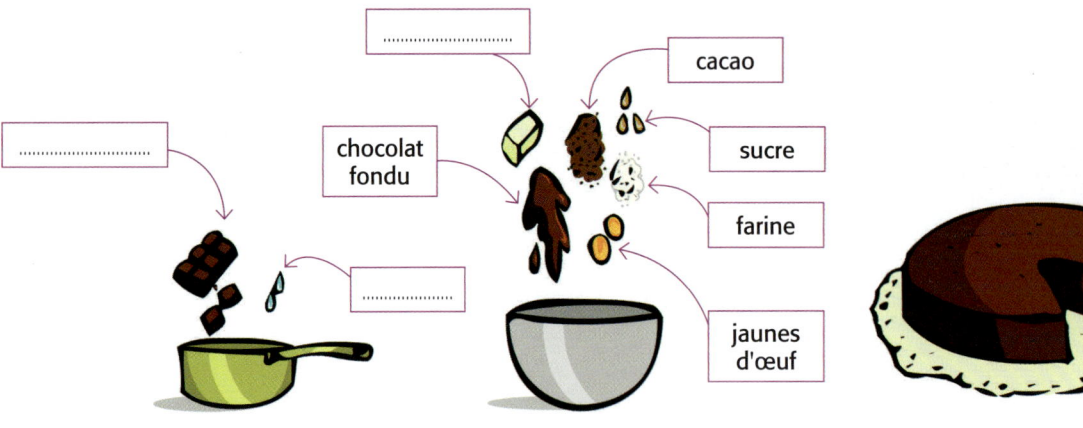

- cacao
- sucre
- farine
- jaunes d'œuf
- chocolat fondu

2 Qu'est-ce que je fais comme dessert ?

Demain, c'est l'anniversaire de Marion. Qu'est-ce que je fais comme dessert ? Une salade de fruits ?

Non, un gâteau au chocolat. Elle adore ça. Avec vingt bougies !

Oui, bien sûr ! Et comme plat ? Je fais du poisson ou de la viande ?

De la viande. Un beau gigot, par exemple.

Oui, un gigot, c'est parfait ! Avec quoi ?

Avec des frites ! Beaucoup de frites ! Tout le monde aime ça. Et une bonne bouteille ! Vingt ans, ça s'arrose !

64 • soixante-quatre   Unité 3 • Leçon 10

UNITÉ 3

Vocabulaire

Noms
le beurre, du beurre
une bougie
une bouteille
le chocolat
un dessert
la farine, de la farine
des frites (f.)
un gigot
un œuf
un plat
un poisson, du poisson
le sucre, du sucre
une tarte
la viande, de la viande

Mot invariable
ou

Manières de dire
C'est parfait !
Ça s'arrose
(ça se fête)
faire les courses
par exemple
tout le monde
Joyeux anniversaire !
je voudrais,
elle voudrait...
(pour exprimer
le désir,
le souhait)

Écouter

1. Écoutez le dialogue 1. Terminez la phrase :
Pour son anniversaire, Alice voudrait ...
Complétez la recette page 64 avec les mots qui manquent.

2. Écoutez le dialogue 2 et cochez le menu pour l'anniversaire de Marion.

☐ A	☐ B	☐ C
• Plat : un gigot avec des haricots verts • Dessert : un gâteau aux cerises	• Plat : un gigot avec des frites • Dessert : un gâteau au chocolat	• Plat : du poisson avec des pommes de terre • Dessert : une salade de fruits

Communiquer

C'est l'anniversaire d'un ami. Vous faites un dessert. Qu'est-ce que vous faites comme dessert ? Présentez à la classe.

Comprendre

Voici le menu du restaurant "Café Français". Le chef fait les courses. Qu'est-ce qu'il achète ?

CAFÉ FRANÇAIS
MENU

Entrées
Salade du jardin
Œuf jambon mayonnaise

Plats
Poulet à la moutarde avec des pommes de terre
Gigot avec des frites
Poisson au beurre avec des haricots verts

Desserts
Fromage
Gâteau au chocolat
Salade de fruits

Écrire

Inventez un menu avec une entrée, un plat et un dessert. Faites une liste des course. Puis décrivez les plats.
*Exemple : En entrée, il y a une salade du jardin.
Il faut acheter une salade, 3 tomates, 4 carottes...*

Je prononce

• **Les sons [œ] et [ø]**
Écoutez et répétez :
1. Le son [œ]
a. du beurre **b.** il est jeune **c.** un œuf
2. Le son [ø]
a. un peu **b.** des œufs
c. deux œufs **d.** c'est délicieux
3. Les sons [œ] et [ø]
Il faut un peu de beurre et des œufs.

Faites des hypothèses à deux.

☐ de la salade   ☐ des bananes   ☐ des tomates   ☐ des œufs
☐ des kiwis   ☐ de la farine ☐ du café   ☐ des haricots verts
☐ du lait   ☐ des pommes de terre ☐ des croissants ☐ de l'ananas
☐ du beurre   ☐ du sucre   ☐ du poisson   ☐ du jambon
☐ du poulet   ☐ de la mayonnaise ☐ du chocolat ☐ de la moutarde

Unité 3 • Leçon 10

Leçon 10

J'APPRENDS ET JE M'ENTRAÎNE

Grammaire

- **Conjugaison du verbe *faire***

  Je fais — Nous faisons
  Tu fais — Vous faites
  Il/Elle/On fait — Ils/Elles font

  → Voir Tableaux de conjugaison, page 157.

- **Les articles partitifs (*du, de la, de l'*) :**
  pour les choses qu'on ne peut pas compter
  Observez.

  un poisson — du poisson — une salade — de la salade

  un ananas — de l'ananas

- **L'expression de la quantité (2)**

  Il faut **un peu de** beurre.   Avec **beaucoup de** frites.

  ⚠ Tout le monde aim**e** ça ! → Tout le monde + verbe au singulier

  ⚠ Qu'est-ce ce que je fais comme plat ? comme dessert ?
  → pas d'article

  Un gâteau **au chocolat** (avec du chocolat) –
  un gâteau **à l'orange** (avec de l'orange)
  mais un gâteau **aux cerises** (avec des cerises)

---

1 Les verbes *être, avoir, aller, venir* et *faire*
Complétez et conjuguez comme dans l'exemple.

*Exemple : Qu'est-ce que je **fais** comme dessert ?*

a. Vous .... quel âge ?
b. Je .... au cinéma. Il y a un film de Tim Burton. Tu .... avec moi ?
c. Comme plat, tu .... de la viande ou du poisson ?
d. Vous .... au supermarché ? Il faut acheter des fruits, des œufs et de la viande.
e. Marion .... étudiante. Elle .... vingt ans.
f. Je .... journaliste. Et vous, qu'est-ce que vous .... ?

2 Cochez la forme correcte.

a. Pour aller bien, il faut manger :   ❏ une salade   ❏ de la salade   ❏ la salade
b. Qu'est-ce que j'achète ?   ❏ la viande ?   ❏ une viande ?   ❏ de la viande ?
c. Moi, j'adore :   ❏ le chocolat   ❏ du chocolat   ❏ un chocolat
d. Les enfants n'aiment pas :   ❏ un poisson   ❏ du poisson   ❏ le poisson

UNITÉ 3

3 Regardez le dessin et complétez la phrase.

Sur la table, il y a deux ...., un paquet de ...., un litre de ...., une boîte de ....

4 Rébus.
Regardez les dessins et cherchez les mots dans le dictionnaire.

....

C'est l' .... de Marion !

5 Jeu de rôle

À 2 : un client / un vendeur
Vous êtes dans une petite épicerie. Vous faites les courses avec une liste. Vous demandez la quantité et le prix. Vous achetez. Vous payez.

café (1 paquet)
oranges (1 kilo)
bananes (1 kilo)
ananas (1)
salade (1)
pommes de terre (2 kilos)
lait (1 litre)
œufs (6)

Unité 3 • Leçon 10

soixante-sept • 67

Leçon 11

Les Champs-Élysées, c'est loin ?

JE COMPRENDS ET JE COMMUNIQUE

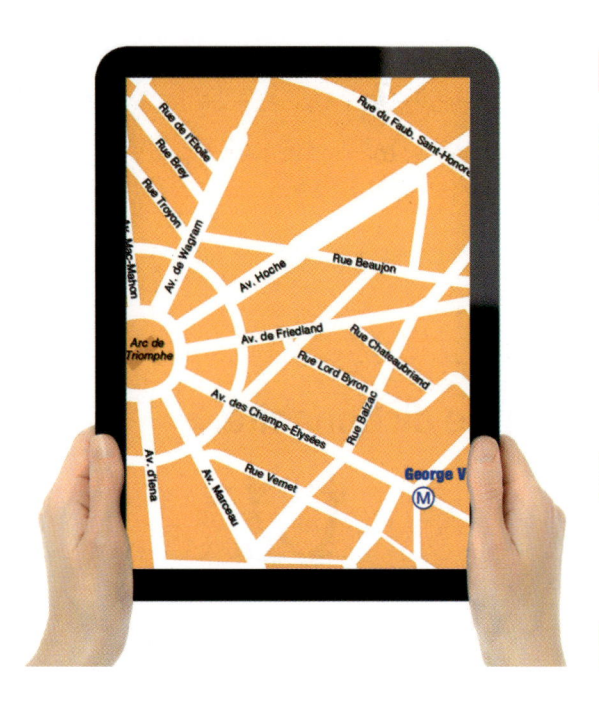

1 Je voudrais aller rue Chateaubriand

– Bonjour, monsieur, je voudrais aller rue Chateaubriand, s'il vous plaît. C'est tout près, non ?

– Alors… Nous sommes au métro George V. Allez tout droit sur l'avenue des Champs-Élysées en direction de l'Arc de Triomphe. Vous prenez la première rue à droite, rue Balzac. Passez la rue Lord Byron. Allez tout droit et la rue Chateaubriand, c'est là !

– C'est loin ?

– Ça dépend. En bus, c'est direct, il y a le bus 94.

– Et à pied ?

– À pied, c'est un peu loin.

2 C'est à dix minutes à pied.

– Oh là là ! Mais où est la gare !?

– On demande à quelqu'un ?

– Oui !

…

Pardon, madame, nous sommes perdus. Nous cherchons la gare du Nord.

– La gare du Nord ? C'est facile. Allez tout droit. Après la banque, c'est la première rue à droite.

– C'est loin ?

– Non, dix minutes à pied.

– Merci beaucoup.

– Je vous en prie.

68 • soixante-huit

Unité 3 • Leçon 11

UNITÉ 3

Vocabulaire

- **Verbes**
  chercher
  demander
- **Noms et pronoms**
  un autobus (un bus)
  une banque
  une gare
  le métro
  une minute
- **Adjectifs**
  deuxième
  direct(e)
  facile
  perdu(e)
  premier/première
  troisième

- **Mots invariables**
  après
  là
  loin
  près (tout près)
  quelqu'un
- **Pour communiquer**
  prendre le bus
  prendre le métro
  prendre une rue
  aller à pied
  aller tout droit
  à gauche
  à droite
  je vous en prie
  ça dépend

Comprendre

- **Lisez le dialogue 1 et reliez les phrases.**

  Je voudrais • • Ça dépend
  C'est loin ? • • la rue Lord Byron
  Vous prenez • • tout droit
  Passez • • la première rue à droite
  Allez • • aller rue Chateaubriand

Écouter

- **Écoutez le dialogue 2 et cochez la bonne réponse.**

  La gare du Nord, c'est...
  ☐ tout droit et à gauche.
  ☐ tout droit et à droite.
  ☐ à gauche et après à droite.

Communiquer

Vous êtes à Paris. Expliquez à un touriste le chemin pour aller du métro République à la rue Dupuis. Utilisez l'impératif.

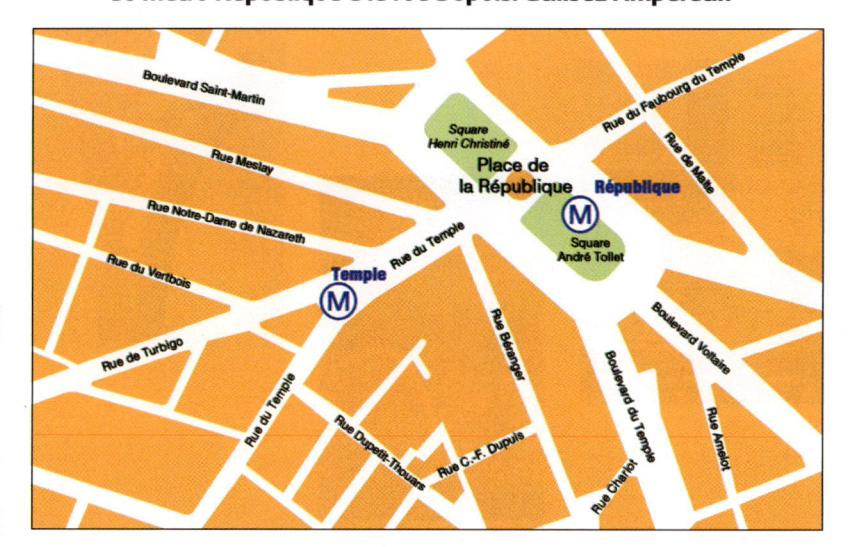

Écrire

Vous invitez des amis chez vous. Ils sont perdus ! Donnez les directions en utilisant l'Impératif.
Exemple : Prenez la deuxième rue à gauche ; allez tout droit...

Je prononce

- **Les sons [u] et [y]**
  Écoutez et répétez :
  1. Le son [u]   a. Bonjour !   b. Tout le monde est là ?   c. Vous êtes journaliste ?
  2. Le son [y]   a. Il habite rue du Bac. b. Une minute, s'il te plaît !   c. Salut !
  3. Les sons [u] et [y] a. Salut, tout le monde ! b. La rue du Louvre, s'il vous plaît ?
                       c. Tu aimes le foot ?   d. Pas du tout ! J'aime le judo !

Unité 3 • Leçon 11

soixante-neuf • 69

Leçon 11

J'apprends et je m'entraîne

Grammaire

- **Le verbe *prendre* (suite)**
  → Précis grammatical page 157

- **L'impératif (1)**
  Pour conseiller ou ordonner quelque chose.
  On supprime le pronom sujet.
  *Écoutez – Cochez la bonne réponse – Lisez – Regardez ! –
  Venez !
  Allez tout droit !
  Prenez la première rue à gauche
  Prenez le bus !
  Répondez, s'il vous plaît !*

- **Je voudrais + infinitif**
  *Je voudrais aller rue Chateaubriand.
  Tu voudrais connaître Paris ?
  Il voudrait faire un gâteau.*

- **C'est + adverbe**
  – *C'est loin ?
  Non, c'est près, c'est tout près.*

1 Écoutez et indiquez par une lettre le schéma qui correspond.

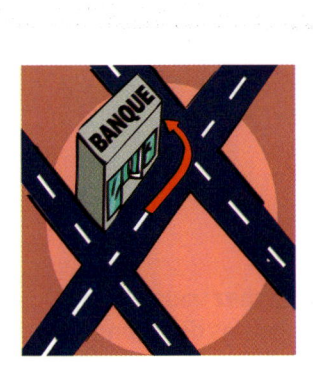

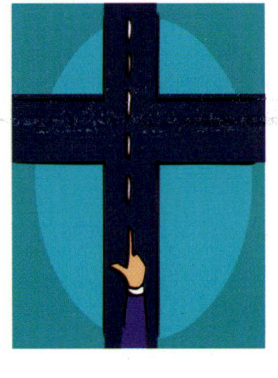

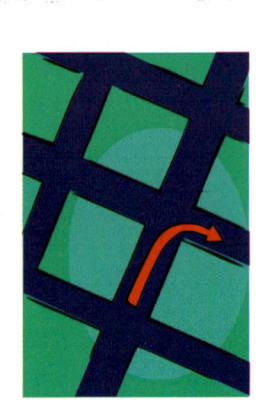

1 → ....
2 → ....
3 → ....
4 → ....
5 → ....

2 Écoutez et complétez.

1. a. Pour .... à l'Odéon, s'il vous .... ?
b. C'est ...., allez ...., puis prenez la deuxième .... à ....
c. C'est .... ?
d. Non, c'est tout ...., 10 .... à pied.

2. a. S'il vous plaît, je voudrais .... à Saint-Germain, je suis ....
b. ...., c'est un peu .... Prenez le bus 92, c'est ....

70 • soixante-dix   Unité 3 • Leçon 11

3 Donnez des conseils avec l'impératif.

Exemple : Sam ne lit pas. → Lis !
a. Les enfants ne dorment pas. → .... !
b. Pierre est fatigué. → .... !
c. Marie ne mange rien. → .... !
d. Vous proposez à Thomas d'aller à Versailles ensemble. → .... !
e. Vous conseillez à Jenny de prendre le métro. → .... !

4 Qu'est-ce que tu voudrais ?
Utilisez *je voudrais* + infinitif. Choisissez le verbe qui correspond : *acheter – faire – habiter – avoir – manger.*

Exemple : Je voudrais aller rue Saint-Michel.
a. Je voudrais .... du poisson.
b. Je voudrais .... un gâteau.
c. Je voudrais .... un nouvel ordinateur.
d. Je voudrais .... les cheveux longs.
e. Je voudrais .... à Paris.

5 Jeu de rôle

Votre ami Denis vous envoie un e-mail.
Vous ne connaissez pas la ville et votre ami français vous explique où aller pour faire les courses.

De : Denis

Anniversaire de Mia
7 octobre 2011 9:35 AM

Salut !

Est-ce que tu pourrais faire les courses ?
Voici la liste :
– 1 gâteau
– une salade
– un kilo de tomates
– des légumes
– le magazine "Pourquoi pas ?"
– un gigot
– du poisson
– une bouteille de vin
– un beau cadeau : tu as une idée ?
Merci beaucoup !

D.

Unité 3 • Leçon 11

Leçon 12

On part en week-end ?

Je comprends et je communique

1 Les moyens de transport préféré des français en vacances

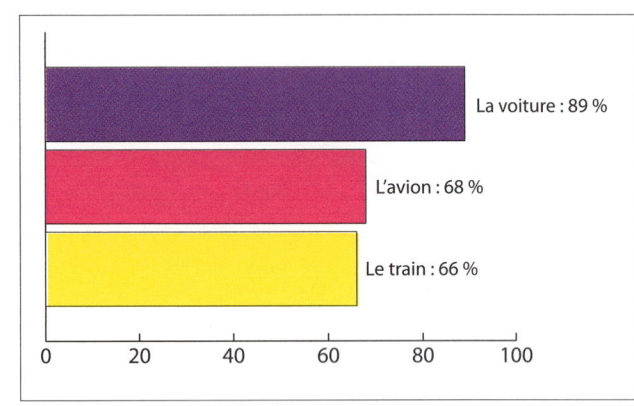

La voiture : 89 %
L'avion : 68 %
Le train : 66 %

Source : *Le Parisien*, février 2012.

2 Un petit voyage, toi et moi

– On part en week-end, Florence ?

– J'ai beaucoup de travail, Julien. Partir en week-end… En décembre c'est possible.

– En décembre ? Mais, ce dimanche, il y a l'exposition sur Bob Dylan à Paris. Après, pour dîner, on va "Chez Victor", c'est tout près de la Tour Eiffel. Allons à Paris !

– À Paris ? On prend l'avion ou le train ?

– Je préfère prendre l'avion. Regarde les billets sur Internet.

– Oh là là, 160 euros par personne, c'est une folie, je crois !

– J'ai une idée : on prend la voiture et on part voir les châteaux de la Loire. Samedi et dimanche, un petit voyage toi et moi ?

– Hum, j'ai beaucoup de travail mais parce que c'est toi, d'accord, on part en week-end !

72 • soixante-douze

Unité 3 • Leçon 12

UNITÉ 3

Vocabulaire

Verbes
dîner
partir
voir

Noms et pronoms
un billet
un château
décembre
dimanche (m.)
une exposition ou expo
une folie
une idée
samedi (m.)
un train
vendredi (m.)
une voiture
un voyage
un week-end

Mots invariables
chez

Pour communiquer
Je crois !
oh la la !

Manières de dire
prendre le train
sur Internet
tout de suite

Écouter

- Écoutez le dialogue 2 et répondez aux questions.
  a. Qui voudrait partir en voyage ?
  b. Pourquoi Florence n'aime pas l'idée de partir en week-end ?
  c. Quel est le moyen de transport préféré de Julien ?
  d. Pourquoi ils ne prennent pas l'avion ?
  e. Où vont-ils en week end ?
  f. Par quel moyen de transport ?

Comprendre

- Lisez le document 1. Cochez la bonne réponse ; plusieurs réponses sont possibles.

a. Quel est le moyen de transport préféré des Français pour partir en vacances ?
  ☐ L'avion ☐ Le train ☐ La voiture

b. Quels sont les deux autres moyens de transport préféré des Français pour partir en vacances ?
  ☐ La voiture ☐ L'avion ☐ Le train

c. Quel est le moyen de transport préféré des 18-24 ans pour partir en vacances ?
  ☐ Le train ☐ L'avion ☐ La voiture

d. Pourquoi le train est un moyen de transport préféré ?
  ☐ On parle avec ses amis ☐ Le train, c'est grand ☐ Prendre le train, c'est comme être en vacances

Communiquer

Sur le document 1, regardez quels sont les moyens de transport préférés des Français.
Comparez avec votre pays.

Exemple : À Moscou, le moyen de transport préféré est le bus. Ce n'est pas cher...

Écrire

Décrivez un week-end.
Où est-ce que vous partez ?
Quel moyen de transport utilisez-vous (voiture, bus, avion, train) ?

Je prononce

- Les sons [wa], [wi] et [wɛ̃]
Écoutez et répétez :
  a. – C'est toi, Louis ?
  b. – Oui, oui, c'est moi.
  c. – On va chez François ?
  d. – Ah non, c'est loin !
  e. – Tu aimes le poisson ?
  f. – Moi, oui. Et toi ?

Unité 3 • Leçon 12

Leçon 12

J'APPRENDS ET JE M'ENTRAÎNE

Grammaire

- **L'impératif (2)** Trois personnes : *tu, nous, vous*
  Rappel : pas de pronom sujet !
  Viens avec moi !
  Allons à Paris !
  Partez en week-end !

- On va à l'exposition **à** pied, **en** voiture, **en** bus.
  On prend le train, la voiture, le bus... = on part **en** train, **en** voiture, **en** bus...
  ⚠ **Différence :**
  entre le verbe *aller* (du point où je suis vers le point où je vais) :
  – Où tu vas ?
  – Je vais au cinéma.   • (je) ==> cinéma
  et le verbe *venir* (à partir d'où je suis) :
  Je suis chez moi. Tu viens ?   • chez moi <== (tu)

- ***chez* + quelqu'un :**
  Je vais chez Marina.
  On va chez toi ?
  Je vais chez des amis.

1 *Aller* ou *venir* ? Complétez au présent.

– Tiens, salut, Pierre ! Tu .... où ?

– Je .... chez François et après, nous au cinéma. Tu .... avec nous ?

– Non. Impossible. Je .... à l'université. J'ai un cours à cinq heures.

2 Reliez les mots pour faire des phrases.

a. En voiture,	• je •	• allons	• au parc : ils aiment marcher.
b. Dans le train,	• nous •	• vont	• les rues de Paris.
c. À pied,	• elle •	• pars	• dans la voiture-bar.
d. En métro,	• nous •	• regarde	• en week-end. Le train, c'est une folie
e. En bus,	• ils •	• prenons un café	• au travail.

3 Barrez le mot qui n'est pas de la même famille.

a. vendredi	samedi	décembre	dimanche
b. carotte	ananas	haricot vert	salade
c. voiture	train	château	avion
d. tarte	gateau	chocolat	salade de fruits

74 • soixante-quatorze   Unité 3 • Leçon 12

UNITÉ 3

4 *Aller* ou *venir* ? Complétez avec le verbe à l'impératif.

– Antoine, (venir / tu) .... avec nous !

– Nous sommes perdus ! (appeler / nous) .... Olivia et Pierre.

– On va au concert de Beyoncé, (prendre / nous) .... un taxi !

– C'est l'anniversaire de ta sœur demain, (acheter / tu) .... un cadeau.

5 Jeu de rôle

À deux, discutez des deux week-ends en France.
Que choisissez-vous ? Pourquoi ?

Exemple : J'aime les expositions, je préfère la visite du château.

Château de Chenonceau + visite exposition

3 jours, 2 nuits

Prix : 270 € / personne

En train ou en voiture
37150 Chenonceaux
Tél. : +33(0)2 52 57 91 18
Fax : +33(0)2 56 50 42 69

Contact : info@chateaudelaloire.fr

Disneyland Paris

Disney Hotel Pocahontas

3 jours, 2 nuits

Prix : 534 € pour 2 personnes + 1 enfant

En train ou en voiture

Place des Passagers des Vents
77700 Chessy, Marne-la-Vallée
Tél. : 0823 300 222
Fax : 01 36 91 62 20

Email : disneylandparis@waltdisney.fr

Unité 3 • Leçon 12

UNITÉ 3

Un petit week-end gastronomique

Sébastien et Camille veulent faire un bon petit week-end gastronomique. Sébastien adore les fruits de mer, surtout les huîtres. Camille a envie d'une bonne choucroute. Ils sont d'accord pour le vin : un vin blanc sec. Quelle destination propose Sébastien ? Et Camille ?

À Deauville

À Lyon

À Bordeaux

À Strasbourg

À Marseille

Cinq villes, cinq spécialités...

À Bordeaux, un magret de canard avec des cèpes
À Marseille, une bouillabaisse
À Deauville, un plateau de fruits de mer
À Lyon, un saucisson aux pommes de terre
À Strasbourg, une choucroute

Unité 3 • Civilisation

Civilisation

À vous !

1. Vous n'aimez pas le porc. Vous ne mangez pas de .... et pas de ....
2. Vous adorez les huîtres. Vous allez à .... pour manger un ....
3. Vous aimez beaucoup les champignons. Vous allez à .... et vous dégustez un délicieux ....
4. Vous aimez le poisson, TOUS les poissons. Alors, allez à .... et mangez une énorme ....
5. Et pour boire ? Vous choisissez :
a) avec le magret de canard
☐ un Bordeaux rouge ☐ un Bourgogne blanc ☐ un Coca Cola
☐ une bière
b) avec la choucroute
☐ une bière d'Alsace ☐ un Bordeaux rouge ☐ un soda ☐ du thé vert
c) avec les fruits de mer
☐ une limonade ☐ un vin blanc sec ☐ un Bourgogne rouge ☐ de l'eau gazeuse

Bon appétit !

La Belgique est aussi un paradis pour les gastronomes.

On s'installe sur la Grand-Place et...

on commence par... des moules frites !

avec une bonne bière

et une énorme gaufre pour finir !

Unité 3 • Civilisation

soixante-dix-sept • 77

UNITÉ 3

Compréhension orale

1 Cochez ce que vous entendez.

a. ☐ Bon anniversaire, Julie !   ☐ C'est ton anniversaire, Julie ?
b. ☐ Ça fait huit euros cinquante.   ☐ C'est dix euros cinquante.
c. ☐ Alors, qu'est-ce que je fais demain ?   ☐ Alors, qu'est-ce qu'on fait demain ?
d. ☐ C'est tout près de chez toi.   ☐ C'est très près de chez moi.

2 Écoutez deux fois et répondez.

En tout, ça fait combien ? ....

Interaction orale

3 Vous êtes au marché.

Le professeur joue le rôle du vendeur.
Vous êtes le client/la cliente.

Vous voulez acheter des fruits et des légumes.
Vous avez 15 euros. À vous !

4 On vous demande où vous habitez (le professeur joue ce rôle).

a. Vous donnez votre adresse. Quelle ville ? Quel secteur ou quartier ? Quelle rue ? Quel numéro dans la rue ? Quel étage ?
b. Dans votre rue, il y a des commerces (une boulangerie, par exemple), une banque, une école ?
c. Vous aimez le quartier ou non ? Expliquez.

Vocabulaire

5 Complétez avec les mots suivants : boîte – gâteau – litres – bouteille – paquet

Il faut acheter une .... de vin, un .... de café et deux .... de lait... Et pour l'anniversaire de Miriam, achète un gros .... et une .... de chocolats, elle adore ça !

Grammaire

6 Reliez.

a. Pour l'anniversaire de Miriam,   •   • 1. regardez sur Internet.
b. Pour faire ton gâteau,   •   • 2. prends de la farine, des œufs, du beurre...
c. Pour trouver la rue Capucine,   •   • 3. prenez l'Eurostar, c'est très facile !
d. Pour aller en Angleterre,   •   • 4. faites du sport.
e. Pour être en bonne santé,   •   • 5. achetons un cadeau !

78 • soixante-dix-huit   Unité 3 • Entraînement au DELF

Entraînement au DELF

7 **Mettez ces phrases dans l'ordre.**

a. cherche – musée d'Orsay – Pardon – je – s'il vous plaît – mademoiselle – le
....

b. deuxième – la – gauche – Prenez – rue – à
....

8 **Qu'est-ce que c'est ? Entourez.**

a. un poulet ou du poulet ?

b. une salade ou de la salade ?

c. un poisson ou du poisson ?

d. un sucre ou du sucre ?

Compréhension écrite

9 **Lisez cet e-mail et répondez par Vrai, Faux ou On ne sait pas (?).**

a. Margot invite Hawa pour son anniversaire.
b. Le frère de Margot s'appelle Fred.
c. La fête est chez Hawa.
d. Margot demande un gros cadeau.
e. La fête est dimanche matin, à 9 h.
f. Hawa et Margot sont étudiantes.

> Salut, Hawa,
> Comment ça va, à l'université ?
> Moi, bof, bof ! Je déteste les statistiques !
> Tu sais, dimanche, c'est mon anniversaire.
> Alors, on fait une fête le soir.
> Vingt ans, ça se fête !!
> Viens vers 21 h. Apporte une petite bouteille, et c'est tout : le cadeau, c'est toi !
> Bisous.
> Margot

10 **Vous habitez à Bordeaux, 56 cours Pasteur. Vous écrivez à un ami pour lui expliquer comment aller (à pied) de la gare Saint-Jean au cours Pasteur.**

Cher ami, pour venir chez moi, c'est facile. Tu sors de la gare et tu prends ....
....

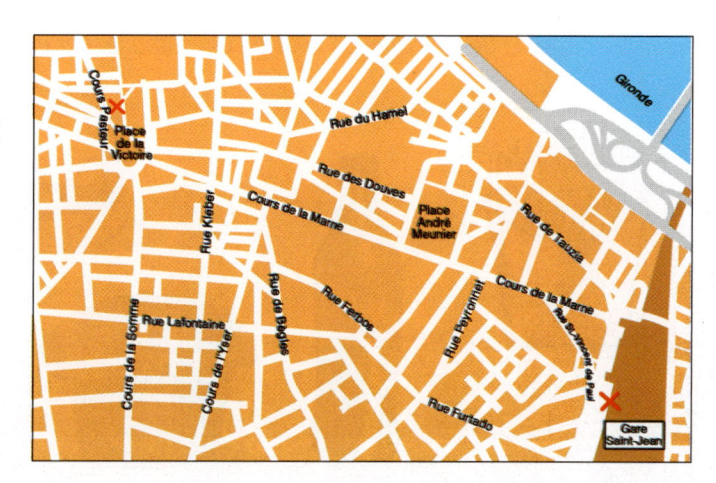

Unité 3 • Entraînement au DELF

Bilan actionnel

1 Trouvez le bon plan

Écoutez le dialogue et indiquez le plan qui correspond.

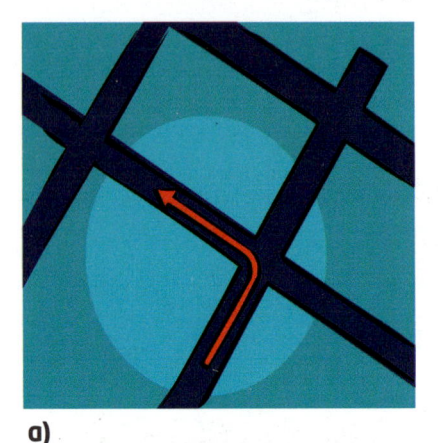

a)
b) 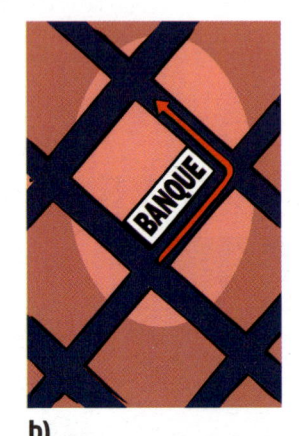
c) 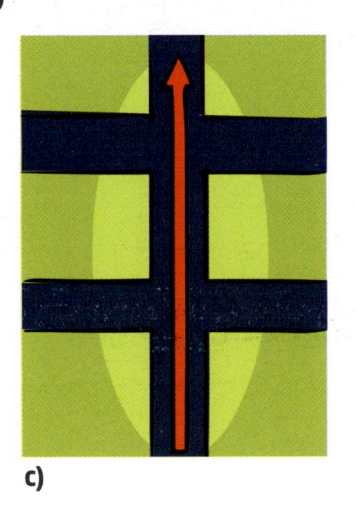
d) 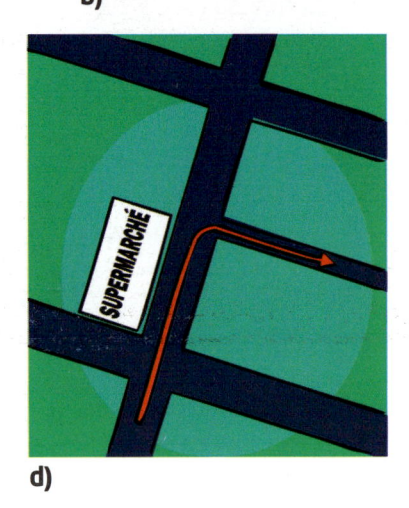

2 À deux, écrivez 5 phrases en utilisant "Je voudrais + infinitif".

Exemple : Je voudrais partir à New York.

Puis écrivez 5 phrases en utilisant "Je ne voudrais pas + infinitif".

Exemple : Je ne voudrais pas être célèbre.

Je voudrais + infinitif

Je ne voudrais pas + infinitif

3 Une amie étrangère étudie le français à Lyon et voudrait faire du sport.

Vous connaissez ce club de sport, donnez-lui des renseignements.

Nouveau

Sport - Gym

45 € */ mois

7 jours sur 7
Du lundi au vendredi de 7 h à 21 h
Samedi et dimanche de 7 h à 19 h

14 rue Jean Chatel
69002 Lyon

Téléphone :
04 62 26 49 30

*pour les nouveaux étudiants, les 6 premiers mois

3 Votre ami mange souvent dans les fast foods. Regardez son menu. Qu'est-ce qu'il mange ?

Donnez-lui 5 conseils pour manger des légumes et des fruits.
Exemple : Pour le dessert, mange un fruit, une banane, par exemple.

80 • quatre-vingt

Unité 3 • Bilan actionnel

Qu'est-ce que vous avez fait hier ?

UNITÉ 4

Leçon 13 — **Quelle heure est-il ?**
- Se situer dans le temps (1) – demander et donner l'heure

Leçon 14 — **On peut se voir la semaine prochaine ?**
- Se situer dans le temps (2) – prendre rendez-vous – les jours de la semaine – heure familière, heure officielle

Leçon 15 — **Qu'est-ce que tu as fait ce week-end ?**
- Se situer dans le temps (3) – parler du passé – parler de sa famille (1)

Leçon 16 — **Une famille tout en couleurs**
- Se situer dans le temps (4) – parler de sa famille (2)

Unité 4

quatre-vingt-un • 81

Leçon 13

Quelle heure est-il ?

Je comprends et je communique

1. La journée des Français

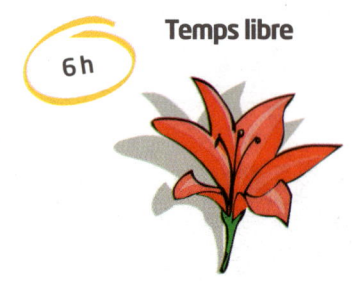

- Sommeil — 8 h
- Téléphone — 30 min
- Courses — 1 h
- Toilette — 1 h
- Repas (petit déjeuner, + déjeuner + dîner) — 2 h
- Travail — 3 h 30
- Temps libre — 6 h
- Télévision — 2 h

Source : *Temps moyen par jour*, d'après l'INSEE, 2010.

2. Debout ! C'est l'heure !

— Les enfants, debout ! Il est 7 heures. Réveillez-vous ! Vous vous douchez et moi, je vais préparer le petit déjeuner.

— Je suis fatiguée. Je voudrais dormir encore un peu. Quelle heure est-il ?

— Non, pas question ! Il est 7 heures. Allez hop, debout ! Et tout de suite !

…

— Allez, dépêchez-vous ! Alice, s'il te plaît, réveille-toi ! Tu dors ! Il faut aller à l'école ! Théo, attention avec la confiture ! Oh là là !

— Tu as l'heure s'il te plaît ?

— Oh ! Il est 8 heures ! On part ! Vite ! Habillez-vous. Oh là là, je vais être en retard au bureau !

82 • quatre-vingt-deux

Unité 4 • Leçon 13

UNITÉ 4

Vocabulaire

• **Verbes**
appeler
se dépêcher
se doucher
s'habiller
préparer
se réveiller

• **Noms et pronoms**
le bureau
la confiture
l'école (f.)
la journée
midi
l'ordinateur (m.)
le petit déjeuner
le quart
le téléphone (m.)

• **Adjectifs**
demi(e)
fatigué(e)
quel/quelle

• **Mots invariables**
debout
encore
vite

• **Pour communiquer**
Allez !
Attention !
S'il te plaît !

• **Manières de dire**
avoir l'heure
C'est l'heure !
Quelle heure est-il ?
Pas question !
tout de suite
avoir du temps libre
être en retard
passer beaucoup de temps

Écouter

• Écoutez le dialogue 2 et complétez.
a. La mère réveille les enfants à …… heures.
b. Ils se ………………… ; la mère ………………… préparer le petit déjeuner.
c. À sept heures et demie, ils prennent le………………… ;
Alice se ………………….
d. À huit heures, ils s'………………… ; la mère ………………… être en retard au bureau.

Comprendre

• Regardez le document 1 « La journée des Français » et répondez par Vrai (V), Faux (F), On ne sait pas.
a. Les Français dorment 30 minutes par jour.
b. Les Français font leur toilette le matin.
c. Les Français travaillent au lit.
d. Les Français mangent beaucoup.
e. Les Français ont beaucoup de temps libre.
f. Les Français aiment regarder des films à la télévision.

Communiquer

Sur l'exemple de la « Journée des Français » p. 82, discutez avec votre voisin et décrivez votre journée.
Exemple : – Combien d'heures par jour est-ce que tu dors ?
– Je dors 8 heures par jour, et toi ?

Écrire

Décrivez votre journée en 5 lignes.
Utilisez les verbes pronominaux au présent :
(*s'appeler, s'habiller, se dépêcher, se doucher, se réveiller…*) et donnez l'heure.
Exemple : Je me réveille à 6 h 30, je me douche à 7 h…

Je prononce

• **Le son [R]**
Écoutez et répétez :
1. Le son [R] en initiale — a. un restaurant — b. la rue de Rivoli — c. Regardez ! — d. Répondez !
2. Le son [R] à l'intérieur d'un mot — a. C'est vrai — b. Très bien — c. Merci — d. Pardon !
3. Le son [R] en finale — a. Il est huit heures — b. Huit heures et quart — c. Allez, on part ! — d. Je voudrais dormir

Unité 4 • Leçon 13

Leçon 13

J'APPRENDS ET JE M'ENTRAÎNE

Grammaire

- **Conjugaison**

  a. Les verbes pronominaux au présent (*s'appeler, s'habiller, se dépêcher, se doucher, se réveiller...*)
  → Précis grammatical page 151

  Exemple : **se doucher**

Je **me** douche	Tu **te** douches	Il/Elle/On **se** douche
Nous **nous** douchons	Vous **vous** douchez	Ils/Elles **se** douchent

  b. Les verbes pronominaux à l'impératif

se dépêcher	Dépêche-toi !	Dépêchons-nous !	Dépêchez-vous !
s'habiller	Habille-toi !	Habillons-nous !	Habillez-vous !
se réveiller	Réveille-toi !	Réveillons-nous !	Réveillez-vous !

- **Le futur proche**

  Pour parler de quelque chose de proche dans le futur :

  Il est midi. Je **vais appeler** Hélène à deux heures et demie, après le déjeuner.

  Il est huit heures et quart ! Vite ! Je **vais préparer** le petit déjeuner. (= à huit heures et demie)

- **Demander et dire l'heure**

  Quelle heure est-il ? Il est 7 heures, il est 11 heures et demie.

  Il est sept heures et quart.　　Il est midi moins vingt.　　Il est deux heures moins le quart.

  Il est cinq heures et quart.　　Il est sept heures et demie.　　Il est midi dix.

1 Complétez ces verbes pronominaux au présent.

a. Je .... dépêche.
b. Nous .... réveillons.
c. Vous .... dépêchez.
d. Vous .... habillez.
e. Il .... appelle Lucas.
f. Je .... habille.
g. Tu .... douches.
h. Elles .... préparent.

2 Qu'est-ce qu'on dit ? Associez une situation et un ordre.

a. Allez, vite ! Le cours de français est à 14 h.　　•　　•　**1.** Douche-toi !
b. Vous n'êtes pas habillés.　　•　　•　**2.** Dépêchons-nous !
c. Tu n'es pas douché.　　•　　•　**3.** Réveillez-vous !
d. Vous dormez, il est 7 heures.　　•　　•　**4.** Allons voir un film !
e. Tu es fatiguée.　　•　　•　**5.** Habillez-vous !
f. Toi et moi, nous adorons le cinéma.　　•　　•　**6.** Repose-toi !

UNITÉ 4

3 Une journée de Théo et Alice. Qu'est-ce qu'ils font ? Écrivez.

Les enfants  .... Ils  .... Ils ....

Ils  .... Ils  .... Ils ....

4 Lisez ce texte, puis cochez la ou les bonne(s) réponse(s).

Passez un week-end à Genève à prix doux ! (CHF 99.-)*

Genève est une jolie ville suisse mais c'est aussi un centre administratif et politique important : la Croix-Rouge et le siège européen de l'Organisation des Nations unies (ONU) sont à Genève.
Il y a aussi beaucoup de choses à voir et à faire : des musées, un programme culturel très riche, des activités sportives sur le lac et à la montagne.
On peut aller au restaurant, au théâtre, danser… À Genève, il y a aussi des grands parcs et des jardins superbes pour se relaxer.

Avec ce forfait, partez à Genève pour un week-end magnifique et pas cher !

Réservation sur Internet : geneva@tourisme.ch
Pour aller à Genève, on peut prendre le train (en TGV : Paris-Genève 3 h 30), l'avion ou la voiture.

* Le prix comprend une nuit d'hôtel, la 1/2 pension et les bus dans Genève.

a. Ce document est : ❏ une publicité ❏ un article de journal ❏ un mail ❏ une carte postale
b. Où est Genève ? ❏ en France ❏ en Belgique ❏ en Suisse ❏ au Luxembourg
c. C'est une ville : ❏ petite ❏ grande ❏ jolie ❏ vieille ❏ nouvelle
d. À Genève, il y a : ❏ la mer ❏ un lac ❏ la montagne ❏ un opéra ❏ des théâtres
e. On peut : ❏ voir des musées ❏ danser ❏ faire du sport ❏ se relaxer
f. On peut aller à Genève : ❏ en train ❏ en avion ❏ en bateau ❏ à bicyclette ❏ en voiture
g. Pour 99 francs suisses, on a : ❏ une nuit d'hôtel ❏ l'avion Paris/Genève ❏ le TGV Paris/Genève
❏ une place de théâtre ❏ la pension complète ❏ le petit déjeuner ❏ le dîner
❏ les bus dans Genève ❏ le métro dans Genève ❏ l'entrée au parc municipal

Unité 4 • Leçon 13

Leçon 14

On peut se voir la semaine prochaine ?

Je comprends et je communique

1 Emploi du temps de Morad Laugier

Lundi	Mardi	Mercredi	Jeudi
06:00	06:00	06:00	06:00
07:00	07:00	07:00	07:00
08:00	08:00	08:00 *8h – 9h*	08:00
09:00	09:00 *9h15 – 11h*	09:00 *Sport*	09:00 *9h55 – 11h*
10:00 *10h – 12h30*	10:00 *Rendez-vous à la banque*	10:00	10:00 *Vidéoconférence*
11:00 *Réunion*	11:00 *M. Martinez*	11:00 *Voir Yuko Oshima*	11:00 *Union européenne (U.E)*
12:00	12:00	12:00	12:00
13:00	13:00 *Déjeuner*	13:00	13:00 *13h45*
14:00 *Sport*	14:00 *avec Fatima*	14:00 *Réunion*	14:00 *Rendez-vous*
15:00	15:00	15:00	15:00 *Docteur Roux*
16:00	16:00 *16h30 – 18h*	16:00 *16h15 – 18h*	16:00
17:00	17:00 *Cours d'anglais*	17:00 *Visite école*	17:00
18:00	18:00 *avec John*	18:00	18:00
19:00 *Exposition*	19:00	19:00	19:00
20:00 *Galerie d'art*	20:00	20:00	20:00 *20h50*
21:00	21:00	21:00	21:00 *Cinéma avec Sophie*
22:00	22:00	22:00	22:00
23:00	23:00	23:00	23:00 *Dîner avec Sophie*
24:00	24:00	24:00	24:00 *et Katia*
00:00	00:00	00:00	00:00

2 Déjeuner de travail

— Allô, Jacques, c'est Michel. Comment allez-vous ?

— Très bien, merci.

— On peut se voir la semaine prochaine pour le projet Hudson ? Oui ? Quand ? Quel jour ?

— Attendez… lundi prochain, vous êtes libre l'après-midi ?

— Non, désolé, lundi, je suis à Bruxelles toute la journée. Et mardi, c'est possible ? Le matin ? Le soir ?

— Mardi, mardi… À quelle heure, le matin ? J'ai rendez-vous à onze heures. On se retrouve à 11 h 15 ? Je suis libre tout l'après midi. On déjeune ensemble ?

— Très bien. À mardi !

86 • quatre-vingt-six   Unité 4 • Leçon 14

UNITÉ 4

Vocabulaire

- **Verbe**
  déjeuner
- **Noms et pronoms**
  l'après-midi (m.)
  un docteur
  un jour
  le matin
  un projet
  un rendez-vous
  une réunion
  une semaine
  une visioconférence
  Les jours de la semaine : lundi, mardi, mercredi, jeudi, vendredi, samedi, dimanche
- **Adjectifs**
  possible
  prochain(e)
  tout(e)
- **Mot invariable**
  quand
- **Manières de dire**
  Attendez...
  À mardi !

Écouter

- **Écoutez le dialogue 2 et complétez.**
  Michel et Jacques prennent .... pour parler d'un projet.
  Michel n'est pas .... lundi : il est à Bruxelles.
  Ils vont se retrouver à .... et quart pour travailler.
  Après, ils vont .... ensemble.

Communiquer

Vous êtes un(e) ami(e) de Morad Laugier, vous voulez le rencontrer pour déjeuner ou dîner. Vous êtes en vacances, Morad travaille.
Jouez la scène à deux.

Écrire

Décrivez votre emploi du temps de la semaine.

Exemple : Lundi je fais du sport ; mardi après-midi j'ai une réunion ; mercredi soir, je vais au cinéma ...

Je prononce

- **Révision du son [R]**
  Écoutez et répétez :
  a. Allô, c'est le docteur Roux ?
  b. Je voudrais un rendez-vous.
  c. Mardi ou mercredi ?
  d. Je préfère mercredi, mercredi après-midi.
  e. Quatre heures moins le quart, ça va ?

Comprendre

Regardez l'agenda de Morad Laugier (page 86) et cochez : Vrai, Faux ou On ne sait pas.

	Vrai	Faux	On ne sait pas
a. Le lundi, Morad Laugier déjeune à 13 h.	☐	☐	☐
b. Le mardi, il a cours de japonais.	☐	☐	☐
c. Il fait du sport le lundi entre 13 h et 14 h.	☐	☐	☐
d. Sur son agenda, la journée la plus longue est mercredi.	☐	☐	☐
e. Il a rendez-vous dans une école mercredi.	☐	☐	☐
f. Morad prend le train jeudi matin pour rencontrer ses partenaires de l'Union européenne.	☐	☐	☐

Unité 4 • Leçon 14

Leçon 14

J'apprends et je m'entraîne

Grammaire

- **Conjugaison du verbe *pouvoir***
  Je peux   Nous pouvons
  Tu peux   Vous pouvez
  Il/Elle/On peut   Ils/Elles peuvent

- **Pouvoir + infinitif**
  Vous pouvez venir le soir ?
  On peut se voir la semaine prochaine.

- **un jour / une journée**
  Il va trois jours à Rome.
  Je travaille toute la journée. (de 9 h à 18 h)

- **Deux manières de dire l'heure :**

l'heure familière	l'heure officielle
dix heures cinq =	dix heures cinq (10 h 05)
dix heures et demie =	dix heures trente (10 h 30)
onze heures moins le quart =	dix heures quarante-cinq (10 h 45)
onze heures moins cinq =	dix heures cinquante-cinq (10 h 55)
midi dix =	douze heures dix (12 h 10)
minuit et quart =	zéro heure quinze (0 h 15)

- **Poser une question sur le temps : *quand* ?**
  quel (+ masculin).../quelle (+ féminin)... ?
    – On peut se voir **quand** ?   – La semaine prochaine.
    – **Quel** jour ?   – Vendredi.
    – À **quelle** heure ?   – À neuf heures trente.
    – D'accord, vendredi prochain à neuf heures et demie.

- ***Tout, toute, tous, toutes***
- Il travaille **tout le** temps. (masculin singulier)
  Il travaille **toute la** journée. (féminin singulier)
    → toute la journée = idée de durée

- Il travaille **tous les** jours. (masculin pluriel)
  Il travaille **toutes les** semaines. (féminin pluriel)
    → tous les jours = lundi, mardi, mercredi...

  ⚠️ Ici, *tout* et *tous* ont la même prononciation [tu] mais l'orthographe est différente.

---

1 Conjugaison du verbe *pouvoir*
Complétez.

a. – Demain, nous ne .... pas aller à l'aéroport chercher Karim. On travaille. Et toi, tu .... ?

b. – Non, désolé, je ne .... pas, je suis à Genève toute la journée. On demande à Eva ?

c. – Ah oui ! Bien sûr ! Elle, elle .... Elle est libre le mercredi.

d. – Elle .... laisser les enfants seuls ?

e. – Oh, les enfants sont assez grands ! Ils .... rester à la maison.

2 Reliez.

a. – Quelle heure est-il ?   •   • **1.** – À six heures.
b. – On a rendez-vous à quelle heure ?   •   • **2.** – En Belgique.
c. – Tu ne travailles pas quels jours ? •   • **3.** – Le samedi et le dimanche.
d. – Vous avez quel âge ?   •   • **4.** – Cinq heures et quart.
e. – Tu vas dans quelles villes ?   •   • **5.** – Vingt-deux ans.
f. – Liège, c'est dans quel pays ?   •   • **6.** – À Montréal et à New York.

UNITÉ 4

3 Complétez avec *tout, toute, tous* ou *toutes*.

a. Je connais .... les étudiants et .... les étudiantes du cours de français.
b. Il travaille .... la journée et il dort .... le week-end.
c. Elle est .... le temps fatiguée : elle se lève très tôt .... les jours.

4 L'heure
Mettez dans l'ordre chronologique.

a. Dix-huit heures quinze
b. Sept heures moins le quart (du matin)
c. Treize heures trente
d. Vingt heures quarante-cinq
e. Neuf heures moins dix (du soir)
f. Midi et demi

Ordre : ....

5 Regardez les trois personnes. Qu'est-ce qu'elles font ? Décrivez leur emploi du temps.

Unité 4 • Leçon 14

quatre-vingt-neuf • 89

Leçon 15

Qu'est-ce que tu as fait ce week-end ?

Je comprends et je communique

1 Sorties à Paris

Paris-Sorties – n° 14
Semaine du 31 octobre au 6 novembre

CINÉMA

Cinéma MK2
2 rue Beaubourg 75001 Paris

■ **Bravo Dimanche !**
Le dernier film de Frédéric Delon.
Du lundi au dimanche
9 h 10 ; 11 h 05 ; 13 h 00 ; 18 h 45.

■ **Mes parents et mon frère**
Un film de Clémence Lambert.
Du lundi au dimanche
11 h 15 ; 13 h 30 ; 19 h 30

■ **Le poisson orange**
Un dessin animé
de Toublanc.
Samedi et dimanche
10 h 30 ; 13 h 15 ; 16 h 05.

RESTAURANTS

■ **Chez Gaston**
Pour un dîner en famille
ou avec des amis.
101, avenue Dausmesnil,
75012 Paris
Téléphone : 01 40 41 26 71.

■ **Le Rendez-vous**
Pour prendre un café ou pour
dîner, mais attention à l'addition.
90, rue Saint-Antoine,
75004 Paris
Télé phone : 01 43 49 00 56.

—— ET AUSSI ——

CONCERT

■ **Mademoiselle Adèle**
Samedi 5 et dimanche
6 novembre.
Opéra Lafayette
19, boulevard des Capucines
75009 Paris.

2 Tu as passé un bon week-end ?

– Salut, Louise, ça va ? Tu as passé un bon week-end ?

– Excellent. Samedi, j'ai vu mes copains de Bruxelles, ils sont à Paris. Nous avons mangé au restaurant. L'après-midi, nous avons fait des courses. Et aujourd'hui, j'ai bavardé avec mon amie Christine à la maison. Et toi, qu'est-ce que tu as fait ?

– Rien ! Hier matin, j'ai fait le ménage. Je déteste ça ! Ensuite, j'ai regardé la télé. Aujourd'hui, j'ai dormi presque toute la journée.

90 • quatre-vingt-dix

Unité 4 • Leçon 15

UNITÉ 4

Vocabulaire

- **Verbes**
bavarder
manger

- **Noms et pronoms**
une addition
un copain/une copine
un dîner
une famille
une femme
un frère
des parents (m.)
la télé(vision)

- **Adjectifs**
dernier/dernière
mon, ma, mes
son, sa, ses... leur(s)

- **Mots invariables**
aujourd'hui
ensuite
hier
presque
rien

- **Manières de dire**
à la maison (= chez nous)
dîner en famille
faire le ménage
passer (+ temps)
prendre un café

Écouter

- **Écoutez le dialogue 2 et complétez.**

a. Le week-end de Louise : samedi, elle .... ses copains, ils ont mangé au .... et ils ont fait .... Dimanche, elle .... à la maison avec son amie Christine.

b. Le week-end de l'ami de Louise : samedi, il a fait ...., il .... la télévision et dimanche, il .... presque toute la journée.

Communiquer

Vous êtes en week-end à Paris. Regardez la page « Paris-Sorties ». Quelles activités choisissez-vous ? Jouez la scène à deux. (document 1)

Écrire

Racontez votre dernier week-end.
Exemple : Samedi dernier, j'ai regardé un film... Le soir, j'ai vu des copains ...

Comprendre

- **Trouvez l'intrus : le mot qui n'est pas de la même famille.**
Exemple : tomate – banane – château. L'intrus est « château ».

a. hier – ensuite – aujourd'hui
b. un film – un cinéma – un docteur
c. un informaticien – un journaliste – un Espagnol
c. septembre – une salade – un restaurant
d. un magazine – un concert – un musicien

Je prononce

- **Différencier le présent et le passé composé**
Écoutez et répétez :

a. je mange/j'ai mangé
b. je bavarde/j'ai bavardé
c. je travaille/j'ai travaillé
d. je regarde la télé/j'ai regardé la télé
e. je fais le ménage/j'ai fait le ménage
f. je vois des copains/j'ai vu des copains
g. je dors/j'ai dormi

Unité 4 • Leçon 15

Leçon 15

J'APPRENDS ET JE M'ENTRAÎNE

Grammaire

- **Les adjectifs possessifs (1)**
  On a fait une fête chez **mes** copains avec **mon** amie Christine et **ses** enfants.
  L'adjectif possessif s'accorde avec la personne ou la chose « possédée » (et non avec le « possesseur »).

	Nom singulier masc./fém.	Nom pluriel
je	mon ma	mes
il/elle	son sa	ses
ils/elles	leur	leurs

→ Précis grammatical page 150

⚠ On utilise **mon, ton, son** devant un nom féminin singulier commençant par une voyelle : mon **é**cole, ton **u**niversité, son **a**mie Christine.

- **Le passé composé avec *avoir* (1)**
  Tu **as passé** un bon week-end ?
  J'**ai travaillé** et nous **avons bavardé**.
  On utilise le passé composé pour exprimer des actions au passé (hier, la semaine dernière, le mois dernier...).

- **Forme :** *avoir* au présent (j'ai, tu as, il/elle/on a, nous avons, vous avez, ils/elles ont) + **le participe passé du verbe**
  Le participe passé : verbes en -er → -é regarder → regardé
  travailler → travaillé
  autres verbes : dormir → dormi
  voir → vu
  faire → fait

  – Vous **avez regardé** la télévision ?
  – Non, nous **avons bavardé**.
  – Qu'est-ce que tu **as fait** hier ?
  – J'**ai dormi**.

- **La situation dans le passé**
  Hier après-midi, j'ai regardé la télé.
  Lundi dernier, nous avons travaillé tard.
  La semaine dernière, j'ai vu un beau film.
  Mardi matin, elle a fait des courses.

1 Écoutez. Vous entendez un présent ou un passé composé ? Cochez.

	a	b	c	d	e	f	g	h	i	j	k	l
Présent												
Passé composé												

2 Écoutez et complétez.

Alors, qu'est-ce que j'ai .... dimanche ? Euh........................., j'ai fait un peu de ....
Je n'aime pas beaucoup ça mais...
Après, j'ai fait quelques .... au marché. J'ai préparé ....
L'après-midi, j'ai .... un peu la télévision, j'ai .... deux ou trois heures.
Et le soir, Hector et moi, on a .... au restaurant. Voilà ma journée !

92 • quatre-vingt-douze   Unité 4 • Leçon 15

UNITÉ 4

3 Complétez avec son, sa, ses, leur, leurs.

a. M. et Mme Dufour habitent à côté de Québec avec .... deux enfants. .... maison est grande et jolie. Mme Dufour déjeune souvent avec .... amies.

b. Nahéma a une grande famille : .... parents ont eu cinq enfants ; .... frères s'appellent Luca et Cameron et .... sœurs Issa et Viny. Luca a vingt-cinq ans, il habite à Londres avec .... copine. Issa est étudiante et elle habite avec .... amie Carla. Viny, Cameron et Nahéma vont au lycée, ils habitent chez .... parents.

4 Écrivez ces phrases au passé composé.

a. Je dors une heure. → ....
b. Nous dînons au restaurant. → ....
c. Tu prépares le petit déjeuner ? → ....
d. Vous aimez le dernier film de Tavernier ? → ....
e. Les enfants mangent des fruits. → ....
f. Ta sœur fait un gâteau ? → ....

5 Voici cinq personnalités françaises. Est-ce que vous les connaissez ?

Reliez chaque personne à un verbe et terminez la phrase. Faites des phrases au passé composé.
Exemple : Marion Cotillard a joué dans un film aux États-Unis.

a. Tony Parker  **b.** Zinedine Zidane 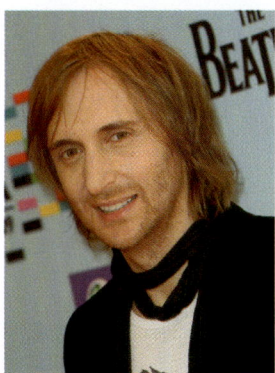 **c.** David Guetta  **d.** Jean Dujardin  **e.** Eva Green

- découvrir – travailler – vivre – gagner – jouer

- aux États-Unis – le basketball avec son père – dans l'équipe de France – l'Oscar du meilleur acteur en 2012 – avec Tim Burton et Johnny Deep

a. .... **d.** ....
b. .... **e.** ....
c. ....

Unité 4 • Leçon 15

Leçon 16

Une famille tout en couleurs

Je comprends et je communique

1 Ta famille est sympa

2 Vous venez de partout !

– C'est ta famille, là, sur la photo ? Incroyable ! Vous venez de partout ! Là, ce sont tes parents ?

– Oui, mon père est sénégalais et ma mère est suisse. À droite, c'est mon frère Laurent ; il a épousé une Irlandaise, une jolie femme rousse.

– Et là, à gauche, c'est ta sœur, non ?

– Oui, c'est Carole avec son mari Xian ; il est chinois. Ils ont habité longtemps à Hong Kong ; ils ont eu un fils et une fille. Maintenant, ils vivent à Paris.

– Et toi, avec ton beau Vladimir, ça va ?

– Oui, très bien !

UNITÉ 4

Vocabulaire

• **Verbes**
épouser
vivre

Noms et pronoms
une femme
une fille
un fils
une grand-mère
un grand-père
un mari
une sœur
un thé

Adjectifs
irlandais(e)
notre, nos
vert(e)
ton, ta, tes
votre, vos

Mots invariables
longtemps
maintenant
partout

Manières de dire
Incroyable !

Écouter

• **Écoutez le dialogue 2 et complétez.**
Son père est .... et sa mère est ....
La .... de son frère est irlandaise. C'est une ....
femme .... Sa sœur a un .... chinois. Ils ont eu
un .... et une ....

Comprendre

• Écoutez le dialogue 1 et regardez le dessin p. 94.
Identifiez les personnes : la sœur, son mari, la mère,
la grand-mère, le père, le grand-père.

Communiquer

Présentez votre famille à votre voisin.

*Exemple : Mon père est français, il est ingénieur.... ma mère est anglaise,
elle est professeur.*

Écrire

Qui est votre famille ? Est-ce que vous voyez souvent votre famille ?
Quelle différence il y a entre votre famille et vos amis ?

Je prononce

• **Rythme**
Écoutez et répétez :
a. C'est une femme.   C'est une jeune femme.   C'est une jeune femme rousse.
b. C'est un chocolat.   C'est un bon chocolat.   C'est un bon chocolat suisse.
c. C'est un thé.   C'est un excellent thé.   C'est un excellent thé vert.

Unité 4 • Leçon 16   quatre-vingt-quinze • 95

Leçon 16

J'APPRENDS ET JE M'ENTRAÎNE

Grammaire

- **L'accord de l'adjectif (rappel)**
  Mon frère a épousé une Irlandaise, une jolie femme rousse.

  L'adjectif s'accorde en genre (masculin/féminin) et en nombre (singulier/pluriel) avec le nom.

  Un frère (nom masculin singulier)   Mon **petit** frère.
  Une femme (nom féminin singulier)   C'est une **jolie femme** rousse.
  Des enfants (nom masculin pluriel)   Il a des enfants très **sympas**.
  Des filles (nom féminin pluriel)   Il a deux **jolies** filles.

- **La place de l'adjectif**
  une **jeune** femme **anglaise** – un **bon** gâteau – un **grand** café **noir**
  - Les adjectifs de **couleur** et de **nationalité** sont toujours placés derrière le nom.
  - Les adjectifs **bons/bonne, grand(e), petit(e), nouveau/nouvelle, beau/belle, joli(e)**... sont presque toujours placés devant le nom.
  - **Premier, deuxième**... sont toujours placés devant le nom.
    la **deuxième** rue à droite

- **Les adjectifs possessifs (2)**
  *C'est **ta** famille ? – Ce sont **tes** parents ? – C'est **notre** petite sœur. – Voilà votre café et vos croissants.*

	Nom singulier masc./fém.	Nom pluriel
tu	ton ta	tes
nous	notre	nos
vous	votre	vos

1 L'accord de l'adjectif
Mettez ce qui est souligné au pluriel.

a. Ils ont <u>un enfant très sympa et très intelligent</u>.
b. Le professeur a travaillé avec <u>son étudiant japonais</u>.
c. J'ai vu <u>une fille rousse, elle est irlandaise</u>.
d. On a mangé <u>un gâteau chinois absolument délicieux</u>.

2 La place de l'adjectif
Mettez dans l'ordre.

a. Alyssa – blonde – fille – une – est – jolie
b. habitent – maison – petite – blanche – une – ils – dans
c. voudrais – grand – noir – je – un – café
d. jeunes – ce sont – touristes – deux – irlandais
e. prend – thé – grand – grand-mère – vert – sa – un

UNITÉ 4

3 Associez un mot et une couleur.

a. orange   f. rouge

b. violet   g. noir

c. bleu   h. rose

d. jaune   i. marron

e. vert   j. blanc

4 En France comme partout, les couleurs ont une valeur symbolique. Cochez la bonne réponse. Vous pouvez utiliser votre dictionnaire.

À votre avis, est-ce qu'en France...

a. le blanc est la couleur ☐ de la mort ☐ de la vie ☐ de la peur ☐ de la pureté

b. en général, les femmes se marient ☐ en blanc ☐ en noir ☐ en rouge ☐ en bleu

c. le noir est la couleur ☐ de l'espérance ☐ de la passion ☐ de la tristesse ☐ de l'amour

d. les amoureux offrent des roses ☐ rouges ☐ blanches ☐ jaunes ☐ roses

e. la couleur préférée est ☐ le blanc ☐ le bleu ☐ le rouge ☐ le vert

f. le vert est la couleur ☐ de la colère ☐ de la violence ☐ de l'espérance ☐ de l'amour

5 Dans votre culture, quelle est la valeur symbolique de ces couleurs ?

a. blanc → ....

b. bleu → ....

c. noir → ....

d. vert → ....

e. rouge → ....

f. jaune → ....

6 Quelques expressions idiomatiques
Quelle est l'expression équivalente dans votre langue ?

• *Voir rouge* : se mettre brusquement en colère (mais on dit : « une colère noire ») → ....

• *Voir la vie en rose* : être optimiste, voir les choses de manière optimiste → ....

• *Voir tout en noir* : être pessimiste, triste → ....

• *Avoir une peur bleue* : avoir une peur terrible → ....

Unité 4 • Leçon 16

Mariage : en blanc ou en couleur ?

Vanessa est invitée au mariage de sa copine d'université. Elle le raconte sur son blog.

1. Identifiez la photo.

Salut à tous,

Ma copine Meriem s'est mariée le mois dernier à Marrakech. Trop belle ! Elle était superbe, avec une robe blanche brodée et beaucoup de bijoux, un grand collier, des bracelets, un diadème sur la tête. J'ai fait beaucoup de photos. Regardez ! Elle est belle, ma copine, non ? Et quel sourire magnifique !

A.

B.

C.

D.

E.

98 • quatre-vingt-dix-huit

Unité 4 • Civilisation

Civilisation

Familles, familles

Forum

A : Bonjour. J'ai 27 ans et je vis avec un homme de 42 ans. Sa fille a 14 ans, elle habite avec nous. C'est terrible ! Elle me déteste, elle est très jalouse et le père est toujours d'accord avec elle, contre moi. Qu'est-ce que je peux faire ?

B : Bonjour, nous sommes une famille recomposée : MOI et mes deux petites et LUI, mon ami, et ses deux grands. Tout va très bien ! Les garçons sont super avec moi et les filles adorent leurs « grands frères ».

C : Bonjour, je suis seule avec deux enfants et c'est dur. Pour moi, c'est compliqué d'être en même temps le père et la mère. Ma fille a 13 ans et elle est très difficile. Elle travaille mal au collège, elle sort le soir avec ses copains… et elle ne m'écoute pas du tout.

D : Bonjour, mon mari est marocain et nous avons un beau petit garçon. Nous sommes très heureux, mes parents adorent mon mari et, chaque année, nous allons à Casablanca dans la famille de mon mari. Je pense que les différences de culture, c'est une richesse.

E : Je m'appelle Céline et je suis mariée depuis douze ans. Nous avons deux enfants, une fille et un garçon. Pour nous, la famille, c'est très important ! Mes deux sœurs ont divorcé et je ne comprends pas ça. À mon avis, quand on se marie, c'est pour toute la vie.

1. : ....

2. À quel texte correspondent ces trois photos ?

2. : ....

3. Reliez ces cinq titres de journaux aux cinq textes du forum.

3. : ....

a. Vive la mixité ! • • A

b. Familles monoparentales : tout n'est pas rose • • B

c. Le mariage, c'est sérieux ! • • C

d. Comment vivre avec les enfants de l'autre ? • • D

e. Une famille recomposée sans problème • • E

Unité 4 • Civilisation

UNITÉ 4

Compréhension orale

1 Écoutez et cochez ce que vous entendez.

1. ☐ a) Attention, attention, le TGV 403 pour Bordeaux départ à 10 h 12, voie 4.
   ☐ b) Attention, le train 413 pour Bordeaux, départ à 12 h 32, voie 15
2. ☐ a) Alors, on se retrouve à quelle heure ? À huit heures et demie ?
   ☐ b) Bon, on se retrouve à quelle heure ? À six heures et demie, ça va ?
3. ☐ a) Le cours de grammaire, c'est mardi à 15 h 30, salle B 113.
   ☐ b) Le cours de grammaire, c'est jeudi à 10 h 30, salle C10.
4. ☐ a) Le rendez-vous, c'est quand ? Demain à midi ?
   ☐ b) Nous avons rendez-vous demain à midi.
5. ☐ a) Vite ! Dépêche-toi ! Le film commence à 14 h 35.
   ☐ b) Allez, dépêche-toi ! Le film commence à 20 h 35.

2 Écoutez et cochez l'image correspondante.

1. ☐ a.   ☐ b.
2. ☐ a.   ☐ b.

3 Écoutez la question. Cochez la réponse qui correspond.

1. ☐ a) Ah, non, pas mardi ! Tous les mardis, je suis à Versailles.
   ☐ b) Oui, très bien, d'accord pour jeudi. À treize heures, ça te va ?
   ☐ c) Non, désolée, le mercredi, je suis avec les enfants.
2. ☐ a) Non, il préfère jouer au foot ou aller sur MSN.
   ☐ b) Oui, mon père a travaillé deux ans comme photographe.
   ☐ c) Non, c'est le nouveau copain de ma sœur.

Compréhension orale et interaction écrite

4 Vous êtes le/la secrétaire de Monsieur Dufour. Vous écoutez ce message sur le répondeur. Vous laissez un mot à Monsieur Dufour.

Message pour M. Dufour

Entraînement au DELF

Grammaire

5 **Lisez cette page d'agenda de Lila. Écrivez ce qu'elle a fait.**

Dimanche	Lundi	Mardi
(Cosi Fan Tutte – 14 h 30 théâtre des Champs-Élysées) soir : Dîner chez les parents	matin : courses pour les vacances (maillot de bain, etc.) Soir, film à la télé : The Artist.	10 h 15 train → Cannes Tél. Docteur Floch pour changer le RV du 18.

Dimanche après-midi, elle ....
....
....
....

6 **Reliez.**

a. Je veux dormir un peu.
b. Je prends un hamburger. Et toi ?
c. Ah non, mardi, impossible !
d. Tu es venu à pied ?
e. Il est quelle heure à Toronto ?
f. On va rater le train, il est déjà midi !

• Jeudi, alors ? Ça va, jeudi ?
• Oui, j'adore marcher.
• Oui, dépêchons-nous. Allez, vite !
• Hum... Une salade pour moi.
• Attends... Il est six heures du matin.
• Ah non, il est huit heures. Debout !

Compréhension et expression écrites

7 **Lisez cet e-mail et répondez aux questions par une phrase complète.**

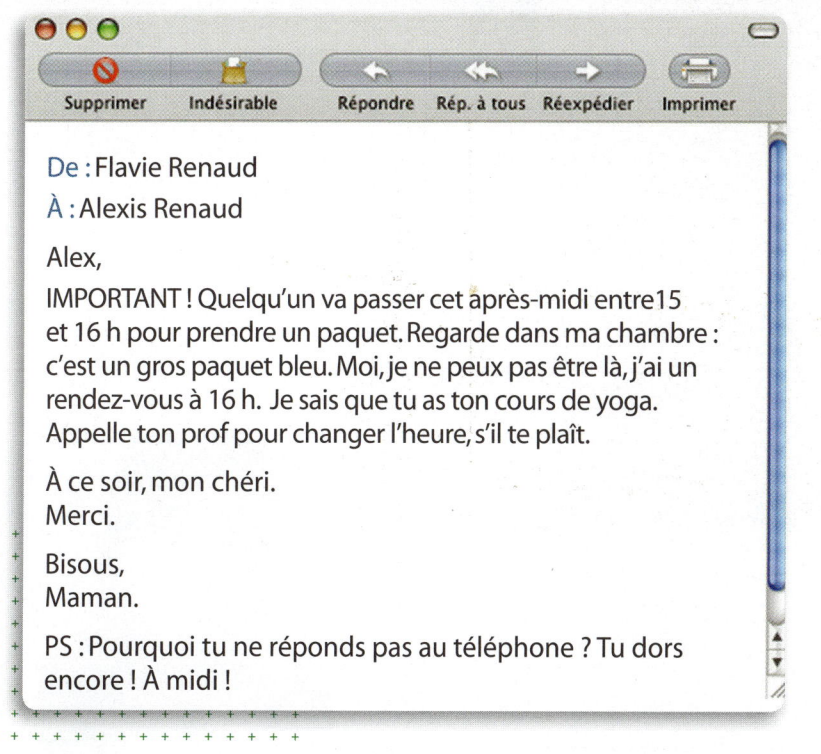

De : Flavie Renaud
À : Alexis Renaud

Alex,

IMPORTANT ! Quelqu'un va passer cet après-midi entre 15 et 16 h pour prendre un paquet. Regarde dans ma chambre : c'est un gros paquet bleu. Moi, je ne peux pas être là, j'ai un rendez-vous à 16 h. Je sais que tu as ton cours de yoga. Appelle ton prof pour changer l'heure, s'il te plaît.

À ce soir, mon chéri.
Merci.

Bisous,
Maman.

PS : Pourquoi tu ne réponds pas au téléphone ? Tu dors encore ! À midi !

1. Qui est Alexis ?
....
2. Pourquoi il ne répond pas au téléphone ?
....
....
3. Qui va passer à la maison ? À quelle heure ? Pour quoi faire ?
....
....
4. Alexis doit appeler qui ? Pour quoi faire ?
....
....
5. Pourquoi la mère ne peut pas être à la maison dans l'après-midi ?
....

Unité 4 • Entraînement DELF

Bilan actionnel

1 Anthony a une longue journée. Mettez les images dans l'ordre. Décrivez son emploi du temps. Conjuguez les verbes au présent.

....
....
....
....
....

2 En groupes de 2 personnes, répondez aux questions et complétez le tableau.

	Moi	Personne 1
Quel est votre chanteur préféré ?	Mon ...	Ton ...
Quel est votre film préféré ?	Mon ...	Ton ...
Quel est votre type de musique préférée (rock, électro, RnB...) ?	Ma ...	Ta ...
Quelles sont vos villes préférées ?	Mes ...	Tes ...

Présentez les réponses à la classe.
Exemple : Ma chanteuse préférée est Zazie. Sa chanteuse préférée est Camille.

3 Écoutez. Élodie vous raconte son week-end. Qu'est-ce qu'elle a fait ?

Élodie a .... Omar et Lucas, ils ont .... un gigot avec des pommes de terre, ils ont beaucoup mangé.
Elle a .... un cadeau d'anniversaire pour Matthieu.
Elle a .... José et dansé toute la ......
Elle .... le nouveau film *Un dîner de famille* avec .... Elle a .... un café avec sa mère.

102 • cent deux   Unité 4 • Bilan actionnel

Quels sont vos projets ?

UNITÉ 5

LEÇON 17 — Après les études
- Poser des questions et répondre à des questions sur ses projets professionnels, son parcours, ses études...

LEÇON 18 — France, Japon, Canada, États-Unis
- Poser des questions et répondre à des questions sur son passé (2)

LEÇON 19 — Ah, les vacances...
- Parler des saisons, parler du temps qu'il fait
- Raconter ses vacances

LEÇON 20 — Quand commencent les cours ?
- Parler d'événements passés
- Expliquer ce qu'on fait comme études, parler de l'université

Unité 5

cent trois • 103

Leçon 17

Après les études

Je comprends et je communique

1 Parlez-moi de vous

– Parlez-moi de vous. Vous avez un bac économique et social…

– Oui. Après le bac, j'ai fait un master d'ingénieur informaticien à Rennes pendant cinq ans. J'adore les ordinateurs.

– Vous parlez allemand, anglais et français ?

– Oui, j'ai eu un poste dans une entreprise française à Berlin pendant trois ans. J'ai travaillé avec des Allemands et des Anglais.

– Après l'Allemagne, vous êtes rentré en France. Pourquoi ?

– Parce que j'ai habité là-bas pendant trois ans, c'est long. J'ai commencé des études de vétérinaire à Paris. J'ai toujours aimé les animaux. Plus tard, je veux être vétérinaire. J'ai trouvé votre offre de travail sur Internet.

– Quelles sont vos activités le week-end ?

– Je fais du sport, je suis des cours de théâtre. J'ai joué dans deux pièces : *Fini, le théâtre !* et *Raconte-moi…*

– Vous avez beaucoup de temps !

– Oui, c'est vrai. Je suis célibataire : j'ai beaucoup de temps libre.

2 Annonces sur Internet

La petite école anglaise
> Professeur d'anglais pour enfants (3 à 10 ans)
> Travailler 13 heures /semaine avec 3 classes de 16 enfants.

La Banque française
Informaticien
Travailler sur le site Internet

Vendeur automobiles à Montreuil
- Parler avec les clients
- Connaître le prix des voitures

UNITÉ 5

Vocabulaire

- **Verbes**
commencer
rentrer
rencontrer
trouver
vouloir

- **Noms**
un animal
le bac
une entreprise
les études (f.)
un/une ingénieur
une offre
un ordinateur
le théâtre
un travail
un/une vétérinaire

- **Adjectifs**
célibataire
difficile
économique et social

- **Mots invariables**
là-bas
parce que
pourquoi
toujours

- **Manières de dire**
avoir un poste
plus tard (= dans le futur)
faire des études
faire un master
Fini !
Raconte-moi !
suivre des cours de théâtre

Écouter

- Écoutez le dialogue et complétez les phrases. Ne relisez pas le dialogue.

a. Il a un bac .... et ....
b. Il parle ...., ..., ...
c. Il .... un master d'ingénieur informaticien.
d. Il a .... des études de vétérinaire.
e. Il aime les .... et ....
f. Il a travaillé en Allemagne, à ....
g. Il a eu un poste dans une .... française.
h. Comme activités, il fait du .... et du ....

Communiquer

L'ingénieur informaticien du dialogue 1 a trouvé des offres de travail sur Internet (document 2). Lisez-les et discutez à deux. Quelle offre est intéressante pour lui ?

Écrire

Parlez de votre expérience dans le travail. Utilisez le passé composé.

Exemple : J'ai étudié l'économie. J'ai travaillé pendant deux ans à Fukuoka dans une entreprise américaine.

Je prononce

- **Les sons [ã], [ɔ̃] et [ɛ̃] (1)**
Écoutez et répétez :

1. Le son [ã] : les parents – les enfants – les vacances
Les enfants partent en vacances. Les parents travaillent.

2. Le son [ɔ̃] : raconte – mon oncle – long – blond
Mon oncle a les cheveux blonds : ils sont très longs.

3. Le son [ɛ̃] : un informaticien – rien – bientôt – Berlin
Leur copain habite à Berlin. Tu viens, Alain ?

Unité 5 • Leçon 17

Leçon 17

J'APPRENDS ET JE M'ENTRAÎNE

Grammaire

- **Le verbe *vouloir***
- **Conjugaison :**

  Je veux   Nous voulons
  Tu veux   Vous voulez
  Il/Elle/On veut   Ils/Elles veulent

- **Construction :**
  - vouloir + nom   *Vous voulez un café ? Vous voulez du sucre ?*
  - vouloir + infinitif   – *Qu'est-ce que tu veux faire ? – Je veux être informaticien.*

  Rappel : *Je voudrais* exprime la politesse ou le souhait.

- **Le passé composé avec l'auxiliaire *avoir* (3)**

  J'ai rencontré Pierre. Il a eu un poste d'ingénieur.

- **Le passé composé avec l'auxiliaire *être* (1) : *aller, partir, venir*...**
  → Précis grammatical page 127

  Elles sont allées à la plage. – Nous sommes partis à Mexico.

  Avec certains verbes comme *aller, venir, partir*..., le passé composé se forme avec le présent du verbe *être* + le participe passé du verbe.

  Quelques participes passés : aller → allé   partir → parti   venir → venu

  Le participe passé s'accorde comme un adjectif :
  Il est venu, elle est venue, ils sont venus, elles sont venues.

1 Écoutez et cochez quand vous entendez le passé composé.

	a	b	c	d	e	f	g	h	i	j
Passé composé										

2 Écrivez ces phrases au passé composé.

a. Ma sœur part au Canada en avril. Elle a un poste de journaliste au *Québécois*.
→ ....

b. Louise et son mari vont en Espagne en juillet. Ils adorent l'Andalousie.
→ ....

c. Adèle rencontre beaucoup d'amis à l'université. Ils font leur master ensemble.
→ ....

d. Ta mère vient chez toi pour Noël ? Vous faites une soirée avec la famille ?
→ ....

UNITÉ 5

3 Passer un entretien
Posez les questions correspondant aux réponses.

– Bonjour, mademoiselle. .... ?

– Florence Maigret.

– .... ?

– Ici, à Grenoble. 123, rue Saint-Marcel.

– .... ?

– J'ai étudié l'informatique à Lyon 2 de 2000 à 2005.

– .... ?

– Un master professionnel. J'ai passé mon master en 2005.

– .... ?

– J'ai eu un poste dans une société d'import-export pendant cinq ans.

– Merci, mademoiselle.

4 Thomas a 18 ans. Il veut faire et acheter beaucoup de choses. Faites deux phrases comme dans l'exemple.

Exemple : Thomas veut un gâteau au chocolat (vouloir + nom).
Thomas veut faire un gâteau.

5 Lisez le curriculum vitae (CV) de Delphine Legoff et écrivez son parcours.

Elle est née ....
....
....
....
....
....
....
....

Curriculum vitae

Delphine LEGOFF
22, rue du Verger
36000 Bordeaux
Née le 22/05/1979 à Paris
Française

Études
1997 : bac L (anglais, espagnol)
2002 : master d'espagnol

Expérience professionnelle
2003-2007 : professeur de français
　　　　　　Lycée français de Madrid
2008-2011 : professeur d'espagnol
　　　　　　Bordeaux

Langues
espagnol, anglais

Unité 5 • Leçon 17

cent sept • 107

Leçon 18

France, Japon, Canada, États-Unis

Je comprends et je communique

1 France, Japon, Canada, États-Unis…

Je m'appelle Sébastien Marchand, je suis français, je suis né en 1982. Je suis steward depuis 4 ans. J'adore mon travail. Les voyages sont fatigants mais la semaine dernière, je suis resté trois jours au Japon, c'est un pays incroyable ! Lundi prochain, je pars au Canada et aux États-Unis. Je voyage très souvent, j'ai de la chance.
Ma ville préférée ? Los Angeles ! J'ai étudié l'anglais là-bas. À cette période, j'ai travaillé comme serveur, vendeur, décorateur, sculpteur… Tout est possible aux États-Unis.
Ma dernière folie ? J'ai acheté un grand tableau bleu et rose à Bombay, en Inde.
Mon souhait ? Je voudrais continuer à voyager toute ma vie et ne jamais mourir.

UNITÉ 5

Vocabulaire

- **Verbes**
  naître *(je suis né)*
  mourir *(je suis mort)*
  rester
  voyager
- **Noms**
  un décorateur (m.)
  une période (f.)
  un sculpteur (m.)
  un steward (m.)
  un tableau (m.)
- **Adjectifs**
  bleu(e)
  fatigant(e)
  rose
- **Mots invariables**
  depuis
  pendant
  souvent
- **Manières de dire**
  avoir de la chance
  ne... jamais

Écouter

- Écoutez et entourez les bonnes réponses.
  a. Sébastien est :
    professeur   ingénieur   steward
  b. Aux États-Unis, il a travaillé comme :
    journaliste   sculpteur   décorateur
  c. Il a habité à :
    Buenos Aires   Los Angeles   Bombay
  d. Sébastien voudrait :
    vivre aux États-Unis   acheter un tableau   continuer à voyager

Comprendre

- Il y a cinq verbes au passé composé dans le dialogue. Complétez les verbes et trouvez l'infinitif des verbes.
Exemple : Je suis né en 1982 → naître

a. Je .... **resté** trois jours au Japon. → ....
b. J'............... **étudié** l'anglais. → ....
c. J'ai .... comme serveur. → ....
d. J'............... un tableau. → ....

Communiquer

**Et vous, aimez-vous les voyages ?
Discutez avec votre voisin(e) et parlez de vos dernières vacances.**

Exemple : Pour mes dernières vacances, je suis allé(e) en Suède, je suis resté(e) à Stockholm pendant 5 jours, j'ai habité chez mes amis Tove et Fredrik.

Je prononce

- **Les sons [ʃ] et [ʒ]**

Écoutez et répétez :

1. Le son [ʃ] : chinois – les cheveux – la chance – le chocolat – acheter – dimanche
  Achète du chocolat pour Charles.

2. Le son [ʒ] : joli – japonais – jeune – jeudi – voyager – le ménage
  J'ai voyagé avec une jeune Japonaise.

3. Les sons [ʃ] et [ʒ] : *Jeudi, j'ai mangé chez Jean.
  Il voyage, il a de la chance !*

Écrire

*Je suis né en Espagne en 1881 et je suis mort en 1973 en France.
Je ne suis pas français mais j'ai vécu en France pendant longtemps.
J'ai été peintre. J'ai eu 4 enfants avec trois femmes différentes.
Un de mes tableaux, Guernica, est très célèbre.
Qui suis-je ? → Je suis ....*

Comme dans l'exemple, écrivez la biographie d'une personne célèbre.

Unité 5 • Leçon 18   cent neuf • 109

LEÇON 18

J'APPRENDS ET JE M'ENTRAÎNE

Grammaire

- **Le passé composé**
  Le passé composé est formé d'un auxiliaire : *avoir* ou *être* et d'un participe passé.
- **Avec l'auxiliaire *être***
  Douze verbes se conjuguent avec être : *naître, venir, monter, rester, arriver, entrer, sortir, descendre, tomber, aller, partir, mourir*
  ainsi que les verbes pronominaux (comme *se lever, se doucher...*)
  Je suis né(e), nous sommes né(e/s), vous êtes né(e/s). Je me suis douché(e).
- **Avec l'auxiliaire *avoir***
  Les autres verbes se conjuguent avec *avoir*.
  J'ai travaillé.
- **Les noms de pays : prépositions et noms de pays (1)**
- ***à* + nom de ville**
  Elle vit à Londres. – Je suis allé(e) à Toulouse.
- ***au* + nom de pays masculin singulier**
  Nous sommes au Canada. – Ils ont vécu au Liban. – Elle habite au Japon.
- ***en* + nom de pays féminin singulier**
  Nous partons en Italie. – Vous avez travaillé en Chine. – Je suis en France.
- ***aux* + nom de pays pluriel**
  Ils ont étudié aux États-Unis. – Je travaille aux Bahamas.

- ***depuis* et *pendant* indiquent tous les deux la durée.**
  Depuis indique une action qui a commencé dans le passé et qui continue au présent.
  Nous vivons à Marseille depuis deux ans (et nous vivons encore à Marseille).
  Pendant indique une durée limitée.
  Je suis à Paris pendant quatre jours puis je pars à New York pendant deux mois.

1 Écoutez et cochez ce que vous entendez.

a. ☐ J'ai vécu à Amsterdam. ☐ J'ai vu Amsterdam.
b. ☐ Je pars au Canada avec elle. ☐ Je vais voir le Canada avec elle.
c. ☐ Je suis allé au Japon et en Chine. ☐ Je vais aller au Japon et en Chine.
d. ☐ Il est né à Paris en 1918. ☐ Elle est née à Paris en 1978.
e. ☐ Ils sont là depuis longtemps. ☐ Ils sont morts depuis longtemps.

UNITÉ 5

2 Complétez avec *depuis - pendant*.

a. Ils habitent au Canada .... cinq ou six ans.

b. Il a travaillé .... une heure et, après, il a regardé la télévision.

c. J'ai rencontré mon copain François à Socoa en août, ... les vacances.

d. Les enfants sont en vacances .... hier.

e. Ils vont rester chez leur grand-mère .... toutes les vacances.

3 Lisez le texte et cochez la bonne réponse.

Je me présente. Anna Longman, de nationalité suisse. J'ai 27 ans et j'ai un master d'économie (université de Lausanne, mention très bien). Je suis spécialiste en analyse macro-économique (option finances). J'ai travaillé deux ans à la Banque nationale suisse (BNS), à Genève, comme conseillère financière pour des sociétés étrangères implantées en Suisse.
Je cherche un poste similaire dans une banque canadienne. Je parle français, anglais, allemand, italien. Disponible immédiatement. Contacter annalongman@hotmail.com

a. Elle veut travailler ☐ à la BNS à Montréal ☐ à Paris ☐ au Canada

b. Elle est diplômée ☐ en stratégie géopolitique ☐ en économie ☐ en comptabilité

c. Elle cherche un travail ☐ identique ☐ différent ☐ bien payé

d. Elle peut commencer ☐ dans un mois ☐ dans 6 mois ☐ maintenant

4 Regardez les dates et écrivez, avec des verbes au passé composé la biographie de Serge Gainsbourg, un chanteur français très célèbre.

Serge Gainsbourg

1928 : naît à Paris
1968 : rencontre Jane Birkin
1969 : chante avec Jane Birkin *Je t'aime... moi non plus*. La chanson connaît un succès international.
1971 : a une fille : Charlotte Gainsbourg
1979 : chante *La Marseillaise*
1981 : sa statue entre au musée Grévin à Paris
1991 : meurt à Paris

Serge Gainsbourg est né à Paris en 1928. Il .... auteur-compositeur-chanteur.

En 1968, il .... Jane Birkin, une actrice anglaise de Londres, ils ....

Je t'aime... moi non plus, une chanson avec un succès international. En 1971, ils ....

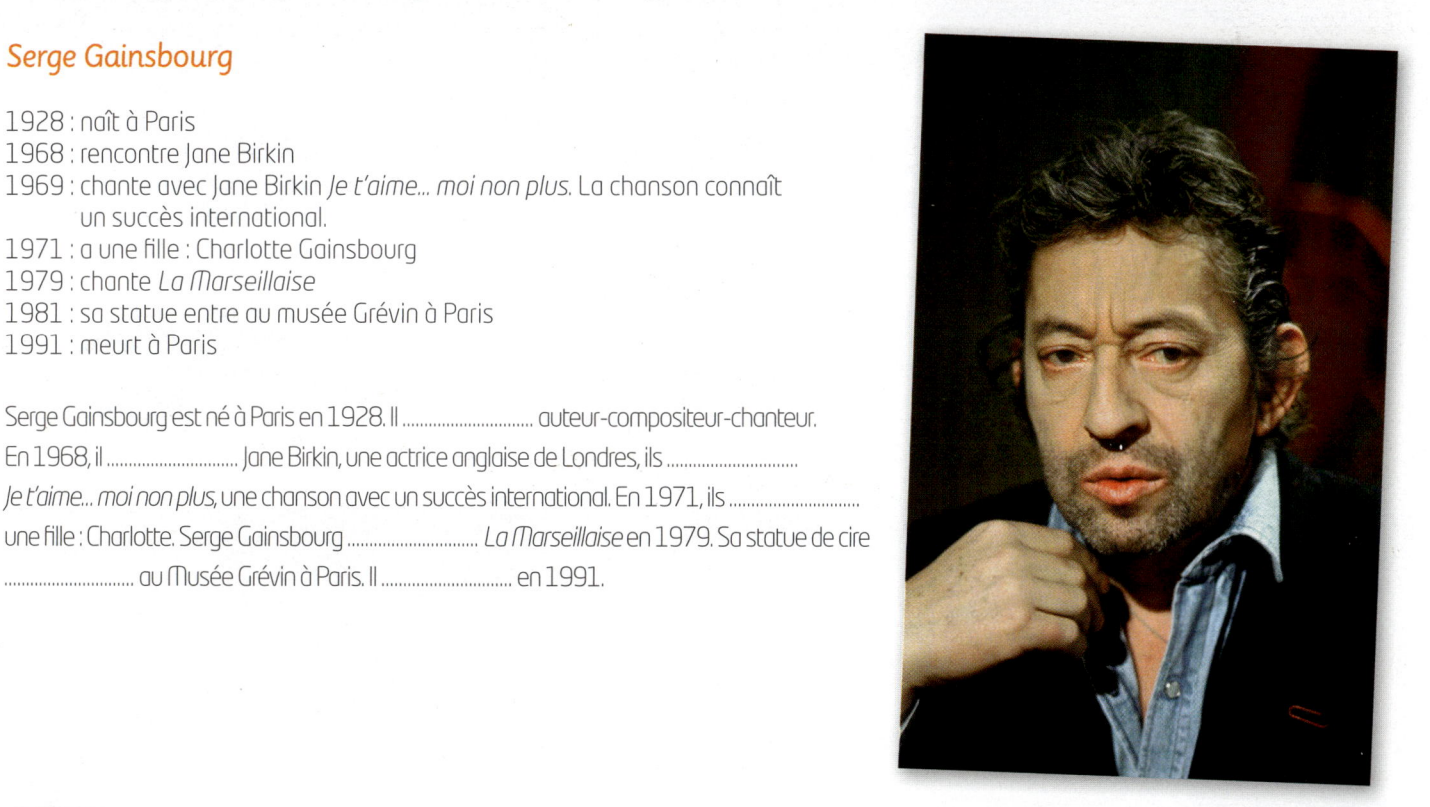

une fille : Charlotte. Serge Gainsbourg .... *La Marseillaise* en 1979. Sa statue de cire

.... au Musée Grévin à Paris. Il .... en 1991.

Unité 5 • Leçon 18

Leçon 19

Ah, les vacances…

Je comprends et je communique

1 Tu connais la ville de Nancy ?

Nancy

Marseille

Brest

2 Alors, les vacances ?

– Bonjour, madame Lepic, vous rentrez de vacances ? Vous êtes bronzée !

– Oui, je suis partie sur la Côte d'Azur, près de Cannes. Il a fait chaud et on a eu beaucoup de soleil. Je me suis baignée tous les jours. Je me suis bien reposée. Et vous, madame Le Goff, vous êtes allée où ?

– En Bretagne, comme d'habitude ! Moi, j'adore la chaleur, mais mon mari déteste ça, alors… Ses parents habitent là-bas, nous sommes allés chez eux. Il a plu deux ou trois jours et il a fait froid. Nous avons fait du vélo. Nous avons aussi fait du bateau. Nous avons mis les écharpes et de grosses chaussures. C'est beau, la Bretagne, mais ça suffit… sur toutes les photos de vacances, nous sommes en bottes et avec un parapluie ! L'an prochain, avec ou sans lui, je pars au soleil et avec mes sandales !

– Bravo, madame Le Goff ! Bravo !
Maintenant, il fait froid en été et chaud en hiver ! J'ai vu à la télévision la météo, madame Le Goff, et c'est incroyable !

– Il fait quel temps ?

– Il neige dans les Alpes, madame Le Goff, il neige…

UNITÉ 5

Vocabulaire

- **Verbes**
  baigner (se)
  boire
  mettre
  neiger (*il neige*)
  pleuvoir (*il pleut*)
  reposer (se)

- **Pronoms et noms**
  une année
  des bottes (f.)
  la chaleur
  des chaussures (f.)
  une écharpe
  eux
  un habitant/les habitants
  un parapluie
  des sandales (f.)
  le soleil
  le temps

- **Adjectifs**
  bronzé(e)
  gros/grosse

- **Mots invariables**
  peut-être
  sans

- **Pour communiquer**
  omme d'habitude
  Ça suffit !

- **Manières de dire**
  faire du vélo
  faire du bateau
  Il fait quel temps ?
  il fait beau, il fait chaud,
  il fait froid

Écouter

- **Écoutez le dialogue 2 et complétez.**

Madame Lepic rentre de .... Elle .... allée sur la Côte d'Azur. Il y a eu beaucoup de .... Elle s'est baignée tous les .... Madame Le Goff .... partie en Bretagne car son mari .... la chaleur. Il .... plu deux ou trois .... Il .... fait froid. Ils .... fait du vélo et du bateau. Ils .... mis des .... et de grosses .... Madame Lepic .... vu la .... à la télévision. Il .... quel temps dans les Alpes ? Il ....

Je prononce

- **Les sons [ã], [ɔ̃] et [ɛ̃] (2)**

Écoutez et répétez :
1. Le son [ã] : les vacances – les enfants – les parents – le temps
2. Le son [ɔ̃] : pas question – Marion – bronzé
3. Le son [ɛ̃] : Tu viens ? – lundi – prochain – un peu – informaticien
4. Les sons [ã], [ɔ̃], [ɛ̃] : Nous allons chez mes parents. – Tu viens maintenant ? – Les enfants vont bien.

Comprendre

- **Le document 1 page 112 montre Nancy, Marseille, Brest. Regardez page 159 où se trouvent ces villes. Reliez les descriptions à la ville correspondante.**

Exemple : Il fait beau toute l'année. → Marseille.

a. Il fait beau toute l'année.
b. C'est une ville près de la mer.
c. Les habitants parlent 2 langues : le français et le breton.
d. Il pleut beaucoup toute l'année.
e. En hiver, il fait très froid dans cette ville.
f. Son équipe de football est célèbre.
g. La ville est près de l'Allemagne.

- Marseille
- Nancy
- Brest

Écrire

Qu'aimez-vous faire pendant les vacances ? Utilisez des verbes au présent et au passé composé.

Exemple : Moi, pendant les vacances, je me repose. J'adore la chaleur, je suis allé(e) à la plage, j'ai mangé du poisson...

Communiquer

Quel temps fait-il aujourd'hui ? À deux, discutez et donnez des conseils. Utilisez l'impératif (exemple : mets une écharpe) et des verbes impersonnels (exemples : il fait froid, il pleut, il va peut-être neiger).

Il pleut	Il fait froid	Il fait beau
Prends un .... et mets tes .... Il va peut-être .... toute la journée.	Mets une .... et des .... Il va peut-être	Mets tes .... et tes .... Il faut .... beaucoup d'eau.

Unité 5 • Leçon 19

cent treize • 113

Leçon 19

J'APPRENDS ET JE M'ENTRAÎNE

Grammaire

- **Le passé composé (4) :**
  *Madame Lepic s'est baign**ée** tous les jours.*
  *Ils se sont repos**és**.*

  Tous les verbes pronominaux (*se baigner, se doucher, s'habiller, se dépêcher, se reposer...*) se conjuguent avec l'auxiliaire **être**.
  N'oubliez pas d'**accorder le participe** avec le sujet comme un adjectif !

- **On utilise souvent les verbes impersonnels pour parler du temps :**
  Il fait froid.   *Il fait très beau.*
  Il fait chaud.   *Il pleut.*
  Il neige.   *Il y a du soleil...*

- **Les pronoms toniques (avec les prépositions à, pour, avec, sans, chez...) :**
  moi, toi, lui/elle, nous, vous, eux/elles
  – *C'est un cadeau pour **vous**.*
  – *Pour **moi** ? Oh, merci beaucoup !*
  – *C'est un cadeau pour **ton fils** ?*
  – *Oui, c'est pour **lui**.*
  – *Tu rentres chez **toi** ou tu vas chez **ta sœur** ?*
  – *Je vais chez **elle**.*
  – *Vous habitez chez **vos parents** ?*
  – *Non, je n'habite pas chez **eux**.*

- **Rappel !** *C'est* + adjectif toujours masculin singulier
  C'est intéressant, le Japon !
  C'est beau, la France !
  C'est grand, les États-Unis !

1 Mettez ces phrases au passé composé.

a. Mes amis partent à Nice. → ....

b. Nous passons les vacances chez nos parents. → ....

c. Vous vous reposez sur la plage ? → ....

d. Nous nous baignons tous les matins. → ....

e. Il neige ; elle met un gros pull et une écharpe. → ....

f. Elles vont à Hong Kong pendant l'été. → ....

114 • cent quatorze   Unité 5 • Leçon 19

2 Écoutez la météo en France et répondez aux questions.

a. Quel jour sommes-nous ? ....
b. Quelle est la saison ? ....
c. Quelle est la météo à Paris ? ....
d. Quelle est la météo à Rennes ? ....
e. Quelle est la météo à Strasbourg ? ....
f. Quelle est la météo à Nice ? ....
g. Quelle est la météo à Toulouse ? ....
h. Quelle est la météo à Lyon ? ....

3 Regardez cette carte météo et complétez le texte avec beau – soleil – neige – pleut – froid – chaud.

En Belgique, il ne fait pas très .... (14 °C).
En France, il .... mais il ne fait pas .... (18 °C).
En Espagne, il fait .... (21 °C) et il y a du ....
Attention ! À plus de 2 000 mètres, il ....

4 A. Lisez cette lettre et répondez aux questions.

Chers amis,
Québec, c'est super ! Nous sommes arrivés depuis deux mois. Maintenant nous avons trouvé un joli appartement dans le centre historique. Louis a commencé son travail et il est très content. J'ai rencontré des gens très sympas et je fais du sport le matin avec eux. J'apprends des mots de joual*, c'est amusant !
Venez vite nous voir ! Attention, il fait déjà un peu froid et bientôt il va neiger. Mais on peut faire du ski à côté de Québec le week-end.
Plein de bises,
Amina

a. Où habitent Louis et Amina ?
....
b. Est-ce qu'Amina a des amis ?
....
c. Qu'est-ce qu'elle fait ?
....
d. Amina écrit en quelle saison ?
....
e. Pourquoi elle écrit à ses amis ?
....

B. Vous répondez à Amina. Vous donnez des nouvelles, vous racontez ce que vous faites, vous parlez de la météo et vous annoncez votre arrivée.

* joual : français typique du Québec.

Unité 5 • Leçon 19
cent quinze • 115

Leçon 20

Quand commencent les cours ?

Je comprends et je communique

1 L'école de danse des Rosiers

École de danse des Rosiers
101, rue des Rosiers
75004 Paris

Notre philosophie :
"Sortez, dansez, vivez"

DANSE CLASSIQUE
Porte 1
Patricia Meteyer
Professeur à l'Opéra de Paris
Mardi 17 h 30 à 19 h
Mercredi 11 h à 12 h 30

DANSE ROCK'N ROLL
Porte 4
Éric Conti (2)
École de danse du Québec
Jeudi 17 h 30 à 19h*
Samedi 10 h à 11 h 30
*390 € pour le semestre pour les non-étudiants. Écrire à :
eric.conti@ecodanse.fr

DANSE JAZZ
Porte 2
Dominique Herbaut (1)
Professeur de Broadway
Lundi 17 h à 18 h 30 *
Mardi 12 h 30 à 14h
Samedi 10 h à 11 h 30
* Écrire à : dom.herbaut@ecodanse.fr
25 €/cours pour les non-étudiants

GYM – DANSE
Porte 3
Catherine Bourgat
Université AFDM
Mardi 13 h à 14 h 30
Jeudi 13 h à l 4 h 30
Vendredi 10 h à 11h 30

Email : ecolededanse@info.fr
Tél : 01 40 19 93 55

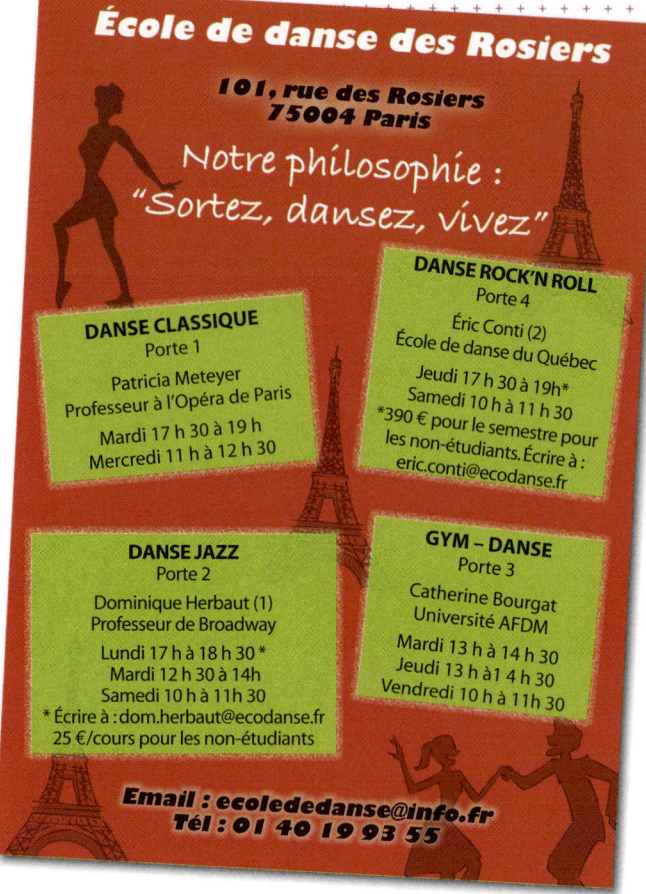

2 Je viens de Lisbonne

– Salut ! C'est ton premier cours ici, non ?

– Ben oui, j'arrive du Portugal. J'ai fait le premier semestre à Lisbonne avec Erasmus. Je continue ici. Et toi ?

– Moi, j'ai passé l'année dernière à Londres. Je me suis bien amusée et... bien sûr, j'ai raté mes examens en juin. Pendant l'été j'ai travaillé. Heureusement, j'ai réussi en septembre.

– Et ici, le premier semestre, ça s'est bien passé ?

– Oui, ça va. Les profs sont sympas. Et Lisbonne, c'est comment ?

– Très, très bien... Je vais passer les vacances de printemps là-bas.

– Ah, ah ! Tu as une copine à Lisbonne, toi !

– Exactement.

UNITÉ 5

Vocabulaire

- **Verbes**
  s'amuser
  commencer
  continuer
  rater
  réussir
  sortir

- **Noms**
  un cours
  un été
  un examen
  juin
  la philosophie
  une porte
  le printemps
  la rentrée
  un semestre
  septembre
  une université

- **Adjectifs**
  classique
  universitaire

- **Mots invariables**
  exactement
  heureusement

- **Manières de dire**
  Merci bien
  Ça s'est bien passé
  fac (= faculté = université)
  un prof (= un professeur)

Écouter

Écoutez le dialogue 2 et complétez.
Où ces deux étudiants ont fait leurs études ?
Pendant combien de temps ?

– L'étudiante : ....
– L'étudiant : ....

Comprendre

Regardez les cours de l'École de danse des Rosiers (document 1) et répondez aux questions.

a. Ceci est un :
☐ menu.
☐ programme.
☐ journal.

b. Il n'y a pas de cours de photographie, pourquoi ?
....

c. Je veux faire de la danse jazz le week-end. À quel cours je peux aller ?
....

d. Je ne suis pas étudiant à l'École de danse. À quel cours est-ce que je peux m'inscrire ?
....

Communiquer

Est-ce que vous connaissez le programme universitaire Erasmus ?
Est-ce que vous en connaissez un autre ?
Avez-vous déjà étudié à l'étranger ? Discutez à deux ou en groupes.

Exemple : Je suis allée en Chine 1 mois. J'ai étudié le chinois. J'ai habité dans l'université de Pékin.

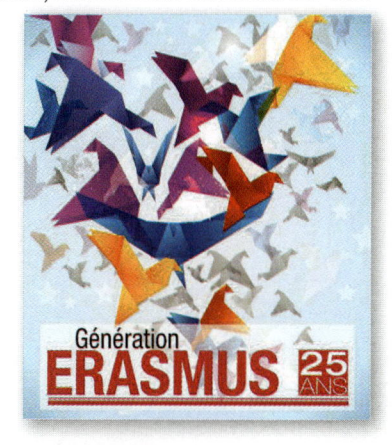

Écrire

À l'université ou à l'école, quel est le cours que vous avez préféré et pourquoi ?

Exemple : À l'université, j'ai étudié la littérature. J'ai aimé les cours sur Jean-Paul Sartre.

Je prononce

- **Les sons [s] et [z]**

Écoutez et répétez :

1. Le son [s] : six – dix – ici – un semestre – réussir – les vacances – l'université   *Cécile a réussi son semestre à l'université.*
2. Le son [z] : amusé – les États-Unis – heureusement – les examens – exactement   *Nos amis habitent aux États-Unis.*
3. Les son [s] et [z] : *Louise a réussi ses examens. – Nous sommes allés à Lisbonne.*

Unité 5 • Leçon 20

Leçon 20

J'APPRENDS ET JE M'ENTRAÎNE

Grammaire

- **Venir de (d')/du/des…**
  J'arrive **du** Portugal. – Je viens **de** Lisbonne.

  Venir/arriver/être…
  + *de* + nom de ville et de pays féminin — Elle arrive **de** Paris, **de** France.
  + *du* + nom de pays masculin — Il vient **du** Canada, **du** Japon.
  + *d'* + nom de ville et de pays commençant par une voyelle (masc. ou fém.)
  Elle vient **d'A**msterdam. – Ils arrivent **d'E**spagne, **d'I**ran.
  + *des* + nom de pays pluriel
  Elle arrive **des** États-Unis, **des** Philippines.

- **Un an / Une année**
  Elle a vingt **ans**. – Elle est en deuxième **année** de philosophie.
  – On utilise **an** après un nombre (un, deux, trois…) pour compter :
  J'ai trente ans. – Il a habité deux ans en Italie.
  – On utilise **année** avec un adjectif pour qualifier, préciser :
  Bonne année ! – C'est une belle année, une année merveilleuse.
  ⚠ **Exception :** l'an dernier/l'an prochain = l'année dernière/ l'année prochaine

- **Les saisons**
  Une saison (féminin) mais **le** printemps, **l'**été, **l'**automne et **l'**hiver sont masculins.
  C'est un été chaud, un hiver froid. – J'ai travaillé tout l'été.
  ⚠ On dit **en** été, **en** automne, **en** hiver mais **au** printemps.
  À Paris, **au** printemps et **en** automne, il pleut souvent.

---

1 **Les Français utilisent beaucoup les abréviations. Donnez le mot entier. Vous pouvez regarder dans votre dictionnaire.**

a. Ils sont allés au <u>ciné</u> et après dans un petit <u>resto</u> <u>sympa</u> à Montmartre.
   ....

b. Hier, j'ai vu une <u>expo</u> super d'Atget. J'adore ses <u>photos</u> !

c. Qu'est-ce qu'il a étudié après le <u>bac</u> ? La <u>philo</u> ou la <u>psycho</u> ?
   ....

d. Il a fait des études à <u>Sciences Po</u> et a un master d'<u>éco</u> gestion.
   ....

e. Demain, j'ai deux heures de <u>maths</u>, une heure de <u>géo</u> et une heure de <u>gym</u>.
   ....

118 • cent-dix-huit

Unité 5 • Leçon 20

UNITÉ 5

2 Reliez une question et une réponse.

a. Tu viens d'où ?
b. Alors, ça s'est bien passé ?
c. On se retrouve à quelle heure ?
d. Elle est comment, la prof ?
e. Ça commence quand ?
f. Tu pars avec eux ?
g. Et c'est où, exactement ?
h. Tu travailles tous les jours ?

1. Le 15 septembre.
2. Non, le mercredi, je suis libre.
3. À midi.
4. 25 rue de l'Opéra.
5. Du Brésil, de Rio de Janeiro.
6. Non, j'ai raté les deux examens !
7. Non, je pars tout seul.
8. Très sympa.

3 Ils parlent pour quoi faire ? Associez les phrases et les verbes d'action.

a. Pour aller à la gare du Nord, s'il vous plaît ?
b. Tu viens au cinéma avec nous ?
c. Oui, avec plaisir !
d. La deuxième à droite.
e. C'est combien ?
f. Oui, bonne idée !
g. Pas question ! C'est non !
h. Devine ! J'ai trouvé un appartement !

accepter
refuser
expliquer un itinéraire
raconter quelque chose
demander une information
proposer quelque chose
annoncer une nouvelle
demander un prix

i. Après, on est partis voir mes parents.
j. Ça y est ! Je me marie !
k. J'ai d'abord vécu à Londres et puis...
l. Ah non, je déteste ça !
m. Tout droit et à gauche.
n. On dîne ensemble demain ?
o. Il est quelle heure, s'il vous plaît ?
p. Une douzaine, s'il vous plaît.

4 En groupes de deux ou trois, répondez aux questions.

Exemple : Est-ce que vous êtes déjà allé(e)s à Bordeaux ?
– Moi oui, je suis déjà allé(e) à Bordeaux, c'est magnifique !
– Moi non, je suis allé(e) à La Rochelle, mais je ne connais pas Bordeaux.
– Je ne suis jamais allé(e) à Bordeaux.

Est-ce que vous êtes déjà... allé(e)s à Paris ?
... allé(e)s à l'opéra ?
Est-ce que vous avez déjà... vu la tour Eiffel ?
... dormi dans un bateau ?
... fait du camping ?
... écrit un poème ?
... dansé le flamenco ?
... mangé dans un restaurant indien ?
... chanté devant 100 personnes ?
... rencontré une personne célèbre ?

5 Projet

Vous préparez un petit programme pour un voyage de quatre jours avec les étudiants de votre cours. Vous choisissez une date. Vous cherchez une destination, Vous regardez la météo de votre destination. Présentez le projet à la classe.

Unité 5 • Leçon 20

UNITÉ 5

Être étudiant
en France

Imaginez... Vous êtes étudiant en France.

> D'abord, il faut s'informer

Les services de la vie étudiante
CROUS Lyon - Saint-Etienne

> Vous étudiez où ?
→ à la Sorbonne

→ à l'université Stendhal, à Grenoble

→ au CAVILAM, à Vichy

> Vous travaillez où ?

→ en bibliothèque

> Et quand il fait beau ?
→ à Paris, vous travaillez au jardin du Luxembourg.

120 • cent vingt

Unité 5 • Civilisation

Civilisation

> Vous mangez où ?
→ au Restau U

→ ou au fast-food

> Vous habitez où ?
→ en Cité U

> Et le soir ? Et le week-end ? Qu'est-ce que vous faites ?
→ dans des soirées disco

→ au cinéma

→ ou vous partagez un appartement en « coloc » ?

Venez aux Jeudis de la Colocation !
Tous les jeudis, c'est le rendez-vous des colocataires.
Rendez-vous dès 19 h jeudi prochain au Freedom,
8 rue de Berri, Paris 8ᵉ – Accueil de 19 h à 22 h.
Entrée à 10 euros avec une conso offerte !

Vous écrivez à une amie québécoise pour lui raconter votre vie d'étudiant(e) en France.

....
....
....
....
....

> Mais il faut gagner un peu d'argent aussi !
Vous cherchez un job :
→ serveur   → baby-sitter   → groom   → hôtesse d'accueil

Unité 5 • Civilisation

cent vingt et un • 121

UNITÉ 5

Compréhension orale

1 Écoutez et cochez ce que vous entendez.

1. ❑ **a.** J'adore voyager mais c'est fatigant. ❑ **b.** J'aime bien voyager mais je suis fatigué.
2. ❑ **a.** J'ai fait toutes mes études au Maroc. ❑ **b.** J'ai fait des études de théâtre au Maroc.
3. ❑ **a.** Nous, on adore se baigner en Bretagne. ❑ **b.** Nous, on adore les vacances en Bretagne.
4. ❑ **a.** Attention, il va neiger. Mets ton écharpe. ❑ **b.** Il va neiger, je crois. Regarde le ciel !
5. ❑ **a.** Les cours commencent le lundi 9 à 9 heures. ❑ **b.** Le cours commence demain à neuf heures.
6. ❑ **a.** Alors, et tes examens ? Tu as réussi ? ❑ **b.** Alors, tu as réussi tous tes examens ?

2 Écoutez deux fois et entourez le nom des pays entendus.

a. la France   **e.** le Brésil   **i.** la Chine   **m.** la Pologne
b. la Russie   **f.** le Chili   **j.** le Mexique   **n.** l'Argentine
c. le Japon   **g.** l'Italie   **k.** les États-Unis   **o.** le Canada
d. le Vietnam   **h.** l'Irlande   **l.** la Corée   **p.** la Thaïlande

3 Écoutez le bulletin météo et complétez la carte.

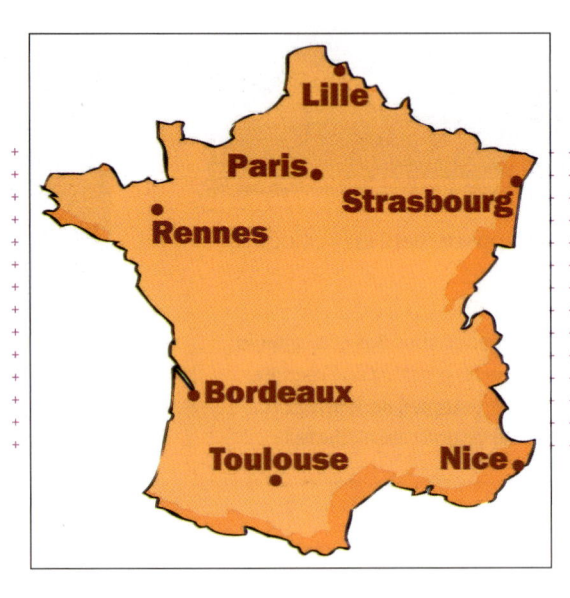

Grammaire

4 Mettez ce texte au passé composé.

Demain, je vais déjeuner avec mon frère et sa copine. Après, je retrouve mon amie Laure et nous allons faire des courses pour Noël. Après, nous allons voir une expo de photos. Le soir, Théo vient dîner à la maison, je vais ouvrir une bouteille de champagne. Et après, on va aller danser !

Hier, j'ai déjeuné ....

....

....

Entraînement au DELF

5 Dans deux phrases, « il » est <u>impersonnel</u>. Dans quelles phrases ?

a. Hier, **il** a retrouvé son ami Ben et ils ont travaillé tout l'après-midi.
b. **Il** est très content, **il** a passé des vacances magnifiques.
c. Mardi, **il** a un peu neigé et **il** a fait très froid.
d. Hier, à Genève, **il** a beaucoup plu. **Il** y a eu trente centimètres d'eau chez mes copains.
e. **Il** adore danser mais sa copine, elle, n'aime pas beaucoup ça.

Interaction et expression écrite

6 Complétez le dialogue. Proposez une question pour ces réponses. Vous pouvez relire la leçon 20 avant de commencer.

– .... ?
– Charles Grundig.
– .... ?
– En master de psychologie. Deuxième année.
– .... ?
– Non, j'ai fait ma licence à Toulouse et l'année dernière, pour ma première année de master, je suis allé à Francfort comme étudiant ERASMUS.
– .... ?
– Oui, j'ai la date. L'examen est le 25 mai.
– .... ?
– Non, ça va. J'ai beaucoup travaillé et les profs sont sympas.

7 Lisez ce document et répondez par C'EST VRAI ou par C'EST FAUX.

Arcachon, lundi 12 août

Un petit bonjour d'Arcachon. On est là depuis quinze jours. Déjà quinze jours ! C'est terrible !
Temps superbe : 30 degrés tous les jours. On se baigne, l'eau est très bonne, 22°. Lucas fait du surf mais pas moi : c'est trop difficile. À midi, on pique-nique sur la plage et, le soir, on dîne dehors : on a trouvé un petit restaurant super et pas très cher.
Et les huîtres. ... Ah, les huîtres d'Arcachon ! Une merveille ! Nous en mangeons TOUS les jours.
On rentre à Strasbourg samedi.
A bientôt !
Bises,
Aurélie

Marthe et Hugo Nielsen

98bis rue Antoine de Saint-Exupéry

67000 Strasbourg

1. Aurélie et Lucas sont en vacances. ....
2. Ils habitent en France, à Paris. ....
3. Lucas déteste les huîtres mais pas Aurélie. ....
4. À midi ils déjeunent sur la plage. ....
5. Lucas fait de la planche à voile. ....
6. Il fait très beau mais l'eau est froide. ....
7. Ils passent trois semaines à Arcachon. ....
8. C'est leur dernière semaine de vacances. ....

8 À vous d'écrire une carte postale à votre amie de Liège, en Belgique (Jeanne Janvier, 4, rue Delvaux, 4000 – Liège – Belgique). Vous êtes en vacances à Dubrovnik, en Croatie.

Utilisez : arrivée le 1er septembre / très beau temps / eau délicieuse / hôtel très sympa et bons restaurants / promenades dans Dubrovnik (magnifique) et dans les îles / Retour à Liège le 8 septembre.

Unité 5 • Entraînement au DELF

Bilan actionnel

1 **Votre amie vous a envoyé une carte de la Réunion.**

Saint-Denis, Ile de la Réunion
Le 5 février 2012

Bonjour !

Comment ça va ?

Je suis en vacances à la Réunion depuis 10 jours. Il fait chaud, je suis allée à la plage tous les jours, j'ai aussi visité le volcan. Le volcan est magnifique. Samedi soir, je suis allée danser avec des amis et j'ai passé une excellente soirée. Ici, c'est super.

À bientôt,

Bises de la Réunion !

Vanessa

Vous êtes allé(e) en week-end à Berlin. À votre tour, écrivez une carte à Vanessa.
Qu'est-ce que vous avez fait ? Quel temps a-t-il fait ?
Exemple : Je suis allé(e) à Berlin, il a fait froid, j'ai visité le quartier de Friedrichshain.

2 **Regardez le sac de Carlo.**

Aujourd'hui, Carlo Marci est très fatigué, pourquoi ?
Voilà ce qu'il a dans son sac. Qu'a-t-il fait dans la journée ?

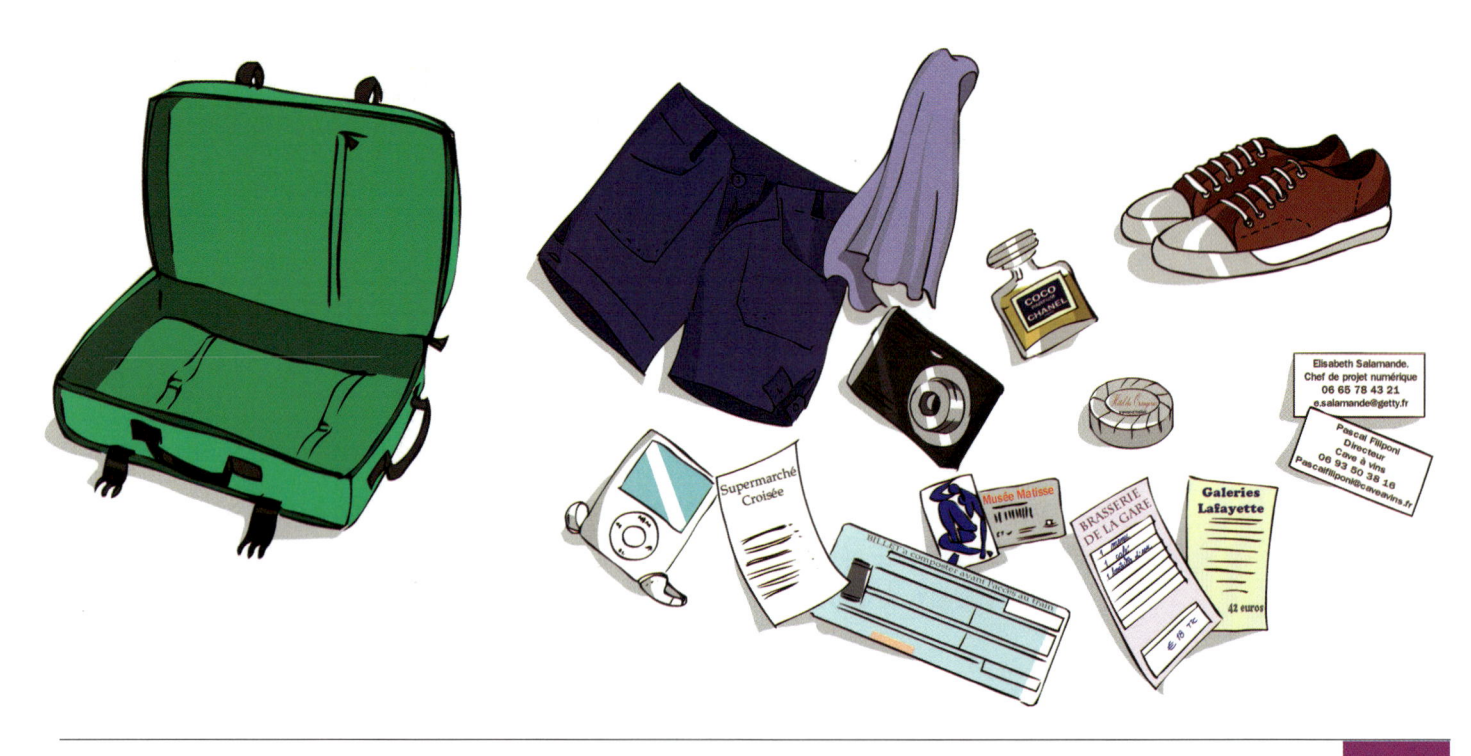

124 • cent vingt-quatre

Unité 5 • Bilan actionnel

Avant c'était très différent

UNITÉ 6

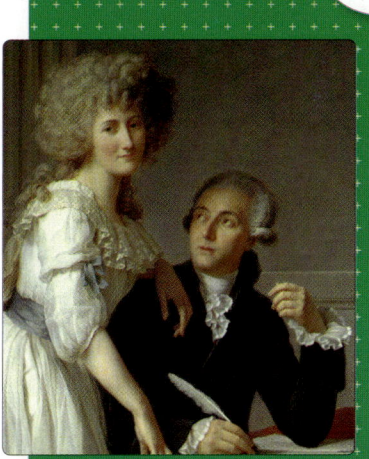

LEÇON 21 — C'était un film des années 30
- Décrire – parler de la mode (vêtements, couleurs) – comparer (1)

LEÇON 22 — Avant, c'était comment ?
- Décrire un événement – décrire une situation au passé

LEÇON 23 — Il est devenu célèbre !
- Raconter un événement passé – décrire les circonstances

LEÇON 24 — Faits divers
- Comprendre un fait divers

Unité 6

cent vingt-cinq • 125

Leçon 21

C'était un film des années 30...

Je comprends et je communique

1 En 1930, les femmes s'habillaient de façon plus classique

Dans une chambre, l'actrice Bérénice Bijot essaie des robes pour un film avec son mari producteur. Dans cette scène, elle va à une fête.

— Dis-moi, qu'est-ce que je mets comme robe ? La noire ou la rouge ? La jaune n'est pas terrible, non ?

— Je préfère la noire. C'est un film des années 30. En 1930, les femmes ne mettaient pas de robes de couleur pour sortir. Elles s'habillaient de façon plus classique que maintenant.

— Elles étaient moins difficiles que les femmes d'aujourd'hui. Plutôt l'autre robe, non ?

— D'abord, essaie la robe noire. C'est un souvenir de ma grand-mère. Fais attention, c'est précieux.

— Est-ce que je peux mettre ce chapeau avec la robe ?

— Oui, c'est parfait. Tu sais, Bérénice, le film est en noir et blanc et aussi... euh...

— Oui ?

— À cette époque, le cinéma était muet, les acteurs jouaient sans ...

— Sans parler ?

— Oui ! Tu sais, je pense à faire un film comme ça depuis le lycée, c'est important pour moi. Tu es toujours d'accord pour jouer dans mon film ?

— ... Ouuuiiii, je suis d'accord ! J'adoooore !

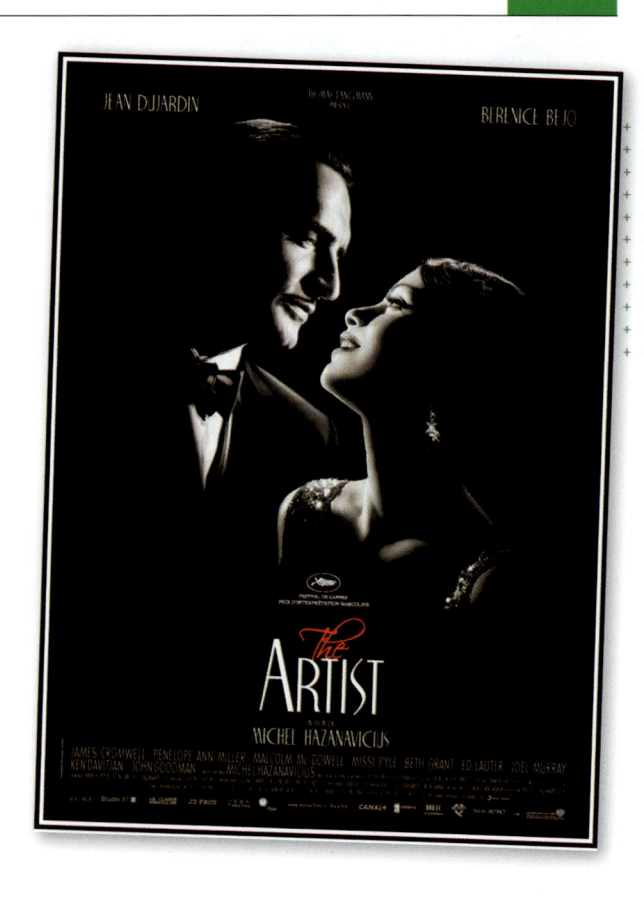

UNITÉ 6

Vocabulaire

- **Verbes**
devoir
essayer
jouer (dans un film)
pouvoir
savoir
sortir

- **Noms**
une chambre
un chapeau
une époque
une fête
un homme
un lycée
un producteur
une robe
un rôle
un souvenir

- **Adjectifs**
autre
classique
élégant(e)
important(e)
jaune
muet
noir(e)
précieux/précieuse
rouge

- **Mots invariables**
d'abord
moins ... (que)
plus ... (que)
plutôt

- **Pour communiquer**
Dis-moi...

- **Manières de dire**
comme ça
Fais attention !
pas terrible (= pas très beau, pas très intéressant)
tu sais

Écouter

- **Écoutez le dialogue et répondez par Vrai, Faux ou On ne sait pas.**

a. L'actrice va jouer dans le film muet.
☐ Vrai ☐ Faux ☐ On ne sait pas

b. Les acteurs adorent jouer dans des films muets.
☐ Vrai ☐ Faux ☐ On ne sait pas

c. L'anglais était la langue parlée par les acteurs du cinéma avant 1930.
☐ Vrai ☐ Faux ☐ On ne sait pas

d. Dans les années 1930, les femmes sortaient danser en robe de couleur.
☐ Vrai ☐ Faux ☐ On ne sait pas

e. Cette robe noire est précieuse parce que c'est un souvenir de sa grand-mère.
☐ Vrai ☐ Faux ☐ On ne sait pas

f. Après 1930, le cinéma est en 3D.
☐ Vrai ☐ Faux ☐ On ne sait pas

Communiquer

Vous aussi, vous êtes acteur/actrice de film muet. Sans parler, faites deviner à vos camarades les actions (par exemple : dormir, manger, travailler...) et les professions (par exemple : médecin, steward, coiffeur...). Trouvez d'autres mots. Jouez en groupes.

Verbes
- Dormir
- Manger
- Travailler
- ....
- ....
- ....

Profession
- Médecin
- Steward
- Coiffeur
- ....
- ....
- ....

Écrire

Décrivez une période passée en utilisant l'imparfait.
Exemple : En 1950, les hommes et les femmes allaient au cinéma pour regarder un film, ils n'avaient pas d'ordinateur.

Je prononce

- **Rythme et intonation**

1. Les sons [ɔ] et [o] - Écoutez et répétez.
a. adorer – sortir – un docteur – un homme – alors – d'accord.
b. une autre – il faut – un chapeau – jaune – des chaussures.
c. Mets une autre robe. – Mets ta robe jaune.

2. Écoutez et répétez.
a. D'accord !
b. D'accord mais fais attention !
c. D'accord mais fais attention, c'est précieux !

Unité 6 • Leçon 21

cent vingt-sept • 127

Leçon 21

J'APPRENDS ET JE M'ENTRAÎNE

Grammaire

- **Le verbe *savoir***

je sais	nous savons
tu sais	vous savez
il/elle/on sait	ils/elles savent

- **Le verbe *devoir***

je dois	nous devons
tu dois	vous devez
il/elle/on doit	ils/elles doivent

  Il exprime l'obligation.

- **L'imparfait (1)**
  - Il se forme à partir de la 1ʳᵉ personne du pluriel (*nous*) du présent.
  Les terminaisons sont : **-ais, -ais, -ait, -ions, -iez, -aient.**
  Exemple : avoir (nous av-ons) → j'av-ais, tu av-ais, il/elle/on av-ait, nous av-ions, vous av-iez, ils/elles av-aient.

  ⚠️ Le verbe être est une exception : *j'étais, tu étais, il/elle/on était, nous étions, vous étiez, ils/elles étaient.*

  - On utilise l'imparfait pour décrire un état, une situation dans le passé.
  À cette époque, le cinéma **était** muet, les acteurs **jouaient** sans parler.

- **Le pronom complément d'object direct (COD) (1) : *le, la, l', les***

  → Précis grammatical page 147

  C'est un « pro-nom », il remplace un nom défini (*exemples : la robe, le film ...*). Il est généralement devant le verbe.
  – Et la jaune, tu **la** trouves comment ?

- **Observez :**
  – Dis-moi, qu'est-ce que je mets comme robe ? **La** rouge ?
  On peut supprimer le nom.

- **La comparaison (1)**

  plus* + adjectif + *que* / *moins* + adjectif + *que
  Elles s'habillaient de façon **plus** classique **que** maintenant.
  Elles étaient **moins** difficiles **que** les femmes d'aujourd'hui.

1 Écoutez et cochez ce que vous entendez.

a. ☐ D'accord mais attention, c'est précieux.   ☐ D'accord mais fais attention, c'est précieux.
b. ☐ Comme chaussures, je mets les noires ?   ☐ Comme chaussures, tu mets les noires ?
c. ☐ C'était le père de ton grand-père.   ☐ C'était le grand-père de ton père.
d. ☐ Il y a une fête au lycée.   ☐ C'est pour une fête au lycée.

2 On parle de quoi ?

a. Non, je ne les connais pas du tout.
   1. ☐ Les films de Bertrand Tavernier.
   2. ☐ Le musée des Invalides.
   3. ☐ L'Espagne du Sud.

b. Je l'ai acheté la semaine dernière.
   1. ☐ Les derniers livres de Houellebecq.
   2. ☐ Mes chaussures noires.
   3. ☐ Le cadeau pour l'anniversaire de Lou.

c. Je la mets tous les jours !
   1. ☐ Mes chaussures blanches.
   2. ☐ Ma nouvelle robe noire.
   3. ☐ Mon chapeau vert.

UNITÉ 6

3 Complétez à l'imparfait avec les verbes *mettre – être – aller – chercher*.

Exemple : Maintenant, il habite à Bruxelles mais avant, il <u>était</u> à Washington.

a. Maintenant, beaucoup de femmes mettent des pantalons. Avant, elles .... seulement des robes.

b. Avant, nous .... en vacances en Espagne. Maintenant, nous allons en Autriche.

c. Avant, il .... étudiant à Genève. Maintenant, il travaille à Lausanne comme professeur.

d. Aujourd'hui, il y a Internet. Avant, nous .... des informations dans les livres, à la bibliothèque, dans les dictionnaires…

4 Écoutez. Il y a quatre erreurs dans le texte. Corrigez-les.

En 1986, Martin avait vingt ans. Il était étudiant à Montpellier dans le nord de la France. Il voulait devenir médecin. Il aimait les animaux, surtout les animaux domestiques. Il voulait travailler comme vétérinaire dans un jardin. Mais les études étaient difficiles et il travaillait beaucoup. Il n'allait pas très souvent aux cours, il préférait aller au zoo, chez ses copains… Il a arrêté ses études quand un jour il a vu un lion dans ce zoo. Et maintenant, qu'est-ce qu'il fait ? Il travaille dans un cirque et il a deux lions !

Puis écrivez une phrase sous chaque image.

Unité 6 • Leçon 21

cent vingt-neuf • 129

Leçon 22

Avant, c'était comment ?

Je comprends et je communique

1 Autrefois, aujourd'hui

A.

B.

C.

D.

2 C'était il y a longtemps...

– Mamie, hier soir, j'ai vu un reportage à la télé sur les inondations de janvier... non mars 1930 dans le sud en France.

– Ah oui, c'était il y a longtemps, il y avait de l'eau partout. Les gens ne pouvaient pas circuler dans les rues et devaient prendre des bateaux. Et tu sais, les bateaux ne passaient pas sous les ponts.

– Mais... pendant les inondations il n'y avait pas de télé. Mais, comment vous faisiez avant quand il n'y avait pas de télé, pas de portable, pas d'Internet ? La vie était impossible ! Mais vous aviez la radio, hein ?

– Oui, on l'avait, bien sûr ! Et le téléphone existait aussi ! La vie était différente il y a soixante-dix, quatre-vingts ans, mais c'était bien aussi. D'abord, on allait souvent au cinéma, on sortait avec nos amis, on les invitait à la maison. Ensuite, on écoutait la radio, on lisait les journaux, on écrivait des lettres.

– Oh là là, comment vous faisiez avant ?!!

130 • cent trente

Unité 6 • Leçon 22

UNITÉ 6

Vocabulaire

- **Verbes**
  circuler
  écouter
  écrire
  exister
  inviter
  passer
- **Noms**
  l'eau (f.)
  les gens (m. pluriel)
  une inondation
  janvier
  un journal
  une lettre
  un pont
  un portable
  la radio
  un reportage
- **Adjectifs**
  différent(e)
  impossible
- **Mots invariables**
  avant
  sous
- **Manières de dire**
  hein ? (= n'est-ce pas ?)
  il y a + durée

Écouter

- Écoutez le dialogue et répondez aux questions.
  a. Luc a-t-il entendu le reportage à la radio ?
  ....
  b. En mars 1930, dans le sud de la France, pourquoi les gens ne circulaient pas en voiture ?
  ....
  c. Il y a soixante ans, est-ce que la radio existait ? et les téléphones portables ? Et Internet ?
  ....
  d. Qu'est-ce que les gens faisaient quand la grand-mère était jeune ?
  ....

Comprendre

- Regardez les images de la page 130 et complétez les phrases.
  A. Avant on ne pouvait pas téléphoner dans la rue.
  Aujourd'hui on téléphone partout avec un téléphone portable.
  B. Avant les gens ....
  Aujourd'hui ....
  C. Avant, on écrivait des lettres.
  Aujourd'hui, on ....
  D. Avant, ...
  Aujourd'hui, ...

Communiquer

Qu'est-ce qui est différent dans votre vie depuis l'année dernière ? Que faisiez-vous il y a 2 ans et qu'est-ce qui a changé depuis ? Utilisez « il y a » et « depuis ».

Exemple : Il y a deux ans, j'étais étudiante, j'allais à l'université tous les jours. Depuis six mois, je cherche un travail...

Je prononce

1. Révision du son [ɛ] – Écoutez et répétez.
   a. On sortait beaucoup. **b.** On allait au cinéma. **c.** On invitait des amis.
   d. On lisait, on écrivait...

2. *in-* ou *im-* + consonne → son [ɛ̃] – Écoutez et répétez.
   C'est impossible – C'est incroyable – C'est intéressant – C'est important

Écrire

Est-ce que votre vie est différente de celle de vos grands-parents ? Qu'est-ce qui a changé ? Écrivez 5 ou 6 lignes.

Unité 6 • Leçon 22

Leçon 22

J'apprends et je m'entraîne

Grammaire

- **L'imparfait (2)**
  On utilise l'imparfait pour décrire des habitudes dans une époque passée.
  *Quand j'**étais** jeune, nous **allions** souvent au cinéma, nous **écoutions** la radio…*
  *Avant, les enfants **allaient** à l'école à pied. Maintenant, ils prennent le bus.*

- **Il y a + expression de la durée**
  → *Il y a +* un moment <u>déterminé</u> dans le passé.
  Je l'ai rencontré il y a dix minutes.
  Il a visité l'Italie une seule fois, il y a dix ans.
  Il y a cent ans, il y a eu des inondations à Paris.

  ⚠️ Ne confondez pas **depuis** et **il y a**.   → Précis grammatical page 129

  Depuis → L'action a commencé dans le passé et elle continue dans le présent.
  Il habite à San Francisco depuis deux ans. (il habite encore là-bas)
  Ils sont mariés depuis vingt ans. (ils sont toujours mariés)
  Il y a → Un moment déterminé dans le passé.
  Il est arrivé à San Francisco il y a deux ans.
  Ils ont eu un bébé il y a deux mois.

- **Le pronom COD (2)**
  – *Vous aviez <u>la radio</u> ?*   – *Oui, on **l'**avait.*
  – *Et <u>le téléphone</u> ?*   – *On **l'**avait aussi !*

  Rappel – Devant une voyelle, **le** ou **la** → **l'**.

- **Les gens :** toujours au pluriel.
  *Les gens lis**aient**, les gens all**aient** au cinéma, ils écriv**aient**…*

  ⚠️ **Rappel** – **on** + singulier   *On lis**ait**, on all**ait** au cinéma, on écriv**ait**…*

1 Chassez l'intrus

a. télévision – reportage – téléphone – Internet
b. janvier – pluie – neige – inondation
c. bateau – avion – bottes – train
d. mais – février – mars – décembre

2 Complétez avec *depuis* ou *il y a*.

a. Ils se sont rencontrés pour la première fois ………………… trois ans chez des amis.
b. J'ai vu ce film à New York, ………………… un an.
c. – Vous vivez à Paris ………………… longtemps ?
– Oh oui, nous sommes arrivés ………………… presque vingt ans !
d. Nous sommes mariés ………………… le 25 juin 2012.
e. Je la connais ………………… des années !
f. Je suis allé en Russie une seule fois, ………………… trois ans.

UNITÉ 6

3 **James et Erika sont arrivés en France il y a un an. Mettez leur histoire dans l'ordre. Complétez avec *pendant, depuis* ou *il y a*. Écrivez leur histoire et lisez-la à la classe.**

a. Ils sont restés là .... six mois mais c'était très petit.

b. J'ai dîné chez eux .... une semaine ; j'adore leur appartement.

c. James et Erika sont arrivés en France .... un an.

d. .... l'été dernier, ils habitent près du château de Vincennes, dans un appartement plus grand.

e. D'abord, ils ont habité à l'hôtel .... deux semaines parce qu'ils cherchaient un appartement. Ils ont trouvé un joli studio à Montmartre et se sont installés là-bas.

Ordre : → ....

Leur histoire : ....

4 **Complétez ces réponses et utilisez un complément d'objet direct (*le – la – l' – les*) ou un complément d'objet indirect (*lui – leur*).**

a. – Elle voit encore ses amis de lycée ?
– Non, mais elle .... téléphone souvent.

b. – Avant, vous invitiez souvent vos amis chez vous ?
– Bien sûr, nous .... invitions toutes les semaines. Et pendant les vacances, on .... envoyait des cartes postales ou des lettres.

c. – Mamie, tu écoutais la radio, avant ?
– Non, je préférais lire. Ta mère adorait les histoires. Alors, tous les soirs, je .... lisais des contes.

d. – Tu as vu Alexandre ?
– Non, je .... ai écrit deux ou trois fois mais je ne .... ai pas vu depuis longtemps

5 **La ville a changé. Utilisez l'imparfait pour décrire la ville avant. Utilisez le présent pour décrire la ville aujourd'hui.**

Avant, ...

Aujourd'hui, ...

Unité 6 • Leçon 22　　　　　　　　　　　　　　　　　　　　　cent trente-trois • 133

Leçon 23

Il est devenu célèbre !

Je comprends et je communique

1 J'ai changé de vie

Yannick Noah est dans un vieux café parisien avec le journaliste Pierre Olivier. Un serveur propose la carte des menus. Un voisin de table demande un autographe. Le nom Noah est un nom célèbre, le père était footballeur, Yannick était tennisman et son fils est maintenant joueur de basketball aux États-Unis.

Yannick : Mon père jouait au football. Je jouais déjà au tennis à 3, 4 ans au Cameroun et, un jour, j'ai rencontré Arthur Ashe, un joueur de tennis. Je lui ai parlé et il m'a dit de continuer de jouer au tennis. À 11 ans, on m'a proposé d'aller étudier dans une école de tennis en France. J'ai accepté. J'ai changé de vie.

Pierre : Ça alors ! Votre père jouait au football, vous au tennis. Et votre fils est moniteur de ski à la montagne ?

Yannick : Ah ah, non ! Mon fils Joakim joue au basket, il est aussi grand que mon père et aussi timide que moi.

Pierre : Vraiment ? Vous ? Timide ? Je ne suis pas d'accord. Avant vous jouiez au tennis puis vous êtes devenu chanteur. Vous chantez aujourd'hui en face de milliers de gens. Vous avez eu des rôles au cinéma…

Yannick : Oh c'étaient juste des petits rôles. Je suis très timide. Par exemple, lorsque j'ai rencontré ma femme pour la première fois, je n'ai pas pu lui parler…

Pierre : Et ?

Yannick : Et alors, et alors ! On est tombés amoureux l'un de l'autre, on s'est mariés et on a eu mon fils Joalukas.

134 • cent trente-quatre

Unité 6 • Leçon 23

UNITÉ 6

Vocabulaire

- **Verbes**
  accepter
  changer
  devenir
  proposer
  se marier

- **Noms**
  un acteur/une actrice
  un autographe
  un moniteur
  la montagne
  un nom
  un serveur/une serveuse
  le ski
  un(e) voisin(e)

- **Adjectifs**
  timide
  vieux/vieille

- **Mots invariables**
  déjà
  en face (de)
  vraiment

- **Pour communiquer**
  Ça alors !
  Et alors ?
  Pas d'accord !

- **Manières de dire**
  juste
  tomber amoureux de quelqu'un
  on est tombés amoureux l'un de l'autre

Écouter

- Écoutez le dialogue et répondez aux questions.

  a. Pourquoi peut-on dire que la famille Noah est une famille de sportifs ?
  ....
  b. À 3, 4 ans, que faisait Yannick ?
  ....
  c. Yannick a changé de métier. Quels autres métiers a-t-il eus ?
  ....
  d. Yannick est-il timide ? Si oui, dans quelle situation ?
  ....

Comprendre

- Trouvez dans le dialogue une même phrase avec un verbe à l'imparfait et un verbe au passé composé.
  Il y a deux phrases dans le dialogue.

  a. ....
  b. ....

Communiquer

Dans la vie, les choses changent.
À deux ou en groupe, discutez. Terminez les phrases en utilisant le passé composé.
Exemple : *Je jouais au tennis et un jour, on m'a proposé d'aller étudier dans une école de tennis en France.*

a. Avant nous travaillions tous les jours de 9 h à 16 h 30 dans un bureau et un jour, ...

b. Avant nous partions tous les ans en vacances en Bretagne et un jour, ...

c. Avant nous prenions la voiture pour aller au supermarché et un jour, ...

d. Avant nous achetions des livres seulement dans les magasins et un jour, ...

Écrire

Qu'est-ce qui a changé dans votre vie depuis 10 ans ? Utilisez l'imparfait pour parler de votre vie passée, le passé composé pour parler du changement. Terminez avec une phrase au présent.

Exemple : *Il y a 10 ans, j'étais serveur dans un café. Puis je suis allé à l'université, j'ai eu mon master en cinéma. Maintenant, je fais des films.*

Je prononce

- **Rythme et intonation**

1. Le son [ɥ] - Écoutez et répétez.
   je suis – lui – la nuit – et puis – Je lui ai parlé.

2. L'accent de surprise. - Écoutez et répétez.
   a. Ah bon ? Ça alors !
   b. Quoi ? Oh là là !

Unité 6 • Leçon 23
cent trente-cinq • 135

Leçon 23

J'APPRENDS ET JE M'ENTRAÎNE

Grammaire

- **L'imparfait et le passé composé (1)** → Précis grammatical page 128
  L'imparfait exprime un **état** passé, une **situation** passée, sans début ni fin précis.
  Le passé composé exprime une **action**, un **fait** précisé dans le temps qui vient interrompre cet état.
  Je **jouais** déjà au tennis à 3, 4 ans au Cameroun et un jour, **j'ai rencontré** Arthur Ashe, un joueur de tennis.

- **Le pronom complément d'objet indirect (COI) (1) : lui** → Précis grammatical page 123
  Il a parlé à **Arthur Ashe** : Il **lui** a parlé.
  Remarque :
  Le pronom complément d'objet indirect *lui* est masculin ou féminin.

- **La comparaison (2) : aussi + adjectif + que** → Précis grammatical page 126
  Il est **aussi** grand **que** mon père et aussi timide que moi.

- **Changer de...**
  J'ai changé de vie. – J'ai changé de vêtements.

1 Vous connaissez cette histoire. Voici le début. Lisez et complétez le texte avec les verbes *aimer – avoir – être – s'appeler – manger – mettre – vivre – habiter* à l'imparfait. Écoutez ensuite l'enregistrement.

Le Petit Chaperon rouge

Il était une fois une jolie petite fille. Elle .... le Petit Chaperon rouge parce qu'elle .... toujours des vêtements rouges. Elle .... avec ses parents près de la forêt. Sa grand-mère .... très vieille et souvent malade. Elle .... dans une toute petite maison, de l'autre côté de la forêt. Et dans la forêt, il y .... un énorme loup.
Il .... beaucoup les petites filles et les .... avec appétit.
Un jour, la mère du Petit Chaperon rouge...

Dans votre pays, est-ce qu'une version de ce conte existe ? Comment s'appelle ce conte ?

2 Mettez les verbes entre parenthèses à l'imparfait ou au passé composé.

Exemple : Je jouais déjà au tennis à 3, 4 ans et un jour j'ai rencontré Arthur Ashe.
a. Il (*vivre*) ... dans une maison et un jour il (*acheter*) ... un bateau.
b. Elle (*travailler*) ... dans une banque et un jour elle (*partir*) ... et (*changer*) ... de vie.
c. Elle (*regarder*) ... des films depuis des années et un jour elle (*décider*) ... de devenir actrice.
d. Il (*étudier*) ... le marketing et un jour il (*préférer*) ... la philosophie.

UNITÉ 6

3 Les pronoms compléments
Complétez avec *le, la, l'* ou avec *lui*.

a. – Vous connaissez le monsieur du deuxième étage ?
– Le monsieur antillais ? Oui, je .... connais un peu. Je .... ai parlé deux ou trois fois.

b. Notre voisine est bizarre. Quand on .... parle, quand on .... demande quelque chose, elle ne répond pas.
Hier, par exemple, mon fils .... a demandé l'heure. Eh bien, la voisine .... a regardé mais elle ne .... a pas répondu.
Elle est rentrée chez elle sans dire un mot.

4 Utilisez les adjectifs pour comparer Abdel Faroudj et Léonid Vlask avec *plus ... que, aussi ... que, moins ... que*.
Attention n'utilisez pas tous les adjectifs : vous devez faire un choix.

Exemple : Abdel est plus beau que Léonid.
célèbre – précieux – gros – vieux – élégant – timide – maigre – grand – fatigué – jeune

Abdel est
a. .... que Léonid
b. .... que Léonid
c. .... que Léonid

Léonid est
a. .... qu'Abdel
b. .... qu'Abdel
c. .... qu'Abdel

GRAND COMBAT DE BOXE

Abdel FAROUDJ
le Lion de l'Atlas
27 ans – 1,90 m – 88 kg

Léonid VLAVSK
ex-champion de Russie
31 ans – 1,84 m – 88 kg

5 Regardez ces trois dessins et rédigez un petit texte.

Avant, ...

Un jour, ...

Maintenant, ...

Unité 6 • Leçon 23

Leçon 24

Faits divers

Je comprends et je communique

1 Et maintenant, quelques faits divers

1 Tout d'abord, à Paris. Hier soir, une vache s'est échappée du Salon de l'agriculture et il y a eu un énorme embouteillage porte de Versailles.

2 Ensuite, à Marseille. En pleine nuit, quelqu'un est entré dans l'hôtel Central et il est parti avec 15 000 euros. Les deux gardiens n'ont pas entendu le voleur. Pourquoi ? Parce qu'ils dormaient tranquillement.

3 À Nice maintenant. Hier, un enfant de six mois est resté seul, en plein soleil sur la Promenade des Anglais pendant deux heures. Ses parents étaient à la plage.
Ils ont dit aux policiers : « Nous sommes allés prendre un bain parce qu'il faisait vraiment trop chaud. »

4 Pour finir, à Lyon, la nuit dernière, une femme a tué son mari. Les policiers ont interrogé la voisine.
Elle leur a dit : « Je ne les connaissais pas, je ne leur parlais pas. Mais je les entendais !
Ils buvaient beaucoup et ils se disputaient tout le temps ! »

138 • cent trente-huit

Unité 6 • Leçon 24

UNITÉ 6

Vocabulaire

- **Verbes**
boire
dire
se disputer
s'échapper
entendre
entrer
interroger
tuer

- **Pronoms et noms**
un embouteillage
un fait divers
un gardien
un hôtel
leur
lui
une nuit
un policier
une vache
un voleur

- **Adjectifs**
énorme
quelques
seul(e)

- **Mots invariables**
enfin
parce que
pourquoi
tranquillement

- **Manières de dire**
en plein soleil
en pleine nuit
prendre un bain
tout d'abord
tout le temps

Écouter

- Écoutez le texte et répondez aux questions.

1. Reliez le fait divers à la photo correspondante.

   1. •   • A.
   2. •   • B.
   3. •   • C.
   4. •   • D.

2. Cochez la bonne réponse.
Le voleur a pris :
☐ a. 5 000 €   ☐ b. 15 000 €   ☐ c. 25 000 €

3. Vrai ou faux ?   Vrai   Faux
a. Les parents étaient à la plage.   ☐   ☐
b. Ils se baignaient.   ☐   ☐
c. L'enfant était avec eux.   ☐   ☐
d. Il ne faisait pas très beau.   ☐   ☐
e. C'était à Nice.   ☐   ☐

4. Cochez la bonne réponse.
☐ a. Le mari buvait beaucoup : il a tué sa femme.
☐ b. Le mari a appelé la police.
☐ c. La voisine a parlé avec des journalistes.
☐ d. Elle ne connaissait pas bien ses voisins.

! Comprendre

- Cochez la bonne réponse.
Un fait divers :
☐ a. est un fait différent.
☐ b. est une information peu importante.
☐ c. est une information incroyable.

Communiquer

Vous êtes policier/policière, on a volé un téléphone, vous écoutez 3 personnes. Posez des questions à chaque personne, puis répondez à la question « Qui a volé le téléphone portable ? » Jouez la scène à quatre.

Personne 1 : On a volé mon téléphone portable !

Personne 2 : J'ai trouvé un téléphone portable par terre.

Personne 3 : J'ai tout vu.

Écrire

Racontez un fait divers en 5 ou 6 lignes.
Utilisez l'imparfait pour la description (exemple : *Il faisait chaud. Les gardiens dormaient.*), le passé composé pour exprimer l'action (exemple : *Il est parti ; quelqu'un est entré*). Utilisez *tout d'abord, ensuite, pour finir* comme dans les quatre faits divers de la page 138.

Je prononce

- **Rythme et intonation**

Le son [j] - Écoutez et répétez.
un embouteillage – le soleil – Lyon – Marseille – juillet – vieillir
En juillet à Marseille, il y a du soleil et des embouteillages.

Unité 6 • Leçon 24

Leçon 24

J'APPRENDS ET JE M'ENTRAÎNE

Grammaire

- **Le pronom COI (2) : *leur*** → Précis grammatical page 123

  Elle ne parlait pas à ses voisins. → *Elle ne leur parlait pas.*
  Tu n'écris pas souvent à tes copines. → *Tu ne leur écris pas souvent.*

  Remarque : le pronom COI *leur* est masculin ou féminin pluriel.

- **Les pronoms COD et COI**

  Certains verbes se construisent <u>directement</u> *(regarder quelque chose)*, d'autres <u>indirectement</u> *(parler à quelqu'un)*.

  ⚠️ Les pronoms sont différents. Observez :

  Il regarde sa voisine. → *Il **la** regarde (et elle, elle **le** regarde aussi).*
  Il téléphone à sa voisine. → *Il **lui** téléphone (et elle **lui** répond).*
  Je ne connais pas mes voisins. → *Je ne **les** connais pas.*
  Je ne parle pas à mes voisins. → *Je ne **leur** parle pas.*

- **L'expression de la cause**

  parce que répond à la question « **Pourquoi ?** »
  Il y a eu un énorme embouteillage à Paris [le fait]
  parce qu'*une vache s'est échappée du Salon de l'agriculture.* [la cause]

1 Écoutez et répondez par Vrai ou Faux. 🎧

	Vrai	Faux
a. Monsieur Wallon avait 75 ans.	☐	☐
b. Il était alcoolique.	☐	☐
c. Il s'est disputé avec ses voisins.	☐	☐
d. Ses voisins aimaient se lever très tard, faire la grasse matinée.	☐	☐
e. Sa voisine l'a tué pour défendre son mari.	☐	☐

2 Remplacez les mots soulignés par *leur – la – les – lui*.

Exemple : *Jérémy téléphone souvent à son copain* → *Jérémy lui téléphone souvent.*

a. Il adore regarder <u>la télévision</u> avant de dormir → ....
b. Elle écrit <u>à ses parents</u> tous les jours. → ....
c. Thomas pose des questions <u>à son professeur</u>. → ....
d. Où est-ce que Chloé achète <u>ses vêtements</u> ? → ....

3 Répondez aux questions avec « parce que ». Utilisez l'imparfait.

Exemple : *Pourquoi la femme a tué son mari ? Parce qu'il buvait et qu'ils se disputaient.*

a. Pourquoi l'équipe espagnole a gagné au football ? ....
b. Pourquoi ils ont pris le train ? ....
c. Pourquoi elle a épousé Nicolas ? ....
d. Pourquoi il a étudié le français ? ....

UNITÉ 6

4 Julie Delvaux est professeur de sciences politiques dans une université à Paris. Elle écrit tous les jours quelques mots dans son journal. Faites un récit à partir de ses notes.

Vous pouvez utiliser les verbes *aller, bavarder, déjeuner, dîner, écouter, écrire, être, faire, fêter, lire, prendre, regarder, rencontrer, travailler…*
Attention : les actions sont au passé composé et le décor, les circonstances, les commentaires sont à l'imparfait.

Mercredi 1er octobre	Jeudi 2/10	Vendredi 3/10	Samedi 4/10	Dimanche 5/10
Temps superbe : ciel bleu, beau soleil. Matin : travail. Déjeuner avec Thomas et les enfants. Après-midi : fac (salle B107). Rencontré Henri F., bavardé. Sympa Soir : concert Malher.	Très beau temps : 27° ! – Matin : journaux, radio… Appelé Maria F. Après-midi : vélo avec les enfants. Après, travail. Dîner Fatiguée. Couchée à 22 heures !	– Matin : université (salle B345) Déjeuner avec Claire. Après-midi : travail à la maison. Soir : anniversaire Lilou.	Colloque Lille ; train gare du Nord 7 h 55. Beau temps. Colloque intéressant. Soir : dîner excellent !	Colloque. Très intéressant. Alexandra Bertin, géniale ! – Retour Paris train 21 h 10.

Mercredi 1er octobre, il faisait très beau, le ciel était bleu et il y avait un beau soleil. J'ai travaillé le matin
....
....

5 Jeu du mensonge

Racontez à la classe une histoire qui vous est arrivée. Tout n'est pas vrai.
Dites au moins 3 choses fausses.
(Exemple : *Le week-end dernier, j'étais à Londres dans un parc avec Thomas et j'ai vu l'acteur de Harry Potter. C'était incroyable. Je lui ai parlé, il était très timide. Ensuite, je suis allé dîner sur un bateau en face de la maison des Lords…*)
Qu'est-ce qui est vrai ? Qu'est-ce qui est faux ?

Unité 6 • Leçon 24 cent quarante et un • 141

UNITÉ 6

Les médias
en France

Voilà un lecteur heureux !
Mais on lit de moins en moins de journaux...

Deux exemples :

Le Monde :
333 000 lecteurs en 2012
(425 000 en 1975)

Le Figaro :
332 000 lecteurs en 2012
(382 000 en 1975)

En 1975, un Français sur deux achetait un journal tous les jours. Aujourd'hui, il y en a un sur quatre.

Mais on a d'autres moyens de s'informer ! Par exemple ?

a. ....
b. ....
c. ....

Les Français regardent beaucoup la télé, à peu près deux heures par jour.

Et la télé, c'est bien souvent la nounou, la baby-sitter.

- Quand vous étiez petit, qu'est-ce que vous regardiez à la télévision ?

....

142 • cent quarante-deux

Unité 6 • Civilisation

Civilisation

Et puis, il y a INTERNET !

Les jeunes sont bien sûr plus « accros » à leur ordinateur que leurs parents ou grands-parents...
On va sur Internet pour tout : lire ses mails, communiquer avec ses copains et s'informer, bien sûr, mais aussi regarder des films, écouter de la musique, faire ses achats, jouer, organiser ses voyages, regarder la météo ou l'horoscope...

Faites un test
Pendant 24 heures, notez votre temps passé sur Internet (et précisez pour quoi faire).
Exemples : 7 h 21 – 7h 27 J'ai regardé la météo.
18 h 40 – 19 h 50 Je suis allé(e) sur Facebook.
....
....

Peut-on vivre sans Internet ?

Peut-on vivre sans téléphone portable ? Sans télévision ?

1. Écoutez l'interview d'une « déconnectée » et répondez aux trois questions.
a. À quelle phrase correspond cette photo du jeune homme et de la jeune femme ?
....

b. Quand Sophie était petite, elle ne regardait pas la télévision. Pourquoi ?
....

c. Pourquoi elle ne veut pas de téléphone portable ?
....

2. Et vous ? Vous pourriez vivre déconnecté(e) ? Pourquoi ?
....
....
....

Unité 6 • Civilisation

cent quarante-trois •143

UNITÉ 6

Compréhension orale

1 Écoutez et cochez ce que vous entendez.

a) ☐ Florence ? Mais oui, c'est ma copine ! b) ☐ Florence ? Mais oui, c'était ma copine !
a) ☐ Tu n'aimes pas ma robe rouge ? b) ☐ Tu ne l'aimes pas, ma robe ?
a) ☐ J'aime bien le chapeau noir. b) ☐ Je n'aime pas le chapeau noir.
a) ☐ Moi, je vais à la fête. Pas toi ? b) ☐ Elle va à la fête avec toi ?
a) ☐ Il est vraiment très amoureux. b) ☐ Il est tombé amoureux ?
a) ☐ Il est devenu très célèbre. b) ☐ Il va devenir très célèbre.

2 Écoutez et complétez.

a) – Qu'est-ce que tu .... pour l'anniversaire de Zoé ?
   – Je .... mettre une mini jupe et un top noir.

b) – Je .... regarder les vieux livres ?
   – Oui mais .... très attention, ils sont précieux !

c) Quand nous .... enfants, nous .... du pain et du chocolat à quatre heures.

d) – Avant, où est-ce que tu .... ?
   – À la montagne. Je .... du ski pendant tout l'hiver.

e) Elle .... son mari à un concert. Il .... à côté d'elle. Ils ....
   Et elle .... amoureuse !

Compréhension orale et interaction écrite

3 Écoutez ce message téléphonique et répondez par un e-mail.

Grammaire

4 Conjuguez les verbes entre parenthèses à l'imparfait.

a. La Terre tourne ! Mais, avant Galilée, les gens ne le (savoir) .... pas.

b. Quand nous (être) .... jeunes, nous (sortir) .... beaucoup : nous (aller) .... souvent au théâtre, au concert. Nous (aimer) .... les cafés, les discothèques. Maintenant, c'est fini, tout ça !

c. Avant Internet, les gens (devoir) .... chercher leurs informations dans les livres. Ils (aller) .... dans les bibliothèques ou ils (acheter) .... des livres, des revues... C'(être) .... souvent compliqué et ça (coûter) .... cher !

d. Maintenant, nous faisons toutes nos courses sur Internet. Avant, nous (prendre) .... la voiture pour aller tous les samedis à l'hypermarché.

144 • cent quarante-quatre   Unité 6 • Entraînement DELF

Entraînement au DELF

5 **Complétez avec le pronom correct : *le – la – l' – les – lui – leur*. Attention à la construction du verbe !**

a. Mon père a rencontré ma mère dans le métro. C'était en 1985. Il était beau, elle n'était pas timide. Elle .... a regardé, lui aussi. Il .... a parlé, elle .... a répondu. Et tout a commencé comme ça !

b. Louis et Emma sont allés au Café de la Paix. Le serveur .... a proposé un café, un thé, un coca, de la bière. Ils .... ont demandé deux bières. Il .... a apporté les bières avec une rose pour Emma.

c. Hannah ? Je ..... connais très bien. Et sa sœur Clara aussi. Je .... vois toutes les deux le samedi, au cours de danse. Toi, comment tu .... connais ?

Compréhension écrite

6 **Lisez ces deux faits divers et cochez les réponses correctes.**

TOUJOURS LE MAUVAIS TEMPS !

Après les inondations de vendredi dernier (deux morts) à Dijon, la neige est arrivée pendant la nuit dans toute la Bourgogne.
À cause de la neige, il y a eu un énorme embouteillage, plus de 40 kilomètres, sur l'autoroute du Sud, entre Dijon et Mâcon. La police et les secours ont dû intervenir.

Le Bien Public, lundi 24 janvier

DRAME DU DIVORCE À NANTES

Hier, vers 22 h, un homme a tué sa femme et sa fille. Il s'est ensuite suicidé. On ne connaît pas les raisons exactes de son acte mais on sait que sa femme voulait divorcer. Les voisins ont déclaré : « C'était un homme très calme, sympathique en général, mais un peu triste. Il est devenu fou ! ».

Ouest-France, 3 août

1. Les inondations à Dijon ont eu lieu :
☐ **a.** le 21 janvier   ☐ **b.** le 15 janvier   ☐ **c.** le 26 janvier
2. Il a neigé :
☐ **a.** dans toute la France   ☐ **b.** à Biarritz   ☐ **c.** en Bourgogne
3. Il y a eu un embouteillage :
☐ **a.** à Dijon   ☐ **b.** sur l'autoroute   ☐ **c.** dans le sud de la France
4. Dijon est :
☐ **a.** en Belgique   ☐ **b.** dans le Nord   ☐ **c.** en Bourgogne

1. Le drame est arrivé :
☐ **a.** le 2 août à 10 h du soir.   ☐ **b.** Le 3/08 à 2 h du matin.
☐ **c.** le 22 août à 22 h.
2. Il y a eu :
☐ **a.** deux morts.   ☐ **b.** quatre morts.   ☐ **c.** trois morts.
3. Le drame a eu lieu parce que :
☐ **a.** l'homme était malade.   ☐ **b.** sa femme voulait divorcer.
☐ **c.** sa fille travaillait très mal au lycée.
4. Le drame a eu lieu :
☐ **a.** sur la Côte d'Azur.   ☐ **b.** dans l'Ouest.   ☐ **c.** à Nice.

Expression écrite

7 **Regardez la photo et écrivez ce fait divers pour un journal. Utilisez votre dictionnaire.**

CHERBOURG : HOLD-UP À LA BANQUE DE L'OUEST

Bilan actionnel

1 **Racontez un fait divers à partir des images de Sempé.**

Utilisez *Avant* .... + imparfait, *un jour* + ... passé composé, *maintenant* + ... présent.
Exemple : Avant nous allions tous les étés à la mer, il faisait beau et chaud.

2 **Vous discutez avec vos amis.**

Faites des comparaisons avec *moins* + adjectif + *que*, *aussi* + adjectif + *que*, *plus* + adjectif + *que*.
À deux ou en groupe, discutez.

Exemple : Je préfère avoir un smartphone, c'est moins cher qu'un ordinateur, c'est plus petit qu'un ordinateur.

Préférez-vous :
- avoir un smartphone ou un ordinateur ?
- être aussi beau que Robert Pattinson ou aussi riche que Mark Zuckerberg ?
- aller en vacances à la montagne ou à la mer, à la plage ?
- être moniteur/monitrice de ski en Suisse ou acteur/actrice de cinéma ?
- vivre dans une maison ou vivre dans un appartement ?

3 **Écoutez ce fait divers.**

Répondez aux questions.

a. Pourquoi est-ce que la femme part à l'hôpital ?

....

b. Qui rencontre-t-elle ?

....

c. Quelle est l'information du fait divers ?

....

146 • cent quarante-six

Unité 6 • Bilan actionnel

PRÉCIS GRAMMATICAL

La phrase simple

1. En général, **l'ordre** est : sujet (nom ou pronom : je, vous, il, elle...) + verbe + ...
Thomas/habite/à Berlin. – Les enfants/achètent/des croissants. – Elle/est/jolie.
La phrase commence toujours par une majuscule et se termine par un point :
- un point final : *Je suis étudiant.*
- un point d'interrogation : *Vous parlez français ?*
- un point d'exclamation : *C'est super !*

2. Il y a trois types de phrases :
  a. déclarative *Je travaille à Dakar. – Je ne parle pas français.*
  b. interrogative *Vous êtes étudiant ? – Comment ça va ?*
  ⚠️ Pour la phrase interrogative : *Vous connaissez Paris ?* ou bien **Est-ce que** *vous connaissez Paris ?*
  c. exclamative *Tu parles très bien français ! – C'est très intéressant !*

3. La phrase négative
Attention à la place des négations :
  a. si le verbe est au présent : sujet + **ne** + verbe + **pas** + ...
  *Il **ne** part **pas** à Rio.*
  b. si le verbe est au futur proche : sujet + **ne** + *aller* (au présent) + **pas** + infinitif
  *Il **ne va pas** prendre le train.*
  c. si le verbe est au passé composé : sujet + **ne** + auxiliaire *être* ou *avoir* + **pas** + participe passé
  *Elle **n'**a **pas** mangé au restaurant. – Nous **ne** sommes **pas** partis en vacances.*

Les noms

1. Le genre
  a. Ils sont masculins (*un restaurant*) ou féminins (*une baguette*).
  Il n'y a pas de règle : *le soleil, la lune – un jour, une semaine, un mois, un an...*
  b. Devant le nom, il y a un **article** masculin ou féminin.
  un *croissant*, **une** *baguette* – **un** *étudiant*, **une** *étudiante* – **un** *restaurant*, **une** *université*
  Remarque : devant les noms « propres » (noms de personne, de ville, etc.), pas d'article :
  Marion habite à Montréal. – J'aime beaucoup Tokyo.
  c. Souvent, **pour le féminin**, on ajoute un **-e** : *un ami, une ami**e** – un étudiant, une étudiant**e***
  Si le nom se termine par -e, **masculin = féminin** : *un journaliste, une journaliste*
  ⚠️ – Masculin en **-eur** → féminin en **-euse** : *un chanteur, une chanteuse*
  ou → féminin en **-trice** : *un acteur, une actrice*
  – Souvent, le masculin et le féminin sont absolument différents : *un homme, une femme.*

2. Le nombre
  a. En général, pour le pluriel, on ajoute un **-s**.
  *un copain, des copain**s** – une cerise, des cerise**s***
  b. Si le mot se termine par **-eau**, on ajoute un **-x** pour le pluriel.
  *un gâteau, des gâteau**x***
  c. Si le nom se termine par **-s**, **-x** ou **-z**, le nom ne change pas au pluriel.
  un Français, des Français – un pays, des pays

Précis grammatical

cent quarante-sept • **147**

PRÉCIS GRAMMATICAL

Les pronoms

Ils remplacent un nom.

1. Les pronoms personnels

■ **Les pronoms sujets :** *je, tu, il, elle, on, nous, vous, ils, elles*

⚠ Le pronom **on** est toujours suivi d'un verbe au singulier.

*Mes copains et moi, **on va** au cinéma.*

■ **Les pronoms « toniques » :** *moi, toi, lui, elle, nous, vous, eux, elles*

– *Moi, je suis canadien. Et vous ?*
– *Moi, je suis française mais lui, il est belge.*
– *Vous habitez chez vos parents ?*
– *Non, je n'habite pas chez eux.*

■ **Les pronoms compléments d'objet**

• **Les pronoms compléments d'objet direct (COD)**

Si le verbe se construit directement, sans préposition (par exemple, *regarder quelqu'un, connaître quelque chose...*), les pronoms sont : **me, m' - te, t' - le, la, l' - nous - vous - les**

*Elle **m'**aime, elle **me** regarde.*
*Je **la** connais très bien, je **l'**adore !*
– *Il **vous** connaît ? – Non, nous, nous **le** connaissons mais lui, il ne **nous** connaît pas.*

• **Les pronoms compléments d'objet indirect (COI)**

Si le verbe se construit avec la préposition **à** (par exemple, *parler à quelqu'un, téléphoner à quelqu'un, écrire à quelqu'un...*), les pronoms sont presque toujours : **me, m' - te, t' - lui - nous - vous - leur**

*Ma mère, je **lui** écris souvent. Elle **me** téléphone tous les jours !*
*Il **nous** parle souvent de son pays.*

Remarques

1. Les pronoms COI **lui** et **leur** sont masculins ou féminins.
   *Mon père, je **lui** écris. Ma mère, je **lui** écris aussi.*

2. Il ne faut pas confondre :
   • le pronom COI **lui** : *Hier, j'ai rencontré Jeanne et je **lui** ai parlé.*
   et le pronom « tonique » **lui** qui est seulement masculin : – *Tu vas chez Pierre ? – Oui, je vais <u>chez</u> **lui**. J'habite <u>avec</u> **lui**...*
   • le pronom COI **leur** : *Je ne vois pas souvent mes parents mais je **leur** téléphone tous les dimanches.*
   et l'adjectif possessif **leur(s)** : *Ce sont mes voisins avec **leurs** enfants et **leur** chien.*

2. Les pronoms indéfinis : *quelqu'un – quelque chose*

– *Vous cherchez **quelqu'un** ?*
– *Oui, je voudrais voir M. Okuyama.*
– *Vous avez perdu **quelque chose** ?*
– *Oui, j'ai perdu mon écharpe !*

Les déterminants

Ils servent à « actualiser » le nom. Ils sont toujours **devant** le nom.

1. Les articles

a. Les articles **indéfinis** (un, une, des)

Pour parler de quelque chose ou de quelqu'un de nouveau, de non précisé ; ou pour parler d'une quantité égale à 1.
Je vais voir un film. – Vous voulez un café ? – Il y a un musicien ou deux musiciens ?

Singulier	masculin	**un**	J'ai **un** problème ! – C'est **un** journaliste.
	féminin	**une**	C'est Jamila, **une** amie. – C'est **une** journaliste.
Pluriel	masculin	**des**	J'ai **des** amis au Québec.
	féminin	**des**	Anna et Clara sont **des** amies de Tom.

⚠ *Il est étudiant. – Il est anglais. – Elle est journaliste. – Vous êtes informaticien ?*
(et non : **Il est un étudiant. – *Elle est une journaliste.*)

b. Les articles **définis** (l', le, la, les)

Pour parler de quelque chose ou de quelqu'un de **déjà connu**, déjà identifié ; pour préciser ; pour parler de quelque chose d'unique.
*C'est **la** tour Eiffel. – C'est Pierre, **l'**ami de Marion. – C'est **le** professeur Henderson.*

Mais aussi pour parler de quelque chose de général : *C'est beau, **l'**amour. – Tu aimes **le** sport ?*

Singulier	masculin	**le/l'** (devant voyelle ou h muet)	**le** cinéma – **l'**aéroport, **l'**hiver
	féminin	**la/l'** (devant voyelle ou h muet)	**la** photo – **l'**amie, **l'**heure
Pluriel	masculin	**les**	**les** étudiants
	féminin	**les**	**les** vacances

⚠ Avec « l' », on ne sait pas toujours si le nom est masculin ou féminin.
l'ananas (masculin) – *l'addition* (féminin) – *l'hiver* (masculin) – *l'heure* (féminin)

⚠ *C'est **un** professeur de Chicago.* (Il y a beaucoup de professeurs à Chicago.)
*C'est **le** professeur Jim Henderson de Chicago.* (Il n'y a qu'un seul professeur Jim Henderson.)

c. Les articles **contractés** (à + article défini ou de + article défini)

à + le = au	On va **au** cinéma.	⚠ Je vais à l'<u>a</u>éroport. – Ils vont à l'<u>O</u>péra.
à + les = aux	Il habite **aux** États-Unis.	
de + le = du	C'est l'amie **du** photographe.	⚠ C'est le frère de l'<u>a</u>mie de Pierre.
de + les = des	Art Plus, c'est le magazine **des** arts.	

d. Les articles **partitifs** (du, de la, des...)

On les utilise avec des noms de **choses qu'on ne peut pas compter** :
– des choses concrètes : **du** sucre, **du** vin, **de la** farine, **de l'**eau...
– mais aussi des choses abstraites : **du** temps, **de l'**amour, **de la** chance, **du** courage...

Observez la différence entre :   Je voudrais **un** sucre. (= un morceau de sucre) (= 1)
                                        Je voudrais **du** sucre. (= une certaine quantité de sucre)

⚠ **Il y a deux « du » :**
– l'article défini contracté :   C'est le fils **du** Président. (*du* = *de + le*)
– l'article partitif :   Donnez-moi **du** pain, s'il vous plaît.

Précis grammatical

PRÉCIS GRAMMATICAL

2. Les adjectifs possessifs

Ils indiquent **l'appartenance**, la relation.

⚠️ En français, le pronom s'accorde avec le nom qui suit (*mon fils - ma fille*) et il ne se réfère pas à la personne qui « possède ».
Richard est le fils de Pierre et d'Hélène.
Pierre dit : « Richard est **mon** fils. » / Hélène dit aussi : « Richard est **mon** fils. »

C'est...	Masculin singulier	Féminin singulier	Masculin pluriel	Féminin pluriel
à moi	mon frère	ma sœur	mes amis	mes amies
à toi	ton copain	ta copine	tes amis	tes amies
à lui, à elle	son père	sa mère	ses parents	ses sœurs
à nous	notre lycée	notre université	nos fils	nos filles
à vous	votre voiture	votre billet	vos livres	vos places
à eux, à elles	leur maison	leur chien	leurs enfants	leurs filles

⚠️ Si le mot féminin singulier commence par une voyelle ou un *h* muet :
ma → mon (*C'est **mon** idée. - C'est **mon** amie.*)
ta → ton (*Voilà **ton** amie Anna. - Raconte-moi **ton** histoire !*)
sa → son (*C'est **son** habitude. - Voilà **son** université.*)

3. Les adjectifs indéfinis : *tout, toute, tous, toutes*

Il travaille tout le temps, toute la journée, tous les jours, toutes les semaines.

■ Pour exprimer une quantité : **beaucoup / trop / (un) peu** + **de**
Pour être en bonne santé il faut manger **beaucoup de** légumes, **beaucoup de** fruits, pas **trop de** viande, très **peu de** sucre, boire **beaucoup d'**eau et faire **un peu de** sport.

LES ADJECTIFS QUALIFICATIFS

Ils servent à **qualifier**, à préciser : *un Brésilien* → *un **grand** Brésilien **brun** et **sportif***
Remarque : pour qualifier, préciser quelqu'un ou quelque chose, on peut utiliser aussi :
– un complément de nom : *C'est la maison **de mon père**.*
– un autre nom pour indiquer la matière : *Je voudrais un gâteau **au chocolat**.*

1. Le genre : masculin et féminin

Pour mettre un adjectif au féminin, **on ajoute -e**. Trois cas se présentent :

a. Si l'adjectif se termine par **-e, pas de changement** (à l'oral et à l'écrit).
il est libre, elle est libre – il est belge, elle est belge – il est jeune, elle est jeune

b. Pour le féminin, on ajoute **-e**, mais **on entend la même chose**.
il est joli, elle est jolie – il est espagnol, elle est espagnole
⚠️ *il est turc, elle est turque*

c. À l'oral, on entend au féminin **la consonne finale** :
+ [ʃ] *il est blanc* [blɑ̃]/*elle est blanche* [blɑ̃ʃ]
+ [d] *il est grand* [grɑ̃]/*elle est grande* [grɑ̃d] – *il est allemand* [almɑ̃] / *elle est allemande* [almɑ̃d]
+ [g] *il est long* [lɔ̃]/*elle est longue* [lɔ̃g]
+ [s] *il est roux* [ru]/*elle est rousse* [rus]
+ [t] *il est petit* [pəti]/*elle est petite* [pətit]
+ [z] *il est français* [frɑ̃sɛ]/*elle est française* [frɑ̃sɛz]

⚠️ – Si l'adjectif masculin se termine par **-f**, le féminin se termine par **-ve** : *neuf/neuve*
– Si l'adjectif masculin se termine par **-n**, le féminin se termine par **-nne** : *bon/bonne*
– Si l'adjectif masculin se termine par **-s**, le féminin se termine par **-sse** : *gros/grosse*
Quelquefois, c'est très différent : *beau/belle – vieux/vieille*

⚠️ Avec *C'est...*, l'adjectif est toujours masculin.
Le français, c'est intéressant. – La musique, c'est beau. – La Chine, c'est grand.

2. Le nombre : singulier et pluriel

a. Comme pour le nom, en général, on ajoute un **-s** pour le pluriel : *une voiture/des voitures*
b. Si l'adjectif se termine par **-s** ou **-x** au singulier, le pluriel est le même :
il est gros / ils sont gros – il est délicieux / ils sont délicieux

3. La place de l'adjectif

a. En général, les adjectifs **longs** sont **après** le nom, les adjectifs **courts** et **fréquents avant** le nom.
une chose extraordinaire – une idée impossible // une jolie chose – une bonne idée
b. Les adjectifs de **nationalité**, de **couleur** ou de **forme** sont toujours après le nom.
un garçon égyptien – une fille blonde – une table carrée

4. L'expression de la comparaison

On utilise **plus ... que / aussi ... que / moins ... que**
*Il est **plus** grand **que** son père.*
*Le nouveau film de Kitano est **aussi** intéressant **que** les autres.*
*Paris est **moins** grand **que** New York.*

LES VERBES

1. La conjugaison

Elle est vraiment difficile parce que la forme du verbe change selon les personnes.
Par exemple, pour le verbe *être* : *je suis, tu es, il est, nous sommes, vous êtes, ils sont*
Pour la conjugaison, il y a **trois groupes de verbes** :
a. ceux qui se terminent par **-er** (*parler, travailler, manger, écouter...*). Pour ces verbes, pas de problème, ils sont très réguliers (sauf le verbe *aller*) ;
b. ceux qui se conjuguent comme le verbe **finir** : ils sont très réguliers aussi mais ils ne sont pas très nombreux (*choisir, réussir, réfléchir...*) ;
c. pour tous les autres, un conseil : allez voir dans la partie **Conjugaisons** pages 155-158.

2. Trois types de verbes

a. Les verbes **personnels** qui ont un sujet « personnel » : un nom ou un pronom.
Tom est là. – Mon frère est parti. – Je lis.
b. Les verbes **impersonnels** : le sujet (*il*) est « impersonnel » et le verbe toujours au singulier.
Il y a deux filles dans la classe. – Il faut des légumes. – Il pleut, il neige, il fait froid.
c. Les verbes **pronominaux réfléchis** : *s'appeler, se lever, s'habiller, se dépêcher, se doucher...*
Ils ont un sujet et un pronom qui représente la même personne.
je me lève – elle se dépêche – nous nous baignons – vous vous reposez...

3. L'indicatif

a. Le présent
Il exprime une action en train de se faire (*Léa travaille*) ou qui va se faire bientôt (*Demain, je pars au Mexique*) ou bien sune action habituelle (*Tous les samedis, je fais des courses*).

b. Le futur proche
Il exprime une action, un événement proche dans le temps ou proche dans l'idée du locuteur.
Ils vont se marier le mois prochain. (proche dans le temps)
Dans trois ans, je vais arrêter de travailler. (proche dans mon esprit : j'anticipe mon départ)

c. Le passé composé
Il exprime un fait, un événement, une action terminée dans le passé.
Il a visité la Cité interdite et il a vu aussi la Grande Muraille.
(on parle de quelque chose complètement terminé dans le temps).

Précis grammatical

PRÉCIS GRAMMATICAL

Il se conjugue :
- soit avec l'auxiliaire **avoir** + participe passé : *J'**ai commencé** à travailler en 2010.*
  (Presque tous les verbes sont dans ce cas.)
- soit avec l'auxiliaire **être** + participe passé :
  (Il n'y a pas beaucoup de verbes dans ce cas mais ils sont très fréquents : on les utilise tout le temps !)
  - pour les verbes *aller, arriver, (re)venir, devenir, partir, sortir, (r)entrer, retourner, monter, descendre, passer, tomber, rester, naître, mourir.*
    *Il **est sorti** à 5 h et il **est rentré** chez lui à 7 h 30.*
  - et pour **tous** les verbes pronominaux : *se lever, se dépêcher, se reposer...*
    *Nous sommes partis à la campagne et **nous nous sommes reposés**.*

⚠ Avec l'auxiliaire **être**, il faut accorder le participe avec le sujet comme un adjectif.
*Elle est né**e** à Alger, elle est arrivé**e** en France en 1998. Elle est retourné**e** en Algérie en 2009.
Ils se sont levé**s** à 8 h, ils se sont habillé**s**, ils sont arrivé**s** à l'école à 9 h.*

■ **Comment « fabriquer » le participe passé ?**
- Pour les **verbes en -er**, c'est facile : le participe passé **se termine par -é**.
  regarder → j'ai regardé – aimer → j'ai aimé – aller → je suis allé(e)
- Pour les **autres verbes**, c'est plus difficile ! **Les terminaisons changent**. Il faut les apprendre petit à petit et vérifier dans une grammaire.

avoir	→ j'ai eu	écrire	→ j'ai écrit	pouvoir	→ j'ai pu
être	→ j'ai été	partir	→ je suis parti(e)	prendre	→ j'ai pris
connaître	→ j'ai connu	faire	→ j'ai fait	voir	→ j'ai vu
dormir	→ j'ai dormi	lire	→ j'ai lu	venir	→ je suis venu(e)

⚠ Attention aux participes très irréguliers :
naître → je suis né(e) – vivre → j'ai vécu – mourir → je suis mort(e)

d. L'imparfait

La forme est très régulière. On part de la première personne du pluriel du présent : *nous avons, nous finissons, nous faisons...*, et on ajoute au radical les terminaisons : **-ais, -ais, -ait, -ions, -iez, -aient**

Exemple : prendre → nous pren-ons → je pren**ais**, tu pren**ais**, il pren**ait**, nous pren**ions**, vous pren**iez**, ils pren**aient**
Présent : *Maintenant, **nous finissons** le travail à 17 h et **nous arrivons** à 8 h.*
Imparfait : *Avant, **nous finissions** à 19 h mais **nous arrivions** à 10 h.*

Remarques :
1. Les trois personnes du singulier et la dernière personne du pluriel se prononcent de la même façon :
   je finissais, tu finissais, il finissait, ils finissaient ([finisɛ])
2. Il y a une exception : le verbe *être* → présent : *nous sommes* ; imparfait : **nous étions**.

■ **Quand utilise-t-on l'imparfait ?**
- Pour décrire une situation dans le passé :
  Dans les années 70, les filles portaient des mini-jupes et les garçons des pantalons pattes d'éléphant.
- Pour décrire quelque chose ou quelqu'un dans le passé :
  Napoléon était petit, il avait les yeux bleus...
- Pour raconter quelque chose d'habituel, qui se répète (dans le passé) :
  Avant, tous les ans, on allait en vacances à Nice.

e. Les relations passé composé / imparfait

On rencontre ces deux temps presque toujours ensemble. C'est normal : le passé composé donne les faits, les événements, les actions ; l'imparfait apporte les circonstances, les commentaires, les descriptions...

Comparez ces deux textes.
- *Hier, je me suis levé à 8 h, j'ai pris le bus et je suis arrivé au bureau à 9 h 10. À midi, j'ai retrouvé mon amie Pauline et nous avons déjeuné au restaurant.*
  → Vous constatez qu'il y a seulement les faits, les actions.

152 • cent cinquante-deux

- Hier, je me suis levé à 8 h, **il faisait très beau et il y avait un soleil magnifique**. J'ai pris le bus ; **il y avait des embouteillages, comme d'habitude**, et je suis arrivé au travail à 9 h 10. **Mon directeur n'était pas content !** À midi, j'ai retrouvé mon amie Pauline et nous avons déjeuné au restaurant. **C'était délicieux et nous étions heureux de nous revoir.**
→ Vous voyez que les phrases à l'imparfait apportent des descriptions, des commentaires, des réactions, des sentiments...

4. L'impératif

Il sert à ordonner ou à conseiller.
Il n'a que trois personnes :
Va chez lui ! Allons chez lui ! Allez chez lui !

⚠️ Avec les **verbes pronominaux**, le pronom est **après** le verbe :
Dépêche-toi ! – Levez-vous !

⚠️ Observez :
Tu écoutes → *Écoute !*   *Tu regardes* → *Regarde !*
Pour les verbes en **-er**, le **-s** de la 2ᵉ personne du singulier du présent disparaît à l'impératif.

5. Quelques verbes un peu particuliers

a. Le verbe **pouvoir** a deux sens principaux :
– être capable de..., avoir la capacité de...
Je peux faire l'exercice tout seul.
– avoir l'autorisation, la permission de...
Maman, je peux sortir, s'il te plaît ?

b. Le verbe **savoir** a aussi deux sens principaux :
– connaître (au sens abstrait)
Elle sait la vérité.
– être capable de..., avoir une compétence
Tu sais nager ?

c. Attention à la différence entre **savoir** et **connaître** !

- **Pour la construction**
  – Avec *savoir*, il y a trois constructions possibles :
  Elle sait la vérité.   *Elle sait parler russe.*   *Elle sait que tu es là.*
   (*savoir* + nom)   (*savoir* + infinitif)   (*savoir* + que...)
  – Avec *connaître*, il y a une seule construction possible :
  Elle connaît la vérité.

- **Pour le nom qui suit**
  – *savoir* + nom commun abstrait (*elle sait sa leçon, elle sait la vérité...*)
  – *connaître* + nom propre (*Je connais Tom*) ou + nom commun concret (*Je connais le musée d'Orsay*) ou + nom commun abstrait (*Je connais la vérité*).

d. Le verbe **vouloir** peut exprimer :
– la volonté, le désir
Je veux être médecin. – Qu'est-ce que tu veux comme cadeau ?
– une simple demande
Je voudrais une baguette et un croissant, s'il vous plaît.
 (**Rappel :** on utilise la forme *je voudrais* pour demander poliment quelque chose.)

e. Le verbe **devoir** exprime le plus souvent l'obligation.
Tu dois être à 8 h au lycée.

Précis grammatical

PRÉCIS GRAMMATICAL

Communiquons !

Comment faire pour...

Poser une question... sur l'identité de quelqu'un	*Qui est-ce ?*
sur l'identité de quelque chose	*Qu'est-ce que c'est ?*
sur le lieu	*Tu vas où ? – Où est-ce que tu vas ?*
sur un itinéraire	*C'est loin ? – C'est à gauche ou à droite ?*
sur le temps	*On part quand ? – Quand est-ce qu'on part ?*
sur le jour, l'heure	*C'est quel jour ? – C'est à quelle heure ?*
sur l'âge	*Elle a quel âge ? Ils ont quel âge ?*
sur un prix	*C'est cher ? – C'est combien ?*
sur le temps qu'il fait	*Il fait quel temps ? – Il pleut ?*
Demander quelque chose poliment	*Je voudrais du sucre, de la farine et du beurre, s'il vous plaît.* *Je pourrais avoir un kilo de cerises, s'il vous plaît ?* *S'il te plaît, tu peux fermer la porte ?*
Demander son avis à quelqu'un	*Tu la trouves comment, ma robe ?* *Tu aimes bien le nouveau film de Kitano ?*
Donner son avis	*Je la trouve sympa, je l'aime bien.* *Elle est sympa, je crois.* *Ta robe ? Je ne la trouve pas terrible...*
Remercier	*Merci. – Merci beaucoup. – C'est très gentil.*
Accepter	*Oui, bien sûr ! – Avec plaisir ! – Volontiers ! – Quelle bonne idée ! – Super !*
S'excuser/Refuser	*Pardon ! – Oh, pardon ! – Excusez-moi ! –* *Pardon, je suis vraiment désolé(e) !*
Comparer	*Mathilde est **plus** jeune **que** son frère.* *Elle est **aussi** grande **que** lui.* *Leur petite sœur Linda est **moins** grande **qu'**eux.*
Exprimer la cause	*– **Pourquoi** les gardiens n'ont pas entendu le voleur ?* *– **Parce qu'**ils dormaient.*
Situer quelque chose dans le temps : • *pendant* • *depuis* • *il y a*	• *Il a habité à Kobe **pendant** 6 ans.* (par ex., de 2000 à 2006) (idée d'une durée limitée dans le passé) • *Il habite à Paris **depuis** 10 ans / depuis le 15 juin / depuis son mariage* (*depuis* + une durée / une date / un événement ■ il habite encore à Paris) • *Il est allé en France **il y a** 2 ans / **il y a** longtemps.* (*il y a* + une durée ■ on parle d'un voyage précis, à un moment précis, terminé dans le passé)

154 • cent cinquante-quatre

Tableaux de conjugaison

	Présent	Passé composé	Imparfait	Impératif
ÊTRE	je suis tu es il/elle est nous sommes vous êtes ils/elles sont	j'ai été tu as été il/elle a été nous avons été vous avez été ils/elles ont été	j'étais tu étais il/elle était nous étions vous étiez ils/elles étaient	sois soyons soyez
AVOIR	j'ai tu as il/elle a nous avons vous avez ils/elles ont	j'ai eu tu as eu il/elle a eu nous avons eu vous avez eu ils/elles ont eu	j'avais tu avais il/elle avait nous avions vous aviez ils/elles avaient	aie ayons ayez
ARRIVER	j'arrive tu arrives il/elle arrive nous arrivons vous arrivez ils/elles arrivent	je suis arrivé(e) tu es arrivé(e) il/elle est arrivé(e) nous sommes arrivé(e)s vous êtes arrivé(e)(s) ils/elles sont arrivé(e)s	j'arrivais tu arrivais il/elle arrivait nous arrivions vous arriviez ils/elles arrivaient	arrive arrivons arrivez
TRAVAILLER	je travaille tu travailles il/elle travaille nous travaillons vous travaillez ils/elles travaillent	j'ai travaillé tu as travaillé il/elle a travaillé nous avons travaillé vous avez travaillé ils/elles ont travaillé	je travaillais tu travaillais il/elle travaillait nous travaillions vous travailliez ils/elles travaillaient	travaille travaillons travaillez
FINIR	je finis tu finis il/elle finit nous finissons vous finissez ils/elles finissent	j'ai fini tu as fini il/elle a fini nous avons fini vous avez fini ils/elles ont fini	je finissais tu finissais il/elle finissait nous finissions vous finissiez ils/elles finissaient	finis finissons finissez

Précis grammatical

PRÉCIS GRAMMATICAL

	Présent	Passé composé	Imparfait	Impératif
ALLER	je vais tu vas il/elle va nous allons vous allez ils/elles vont	je suis allé(e) tu es allé(e) il/elle est allé(e) nous sommes allé(e)s vous êtes allé(e)(s) ils/elles sont allé(e)s	j'allais tu allais il/elle allait nous allions vous alliez ils/elles allaient	va allons allez
CONNAÎTRE	je connais tu connais il/elle connaît nous connaissons vous connaissez ils/elles connaissent	j'ai connu tu as connu il/elle a connu nous avons connu vous avez connu ils/elles ont connu	je connaissais tu connaissais il/elle connaissait nous connaissions vous connaissiez ils/elles connaissaient	connais connaissons connaissez
DEVOIR	je dois tu dois il/elle doit nous devons vous devez ils/elles doivent	j'ai dû tu as dû il/elle a dû nous avons dû vous avez dû ils/elles ont dû	je devais tu devais il/elle devait nous devions vous deviez ils/elles devaient	dois devons devez
DIRE	je dis tu dis il/elle dit nous disons vous dites ils/elles disent	j'ai dit tu as dit il/elle a dit nous avons dit vous avez dit ils/elles ont dit	je disais tu disais il/elle disait nous disions vous disiez ils/elles disaient	dis disons dites
DORMIR	je dors tu dors il/elle dort nous dormons vous dormez ils/elles dorment	j'ai dormi tu as dormi il/elle a dormi nous avons dormi vous avez dormi ils/elles ont dormi	je dormais tu dormais il/elle dormait nous dormions vous dormiez ils/elles dormaient	dors dormons dormez
ÉCRIRE	j'écris tu écris il/elle écrit nous écrivons vous écrivez ils/elles écrivent	j'ai écrit tu as écrit il/elle a écrit nous avons écrit vous avez écrit ils/elles ont écrit	j'écrivais tu écrivais il/elle écrivait nous écrivions vous écriviez ils/elles écrivaient	écris écrivons écrivez

Précis grammatical

	Présent	Passé composé	Imparfait	Impératif
ENTENDRE	j'entends tu entends il/elle entend nous entendons vous entendez ils/elles entendent	j'ai entendu tu as entendu il/elle a entendu nous avons entendu vous avez entendu ils/elles ont entendu	j'entendais tu entendais il/elle entendait nous entendions vous entendiez ils/elles entendaient	entends entendons entendez
FAIRE	je fais tu fais il/elle fait nous faisons vous faites ils/elles font	j'ai fait tu as fait il/elle a fait nous avons fait vous avez fait ils/elles ont fait	je faisais tu faisais il/elle faisait nous faisions vous faisiez ils/elles faisaient	fais faisons faites
LIRE	je lis tu lis il/elle lit nous lisons vous lisez ils/elles lisent	j'ai lu tu as lu il/elle a lu nous avons lu vous avez lu ils/elles ont lu	je lisais tu lisais il/elle lisait nous lisions vous lisiez ils/elles lisaient	lis lisons lisez
PARTIR	je pars tu pars il/elle part nous partons vous partez ils/elles partent	je suis parti(e) tu es parti(e) il/elle est parti(e) nous sommes parti(e)s vous êtes parti(e)(s) ils/elles sont parti(e)s	je partais tu partais il/elle partait nous partions vous partiez ils/elles partaient	pars partons partez
POUVOIR	je peux tu peux il/elle peut nous pouvons vous pouvez ils/elles peuvent	j'ai pu tu as pu il/elle a pu nous avons pu vous avez pu ils/elles ont pu	je pouvais tu pouvais il/elle pouvait nous pouvions vous pouviez ils/elles pouvaient	n'existe pas
PRENDRE	je prends tu prends il/elle prend nous prenons vous prenez ils/elles prennent	j'ai pris tu as pris il/elle a pris nous avons pris vous avez pris ils/elles ont pris	je prenais tu prenais il/elle prenait nous prenions vous preniez ils/elles prenaient	prends prenons prenez

Précis grammatical

PRÉCIS GRAMMATICAL

	Présent	Passé composé	Imparfait	Impératif
SAVOIR	je sais tu sais il/elle sait nous savons vous savez ils/elles savent	j'ai su tu as su il/elle a su nous avons su vous avez su ils/elles ont su	je savais tu savais il/elle savait nous savions vous saviez ils/elles savaient	sache sachons sachez
VENIR	je viens tu viens il/elle vient nous venons vous venez ils/elles viennent	je suis venu(e) tu es venu(e) il/elle est venu(e) nous sommes venu(e)s vous êtes venu(e)(s) ils/elles sont venu(e)s	je venais tu venais il/elle venait nous venions vous veniez ils/elles venaient	viens venons venez
VIVRE	je vis tu vis il/elle vit nous vivons vous vivez ils/elles vivent	j'ai vécu tu as vécu il/elle a vécu nous avons vécu vous avez vécu ils/elles ont vécu	je vivais tu vivais il/elle vivait nous vivions vous viviez ils/elles vivaient	vis vivons vivez
VOIR	je vois tu vois il/elle voit nous voyons vous voyez ils/elles voient	j'ai vu tu as vu il/elle a vu nous avons vu vous avez vu ils/elles ont vu	je voyais tu voyais il/elle voyait nous voyions vous voyiez ils/elles voyaient	vois voyons voyez
VOULOIR	je veux tu veux il/elle veut nous voulons vous voulez ils/elles veulent	j'ai voulu tu as voulu il/elle a voulu nous avons voulu vous avez voulu ils/elles ont voulu	je voulais tu voulais il/elle voulait nous voulions vous vouliez ils/elles voulaient	veuille veuillons veuillez
SE LEVER	je me lève tu te lèves il/elle se lève nous nous levons vous vous levez ils/elles se lèvent	je me suis levé(e) tu t'es levé(e) il/elle s'est levé(e) nous nous sommes levé(e)s vous vous êtes levé(e)(s) ils/elles se sont levé(e)s	je me levais tu te levais il/elle se levait nous nous levions vous vous leviez ils/elles se levaient	lève-toi levons-nous levez-vous

La France touristique

Carte de France

LE DVD-ROM

Le DVD-Rom contient les ressources vidéo et audio de votre méthode (livre de l'élève et cahier d'activités).

Vous pouvez l'utiliser :

- **Sur votre ordinateur (PC ou Mac)**
– Pour visionner la vidéo
– Pour écouter l'audio
– Pour extraire l'audio et le charger sur votre lecteur mp3
– Pour convertir les fichiers mp3 en fichier audio Windows Media Player (PC) ou AAC (Mac) et les graver sur un CD-audio à usage strictement personnel.

- **Sur votre lecteur DVD compatible DVD-Rom**
– Pour visionner la vidéo
– Pour écouter l'audio

Mode d'emploi et contenu du DVD-Rom

Pour afficher le contenu du DVD-Rom, il est nécessaire d'explorer le DVD à partir de l'icône du DVD. Après insertion du DVD-Rom dans votre ordinateur, celle-ci s'affiche dans le poste de travail (PC) ou sur le bureau (Mac).
– **Sur PC :** effectuez un clic droit sur l'icône du DVD et sélectionnez « Explorer » dans le menu contextuel.
– **Sur Mac :** cliquez sur l'icône du DVD.
Dans le cas où la lecture des fichiers vidéo ou audio démarre automatiquement sur votre machine, fermez la fenêtre de lecture puis procédez à l'opération décrite ci-dessus.

Le contenu du DVD-Rom est organisé de la manière suivante :
– un dossier AUDIO ;
– un dossier VIDÉO.

• L'AUDIO

Double-cliquez ou cliquez sur le dossier AUDIO. Vous accédez alors à deux sous-dossiers :
– Livre de l'élève ;
– Cahier d'activités.
Double-cliquez ou cliquez sur le sous-dossier correspondant aux contenus audio que vous souhaitez consulter.
Afin de vous permettre d'identifier rapidement l'élément audio qui vous intéresse, les fichiers audio ont été nommés en faisant référence à la leçon à laquelle le contenu audio se rapporte (L0 pour la leçon zéro, L1 pour la leçon 1, etc.). Les noms de fichier font également référence au numéro de page et à l'exercice ou l'activité auxquels ils se rapportent. Exemple : LE_L5_p63_activite1 → Ce fichier audio correspond à l'activité 1 de la leçon 5, à la page 63 du livre de l'élève.

• LA VIDÉO

Double-cliquez ou cliquez sur le dossier VIDEO. Vous accédez alors à deux sous-dossiers :
– Vidéo VO ;
– Vidéo VOST.

Double-cliquez ou cliquez sur le dossier correspondant aux contenus vidéo que vous souhaitez consulter (VO pour la version originale sans les sous-titres, VOST pour la version originale avec les sous-titres en français).
Double-cliquez ou cliquez sur le fichier vidéo correspondant à la séquence que vous souhaitez visionner.
Parmi les séquences proposées, vous retrouverez des épisodes d'une fiction avec deux jeunes femmes Pauline et Sarah.

Achevé d'imprimer en Italie en septembre 2012 par «La Tipografica Varese S.p.A.», Varese
N° de projet : 10184385 - Dépôt légal : septembre 2012.